Matthias Riechmann

Ein Modell zur Entwicklung neuartiger chirurgischer Eingriffe am Beispiel der Minimal Traumatischen Chirurgie

Ein Modell zur Entwicklung neuartiger chirurgischer Eingriffe am Beispiel der Minimal Traumatischen Chirurgie

von
Matthias Riechmann

KIT Scientific Publishing

Dissertation, Karlsruher Institut für Technologie
Fakultät für Informatik, 2009

Impressum

Karlsruher Institut für Technologie (KIT)
KIT Scientific Publishing
Straße am Forum 2
D-76131 Karlsruhe
www.uvka.de

KIT – Universität des Landes Baden-Württemberg und nationales
Forschungszentrum in der Helmholtz-Gemeinschaft

KIT Scientific Publishing 2010
Print on Demand

ISBN 978-3-86644-489-8

Ein Modell zur Entwicklung neuartiger chirurgischer Eingriffe am Beispiel der Minimal Traumatischen Chirurgie

Zur Erlangung des akademischen Grades eines

Doktors der Ingenieurwissenschaften

**der Fakultät für Informatik
des Karlsruher Instituts für Technologie (KIT)**

genehmigte

Dissertation

von

Matthias Riechmann

aus Frankfurt a. M.

2009

Tag der mündlichen Prüfung:	16. Dezember 2009
Erster Gutachter:	Prof. Dr.-Ing. H. Wörn
Zweiter Gutachter:	Prof. Dr. med. J. Schipper

Vorwort

Die vorliegende Dissertation entstand während meiner Tätigkeit als wissenschaftlicher Mitarbeiter am Institut für Prozessrechentechnik, Automation und Robotik (IPR) der Universität Karlsruhe (TH). Sie wurde im Rahmen des DFG-Schwerpunktprogramms 1124 „Medizinische Navigation und Robotik" über das Forschungsprojekt MITRA gefördert. Mein besonderer Dank gilt dem Institutsleiter des IPR und meinem Doktorvater Herrn Prof. Dr.-Ing. Heinz Wörn für die Übernahme der Betreuung der Arbeit, seine fachliche Unterstützung und dafür, dass er mir im Rahmen meiner Arbeit am IPR Einblick in zahlreiche Projekte und darüber hinausgehende Aspekte des wissenschaftlichen Betriebs ermöglicht hat. Ebenso danke ich Herrn Prof. Dr. med. Jörg Schipper für die Übernahme des Korreferats und seine Hilfsbereitschaft in medizinischen Fragestellungen.

Weiterhin danke ich dem Leiter der Medizin-Gruppe am IPR, Herrn Dr. rer. nat. Jörg Raczkowsky, für seinen fachlichen Rat und seine Unterstützung, und meiner Projektpartnerin Frau Dr. med. Petra Lohnstein für ihr medizinisches Fachwissen, die zahlreichen erfrischenden Diskussionen und ihre Hilfestellung bei der Verarbeitung der Computertomographiedatensätze. Ein besonderer Dank gilt meiner Kollegin Jessica Burgner, meinen Kommilitonen Boris Quaing und Denise Dudek, meinem Onkel Eberhard und meinen Eltern, die sich selbstlos und ohne Klagen durch die zahlreichen Seiten dieser Arbeit gearbeitet haben, um sie von Fehlern zu säubern und Korrekturvorschläge zu äußern.

Äußerst dankbar bin ich auch meinen Kollegen Markus Mehrwald, Holger Mönnich, Daniel Stein, Christoph Schönfelder, Jessica Burgner, Lüder Kahrs, Matteo Ciucci, Alessandro De Mauro, Dr. Mathew Ngan und Dr. Michael Aschke für die angenehme Arbeitsatmosphäre innerhalb unserer Gruppe, ihre Inspirationsgabe und die ständige Bereitschaft zum Erteilen fachlicher Ratschläge und zum Führen teilweise hitziger Diskussionen. Mit vereinfachten Lösungsvorschlägen haben sie sich nie zufrieden gegeben. Mein Dank beschränkt sich aber nicht auf die Medizin-Gruppe am IPR sondern gilt dem gesamten Institut, dessen interdisziplinärer Charakter mir immer eine große Hilfe war. Entschuldigen möchte ich mich bei meinen Zimmerkollegen Igor und Nina dafür, dass ich nach über drei Jahren noch immer keinen russischen Satz sprechen kann. Sie waren mir bei meiner Arbeit am Institut aber immer eine große Hilfe. Dafür danke ich ihnen.

Nicht unerwähnt bleiben soll die logistische Unterstützung von Joe, Conny und meinen Eltern, die mir während des Schreibens dieser Dissertation wochenweise, teilweise fern meiner Heimat, Asyl gewährt haben, wofür ich ihnen sehr dankbar bin. Ebenso danke ich meiner Motivationsassistentin Juliane. Mein besonderer Dank gilt meinen Eltern, die mir diesen Weg mit ihrer permanenten großzügigen Unterstützung überhaupt ermöglicht haben.

Karlsruhe, Januar 2010 Matthias Riechmann

Inhaltsverzeichnis

1 Einleitung

Das Ohr ist ein recht verschwiegenes Plätzchen. Es beherrscht nicht das Gesicht wie der Statthalter der Leidenschaft, die Nase; es hat nicht den Stolz und den Überblick der Augen, sondern es ist eher servil an die Seite des Gesichts geknittert. Für den ersten Eindruck, den ich mir von einem Gegenüber mache, ist das Ohr deshalb nicht wichtig. Gleichzeitig ist die Ohrplastik äußerst individuell, so sehr, dass sie früher auf erkennungsdienstlichen Hilfsmitteln unerlässlich schien und von DDR-Grenzschutzbeamten bis heute besonderer Blicke gewürdigt wird. Der geniale Morelli benützte diese Eigenform des Ohres, um Kunstfälschungen zu enttarnen und einzelne Bilder bestimmten Werkstätten zuweisen zu können. Weil das Ohr so unwesentlich für den Gesichtsausdruck zu sein scheint, vergisst der Fälscher, ihm die gleiche Aufmerksamkeit bei der Imitation zu widmen, wie anderen, augenfälligeren Gesichtspartien. Er malt irgendein Ohr und gibt so den Unterschied zum Meister Preis. Das wäre die erste Unterschätzung des Ohres, die immerhin für die Kunstgeschichte und den Kunsthandel folgenreich war. Das Ohr scheint die Mühe eines genauen Studiums nicht zu lohnen und ermöglicht gerade dadurch weil es so im Verborgenen blüht, den detektivischen Zugriff auf seine Eigenartigkeit.

So beschreibt Utz Jeggle in seinem Buch „Der Kopf des Körpers - eine volkskundliche Anatomie"[Jeg86] das Ohr. Er bezieht sich dabei natürlich auf die äußere Erscheinung des Ohres, spricht aber zahlreiche Eigenschaften des Ohres an, die gleichfalls auf die Strukturen zutreffen, die sich innerhalb des Schädels befinden und von außen nicht sichtbar sind: Dies sind das Mittelohr, das Innenohr und die sie umgebenden anatomischen Strukturen, die im Fokus dieser Arbeit liegen. Denn auch dort präsentiert sich dem aufmerksamen Betrachter eine ausgeprägte Individualität. Die Anwendung im erkennungsdienstlichen Bereich und zur Entlarvung von Fälschungen ist hier bestenfalls im Métier des Science Fiction zu finden. Aber es wird deutlich, dass die Unterschiede in der Formgebung zwischen den einzelnen Menschen zum Teil gravierend sind. Für chirurgische Eingriffe spielen diese individuellen Begebenheiten eine entscheidende Rolle, wenn es um Erfolg und Misserfolg einer Behandlung geht.

Eine noch größere Relevanz haben sie im Kontext der Minimal Traumatischen Chirurgie. Hierbei handelt es sich um ein noch in der Entwicklung befindliches Verfahren zur endoskopischen Behandlung im knöchernen Bereich der lateralen

Schädelbasis eingebetteter Organe. Die Zugangswege müssen durch Knochenablation hergestellt werden, sollen dabei aber die Traumatisierung des Patienten minimieren. Daher muss der Knochenabtrag so gering wie möglich gehalten werden. Aus diesen Randbedingungen folgt ein äußerst begrenzter Arbeitsraum am Situs, der während der Operation nur geringfügig erweitert werden kann. Eine ideale Anwendungsmöglichkeit für minimal traumatische Eingriffe ist die Entfernung von Akustikusneurinomen[TT91, Mal98]. Dies sind Tumore, die am Hörnerv wachsen. Studien vermuten, dass ca. 1% aller Menschen davon betroffen sind[HC36, LT70, TJS75]. Jedoch bleiben die Tumore meistens unauffällig und stellen keine Gefahr dar. Bei ca. 8 von einer Million Menschen wird jedoch ein Akustikusneurinom diagnostiziert, das entfernt werden muss[TT84]. Aufgrund der nur schwer zugänglichen Lage hinter dem Labyrinth zieht ein solcher Eingriff allein bei der Schaffung des Zugangs eine große Traumatisierung mit sich. Deshalb besteht ein großer Bedarf zur Reduzierung der Größe der Zugangswege.

Die Anwendung der Minimal Traumatischen Chirurgie kann aber auch auf andere Eingriffe in der Region der lateralen Schädelbasis ausgeweitet werden, wie beispielsweise der Dekompression des Saccus endolymphaticus mit anschließender Schlitzung, der Cochleaimplantation oder der Entnahme von Gewebeproben (Biopsie).

1.1 Motivation

Chirurgische Eingriffe an der lateralen Schädelbasis bringen beim heutigen Stand der Operationstechnik erhebliche Traumatisierungen des Patienten mit sich. Ursache ist die so genannte Mastoidektomie, bei der das Felsenbein, genauer gesagt das Mastoid, mit Hilfe einer Fräse zur Schaffung eines Zugangswegs zum Situs ausgehöhlt wird. Zur Maximierung des Arbeitsraums für die Manipulation am Situs mit handgeführten Mikrowerkzeugen wird der Knochenabtrag möglichst vollständig durchgeführt. Das bedeutet, die Fräse wird bis dicht an vital und funktional bedeutsame anatomische Strukturen vorangetrieben, so dass nur eine dünne Knochenschicht stehenbleibt. Das Ergebnis ist eine große Kavität (Abbildung 1.1), die einen maximalen Arbeitsraum bietet und nach dem Eingriff mit Fettgewebe gefüllt wird. Der entfernte Knochen wächst nicht mehr nach.

Die Minimal Invasive Chirurgie ist eine neue Operationstechnik, die sich in den letzten Jahrzehnten zunehmend etabliert hat. Im Gegensatz zur konventionellen Chirurgie wird der Situs nicht mit Hilfe eines großen Schnittes oder einer ähnlich invasiven Prozedur offengelegt. Stattdessen werden ein schmales Sichtgerät (Endoskop) und gegebenenfalls zusätzliche Mikrowerkzeuge durch einen kleinen Schnitt eingeführt. Die geringere Traumatisierung ermöglicht eine schnellere Rehabilitation des Patienten und die Reduzierung der kosmetischen Beeinträchtigungen. Die Endoskopie erlaubt eine große Bandbreite medizinischer Anwendungen von der optischen Diagnose über das Entnehmen von Gewebeproben bis hin

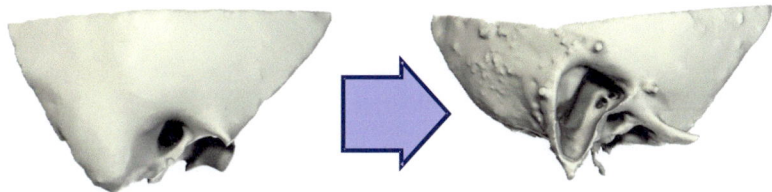

Abbildung 1.1: Konventionelle Interventionen an der lateralen Schädelbasis hinterlassen bisher eine großvolumige Kavität.

zu interventionellen Eingriffen. Den derzeit praktizierten Eingriffen ist gemein, dass sie in natürlichen Hohlräumen innerhalb von Weichgewebe stattfinden.

Die Anwendung minimal invasiver Operationstechniken an der lateralen Schädelbasis (Minimal Traumatische Chirurgie) bedeutet einen erheblichen Fortschritt. Im Vergleich zur Mastoidektomie wird der Zugang zum Situs durch dünne lineare Bohrkanäle (Abbildung 1.2) hergestellt, durch die im Anschluss die chirurgische Manipulation erfolgt. Bevor jedoch mit der Entwicklung geeigneter Bohrtechniken und Werkzeuge begonnen werden kann, müssen die räumlichen Verhältnisse am Felsenbein zunächst an virtuellen Modellen auf Ihre Eignung für die Minimal Traumatische Chirurgie überprüft werden. Diese Arbeit motiviert sich daher primär aus dem zu erwartenden medizinischen Nutzen und der Lösung der damit verbundenen wissenschaftlichen Problemstellungen technischer Art. Weiterhin gibt es auch wirtschaftliche Gründe zur Entwicklung der Minimal Traumatischen Chirurgie.

1.1.1 Medizinisch

Auf der medizinischen Seite liegt die Motivation für eine Minimal Traumatische Chirurgie in der Vermeidung einer Schädigung funktional bedeutender Strukturen, wie sie mit Hilfe der dünnen Bohrkanäle erreicht werden kann, und in der Reduzierung der Schädigung gesunden Knochengewebes. Der Patient profitiert in vielerlei Hinsicht: Geringere dauerhafte postoperative Schädigungen, geringere kosmetische Einbußen und verkürzte Rehabilitationszeiten. Der in dieser Arbeit verfolgte Ansatz zur modellbasierten Machbarkeitsuntersuchung motiviert sich in erster Linie daraus, dass auf diese Weise ohne physische Experimente an Präparaten erste Aussagen über die Durchführbarkeit der Minimal Traumatischen Chirurgie gemacht werden können, die auch die an der lateralen Schädelbasis stark ausgeprägte patientenindividuelle Variabilität berücksichtigen. Deshalb ist es wichtig, einen möglichst breiten Querschnitt der Bevölkerung in das Modell einzubeziehen, was durch den interindividuellen Ansatz unterstützt wird.

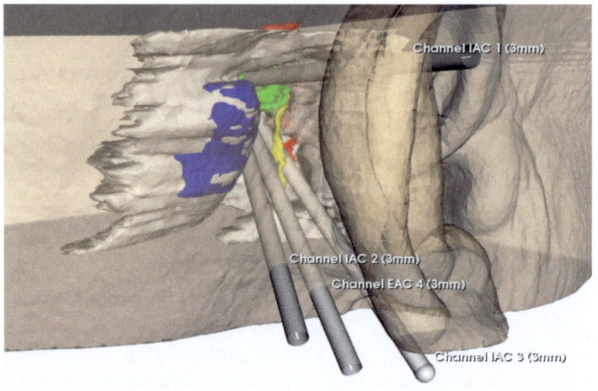

Abbildung 1.2: Zugang zum Situs über mehrere lineare Bohrkanäle.

1.1.2 Technisch

Auf der technischen Seite stellt die Ausweitung der Minimal Invasiven Chirurgie auf massives und rigides Gewebe eine große Herausforderung dar, da durch die Starrheit der Umgebung die Manipulationsräume stark eingeschränkt werden, und der vorgelagerte Planungsaufwand aufgrund der verringerten Möglichkeiten zur intraoperativen Improvisation erheblich ausgeweitet werden muss. Es ist davon auszugehen, dass für dieses neue Anwendungsgebiet neue und hochspezialisierte endoskopische Mikrowerkzeuge entwickelt werden müssen. Weiterhin stell die in dieser Arbeit vorgestellte Machbarkeitsstudie einen völlig neuartigen Ansatz dar. Es wurden erstmals Verfahren zur Generierung auswertbarer Modelle entwickelt, die interindividuelle Variationen zwischen Patienten berücksichtigen und sich nicht auf einzelne Fallstudien beschränken.

1.1.3 Wirtschaftlich

Auf der wirtschaftlichen Seite liegt die Motivation klar auf der Verringerung der Liegezeiten des Patienten. Gelingt es, die Traumatisierung des Patienten zu reduzieren, vollzieht sich die Wundheilung schneller, die Komplikationsrate nimmt ab, und der Patient muss nach der Operation nur über einen kürzeren Zeitraum stationär versorgt werden. Dies verringert die Kosten für den Eingriff signifikant.

1.2 Problemstellung

Der Prozess zur Entwicklung der Minimal Traumatischen Chirurgie befindet sich noch ganz am Anfang. Daher ist es Aufgabe dieser Arbeit, das Konzept der Minimal Traumatischen Chirurgie zu schärfen und die darin enthaltenen wissenschaftlichen Fragestellungen herauszuarbeiten. Im Detail wird sie sich zudem mit den folgenden drei in der wissenschaftlichen Literatur noch unbearbeiteten medizinischen Teilfragestellungen an virtuellen Modellen auseinandersetzen, um die Grundlage für weitere Entwicklungen zu liefern:

- Sind die anvisierten Zielstrukturen über lineare Bohrkanäle ohne Schädigung vital und funktional wichtiger Strukturen überhaupt erreichbar?

- Wie viel Manipulationsraum steht in der Nähe des Situs zur Verfügung?

- Welche Anforderungen ergeben sich daraus für spezialisierte Werkzeuge?

Die Anatomie des Menschen an der lateralen Schädelbasis zeichnet sich durch erhebliche interindividuelle Variationen aus. Es genügt bei all diesen Untersuchungen nicht, Aussagen über einzelne Patienten zu treffen. Stattdessen muss ein Weg gefunden werden, der Aussagen über einen breiten Querschnitt durch die Population gestattet, um die Anwendbarkeit des angestrebten Verfahrens untermauern oder widerlegen zu können. Daher setzt sich die Arbeit zuerst mit den folgenden drei technischen Teilfragestellungen auseinander, um die notwendigen Methoden zur Beantwortung der oben genannten medizinischen Fragestellungen bereitzustellen:

- Wie können größere Mengen an Anatomiedatensätzen für eine automatische Verarbeitung bereitgestellt werden?

- Wie ist eine Registrierung dieser Datensätze zueinander trotz der interindividuellen Variationen möglich?

- Wie können die verschiedenen Datensätze zu einem patientenübergreifenden Modell zusammengeführt und dargestellt werden?

Auch an dieser Stelle wird wissenschaftliches Neuland betreten, da aus der Literatur keine vergleichbaren Ansätze bekannt sind.

1.3 Ziel der Arbeit

Ziel der Arbeit ist die Beantwortung der oben genannten Fragen mit Hilfe einer detaillierten Ausarbeitung des Konzepts der Minimal Traumatischen Chirurgie und der Beschreibung einer Methodik zur Unterstützung der Entwicklung neuartiger Operationstechniken. Diese Methodik soll auf dreidimensionaler Bildgebung, Computermodellen sowie Planungs- und Simulationswerkzeugen basieren.

Dabei soll eine Datenbank entwickelt werden, in der eine Vielzahl anatomischer Datensätze so gespeichert wird, dass diese anschließend automatisch verarbeitet werden können. Verfahren zur interindividuellen Registrierung sollen eine geometrische Korrespondenz zwischen den einzelnen Datensätzen herstellen, so dass im finalen Schritt Analysealgorithmen mit Hilfe dieser Datenbasis Modelle berechnen können. Diese Modelle sollen Informationen über die allgemeine Erreichbarkeit des inneren Gehörgangs liefern und eine erste Abschätzung der Anforderungen für Werkzeuge für die Minimal Traumatische Chirurgie erlauben.

1.4 Aufbau der Arbeit

Nach der erfolgten Vorstellung des wissenschaftlichen Problems werden im Kapitel 2 zunächst die medizinischen und technischen Grundlagen sowie Algorithmen geklärt, die zum Verständnis der in den späteren Kapiteln beschriebenen Methodik notwendig sind. Dies umfasst einen Exkurs in die Anatomie, in medizinische Bildgebung, medizinische Bildverarbeitung und Segmentierung, Computergraphik, Kollisionserkennung und Registrierung. In Kapitel 3 werden die Geschichte und die derzeitige Situation der anvisierten chirurgischen Disziplinen erläutert. Darüber hinaus wird der Stand der Technik in den Disziplinen Navigation, Registrierung, Endoskopie, Operationsplanung und Roboterassistierter Chirurgie dargelegt und ein mit der Minimal Traumatischen Chirurgie verwandter Ansatz aus der aktuellen Forschung, der *Percutaneous Cochlea Implant Surgery*, vorgestellt. Kapitel 4 ist ausschließlich der Minimal Traumatischen Chirurgie gewidmet. Hier wird das Konzept detailliert beschrieben und Anforderungen an medizinische Bildgebung, Planung, Werkzeuge und Durchführung werden im Zusammenhang mit beispielhaften Applikationen definiert. Kapitel 5 beschäftigt sich mit der automatischen Ermittlung linearer Zugangswege zum inneren Gehörgang und stellt eine Methode zur Erstellung so genannter Erreichbarkeitskarten der Zielstruktur vor. In diesem Zusammenhang wird eine mit dreidimensionalen Geometriedaten gefüllte Anatomiedatenbank implementiert, die die Voraussetzung für eine automatische und anonymisierte Bearbeitung größerer Zahlen an Versuchsindividuen darstellt. In Kapitel 6 finden sich die Zusammenstellung und die Interpretation der Ergebnisse, Kapitel 7 fasst die gesamte Arbeit noch einmal zusammen und schließt mit einem Ausblick ab.

2 Grundlagen und Begriffe

Das Kapitel *Grundlagen und Begriffe* soll das grundlegende Wissen vermitteln, das zum unmittelbaren Verständnis der in dieser Arbeit dargelegten wissenschaftlichen Vorgehensweisen und Verfahren notwendig ist. Um dem interdisziplinären Charakter der Arbeit gerecht zu werden, ist das Kapitel in die zwei Teile *Medizinische Grundlagen* und *Technische Grundlagen* unterteilt.

2.1 Medizinische Grundlagen

Die *Medizinischen Grundlagen* beschreiben, nach einer kurzen Einführung in die Terminologie der Anatomie, den Aufbau der humanen lateralen Schädelbasis und vermitteln das zum Verständnis der in den Kapiteln 4 und 5 behandelten medizinischen Anwendungen notwendige Wissen.

2.1.1 Lage- und Richtungsbezeichnungen

In der medizinischen Fachliteratur werden für Beschreibungen menschlicher Anatomie zur Richtungs- und Lagebezeichnung aus dem lateinischen stammende Fachtermini verwendet. Die wichtigsten Begriffe nach [Sob82] werden in den folgenden Abschnitten eingeführt und erläutert.

Generelle Lage- und Richtungsbezeichnungen

Die in Tabelle 2.1 genannten generellen Lage- und Richtungsbezeichnungen sind für den gesamten Körper gültig und werden sowohl für Beschreibungen des Menschen als auch für Tiere verwendet. Für letztere gibt es aufgrund ihrer anatomischen Diversität weitere Begriffe, die in diesem Zusammenhang aber nicht weiter von Bedeutung sind. Abbildung 2.1 illustriert die Begriffe am menschlichen Körper.

Zusätzliche Lage- und Richtungsbezeichnungen am Kopf

Für den Kopf gibt es einige spezielle Bezeichnungen, die die genaue Lage von Organen relativ zu signifikanten Punkten am Kopf (Nase, Mund, Gehirn) beschreiben. Diese werden in Tabelle 2.2 aufgelistet und beschrieben. Abbildung 2.2 illustriert die Begriffe am menschlichen Kopf.

Bezeichnung	Beschreibung
superior	Oberer, oben gelegen. Beim Menschen: In Richtung des Kopfes gelegen, also identisch mit *cranial*
cranial	In Richtung des Kopfes gelegen
inferior	Unterer, unten gelegen. Beim Menschen: In Richtung der Füße gelegen, also identisch mit *caudal*
caudal	In Richtung des Schwanzes gelegen. Beim Menschen: In Richtung des Steißbeins gelegen.
medial	Zur Körpermitte zur Medianebene hin gelegen (Entlang der *Longitudinalachse*)
lateral	Seitlich, auf der Seite gelegen (Entlang der *Transversalachse*)
dexter	Rechtsseitig gelegen. Seiten werden generell aus der Sichtweise des Patienten angegeben
sinister	Linksseitig gelegen. Seiten werden generell aus der Sichtweise des Patienten angegeben.
median	In der Mitte gelegen (mit anderem Begriff zusammen, z.B. "lateral"), auf der *Medianebene gelegen*
internus	Nach innen hin gelegen
externus	Nach außen hin gelegen

Tabelle 2.1: Generelle Lage- und Richtungsbezeichnungen

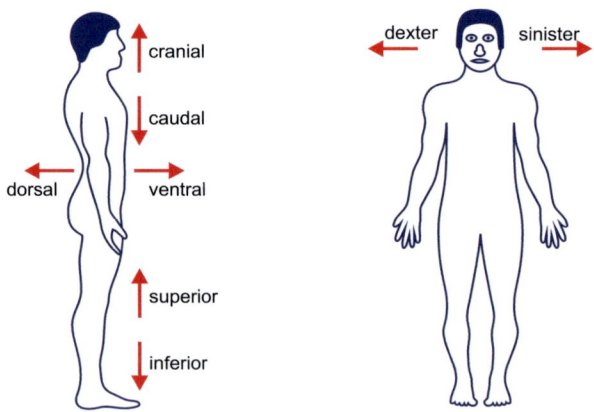

Abbildung 2.1: Anatomische Richtungsbezeichnungen am Menschen.

Bezeichnung	Beschreibung
frontal	zum Gesicht hin gelegen
rostral	zum Gesicht hin gelegen (*zur Nase hin gelegen*)
oral	zum Mund hin gelegen
aboral	vom Mund weg gelegen
okzipital	zum Hinterkopf hin gelegen
temporal	zur Schläfe hin gelegen

Tabelle 2.2: Zusätzliche Lage- und Richtungsbezeichnungen am Kopf

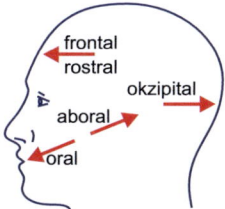

Abbildung 2.2: Anatomische Richtungsbezeichnungen am Kopf.

Verlaufsbezeichnungen

In der Anatomie sind für den menschlichen Körper mehrere Standardebenen definiert, über die sich weitere Richtungsbezeichnungen angeben lassen. Diese werden in Tabelle 2.3 aufgelistet und beschrieben. Abbildung 2.3 illustriert die Begriffe am menschlichen Körper.

2.1.2 Anatomie der lateralen Schädelbasis

Die folgende Beschreibung der humanen lateralen Schädelbasis fokussiert sich auf die knöcherne Struktur des Felsenbeins und die darin eingebetteten anatomischen Strukturen und ordnet sie in die Anatomie des menschlichen Kopfes ein. Detailliertere Informationen können den Werken *Chirurgische Anatomie des Kopf-Hals-Bereiches*[KNDH85] und *Computed tomography of the temporal bone*[Sha81] entnommen werden, das Standardwerk der humanen Anatomie *Sobotta - Atlas der Anatomie des Menschen*[Sob82] enthält zahlreiche farbige Abbildungen, die hier zum Teil wiedergegeben werden.

Der menschliche Schädel, das Cranium, besteht aus 22 bis 30 Knochen, die teilweise eigenständig sind, teilweise über Knochennähte mit einander in festem Kontakt stehen. Abbildung 2.4 zeigt das äußere Erscheinungsbild des Schädels und gibt einen Einblick in das Schädelinnere.

Bezeichnung	Beschreibung
Sagittalebene	Sagittalebenen verlaufen vom Scheitel zur Sohle und vom Rücken zum Bauch (siehe Abbildung 2.3).
Medianebene	Die Medianebene ist die "mittlere" Sagittalebene. Sie verläuft durch die Körpermitte und trennt die rechte Körperhälfte von der linken.
Transversalebene	Transversalebenen liegen senkrecht zur Verbindungslinie zwischen Scheitel und Sohle. Unveränderte Schichtbilder aus CT oder MRT sind in der Regel Transversalebenen.
Frontalebene	Frontalebenen verlaufen vom Scheitel zur Sohle und vom rechten Arm zum linken Arm. (siehe Abbildung 2.3)
transversal	Transversalachsen verlaufen senkrecht zur Sagittalebene.
longitudinal	Longitudinalachsen verlaufen senkrecht zur Transversalebene, das heißt entlang der Körperachse.
sagittal	Sagittalachsen verlaufen senkrecht zur Frontalebene.
aszendierend	aufsteigend (Richtung Scheitel entlang der Longitudinalachse)
deszendierend	absteigend (Richtung Scheitel entlang der Longitudinalachse)

Tabelle 2.3: Anatomische Verlaufsbezeichnungen

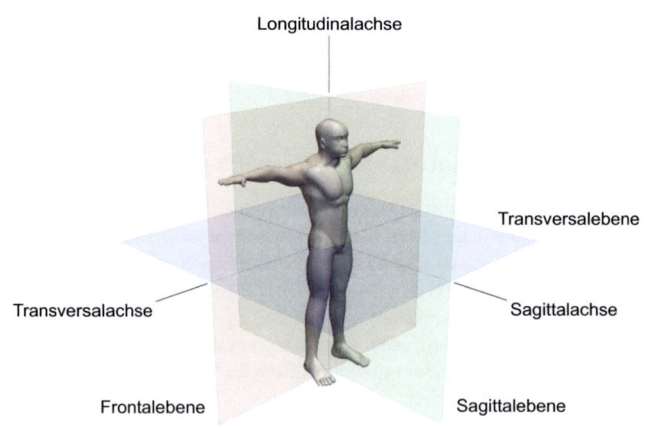

Abbildung 2.3: Die anatomischen Verlaufsbezeichnungen: Ebenen und Achsen

Eine grobe Unterteilung erfolgt in den Gesichtsschädel, dessen Knochen das Gesicht formen, und den Hirnschädel, in den das Gehirn eingebettet ist. Der untere Teil des Hirnschädels wird auch die Schädelbasis genannt. Diese besteht aus den folgenden Knochen, die in Abbildung 2.5 illustriert werden:

- Os occipitale (Hinterhauptsbein)

- Os parietale (Scheitelbein)

- Os temporale (Schläfenbein)

- Os sphenoidale (Keilbein)

- Os ethmoidale (Siebbein)

- einen Teil des Stirnbeins (Os frontale)

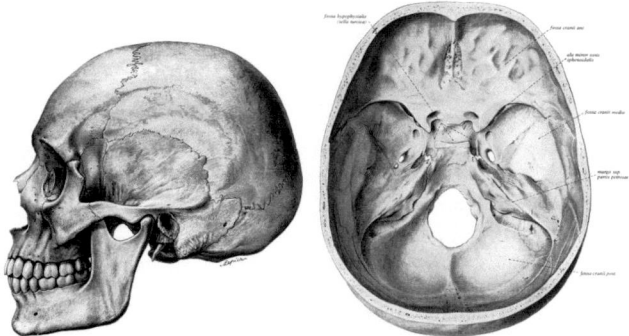

(a) Ansicht des Schädels, cranium, von der linken Seite. (Photo: [Sob82])

(b) Schädelbasis, zerebrale Fläche, Basis cranii interna. Die 3 Schädelgruben, Fossae cranii, und ihre Abgrenzung gegeneinander durch vorspringende Knochenleisten. (Photo: [Sob82])

Abbildung 2.4: Der menschliche Schädel.

Hinterhauptsbein, Scheitelbein, Schläfenbein und Keilbein bilden zusammen die laterale Schädelbasis. Im Rahmen dieser Arbeit ist insbesondere das Schläfenbein interessant, das den Bereich der Schläfe und des Ohres umfasst. Das Schläfenbein existiert auf beiden Schädelseiten und wird selbst in vier Teile untergliedert, ihre genaue Anordnung kann Abbildung 2.6 entnommen werden:

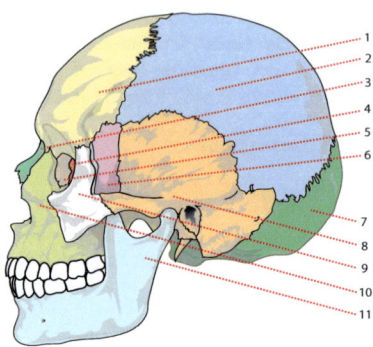

Abbildung 2.5: Schematische Seitenansicht des Schädels. 1: Stirnbein (Os frontale), 2: Scheitelbein (Os parietale), 3: Nasenbein (Os nasale), 4: Tränenbein (Os lacrimale), 5: Siebbein (Os ethmoidale), 6: Keilbein (Os sphenoidale), 7: Hinterhauptbein (Os occipitale), 8: Schläfenbein (Os temporale), 9: Jochbein (Os zygomaticum), 10: Oberkiefer (Maxilla), 11: Unterkiefer (Mandibula)

- **Pars squamosa:** Auch *Schuppenbein* genannt. Es bildet einen dünnen Teil der Wand der seitlichen Schädelhöhle und beinhaltet keine wichtigen anatomischen Strukturen.

- **Pars tympanica:** Auch Paukenbein genannt. Es umgibt sowohl den äußeren Gehörgang als auch das Mittelohr. In der Spalte zwischen dem Paukenbein und dem Felsenbein, der so genannten *Fissura petrotympanica*, verläuft die *Chorda tympani* des Gesichtsnerven.

- **Pars mastoidea:** Auch *Warzenbein* genannt. Ein Teil des *Warzenbeins* ist der *Warzenfortsatz*, auch *Mastoid* genannt. Dabei handelt es sich um einen spongiösen (mit Luftkammern gefüllten) abgerundeten Knochenfortsatz, an dem einige der Halsmuskeln ansetzen. Die Luftkammern ziehen bis weit in das *Warzenbein* hinein. Auf computertomographischen Aufnahmen ist daher keine klare Trennung zwischen ihnen und dem Hohlraum des Mittelohrs erkennbar.

- **Pars petrosa:** Auch *Felsenbein* genannt. Es ist der härteste Knochen des menschlichen Schädels und beinhaltet mehrere funktional bedeutsame anatomische Strukturen wie das *Labyrinth*, den *Hörnerv* und den *Gesichtsnerv*. Zudem sind die *Gehörknöchelchen*, die für die Schallübertragung auf die

Cochlea verantwortlich sind, im *Mittelohr* angebracht, das sich innerhalb des *Felsenbeins* befindet.

In den oben genannten Beschreibungen wurden bereits einige anatomische Strukturen genannt, die im Schläfenbein eingebettet sind. So ist dort eine Vielzahl von Nerven angesiedelt, die alle, vom Gehirn ausgehend, durch den inneren Gehörgang verlaufen und sich dort zu einem verhältnismäßig dicken Nervenbündel zusammenfassen. Die einzelne Fasern erfüllen eine Vielzahl sensorischer und motorischer Aufgaben. Dies sind zum einen der Hörnerv (Nervus cochlearis) und der Gleichgewichtsnerv (Nervus vestibularis). Diese relativ kurzen Nervenstränge verlaufen lediglich bis zur Cochlea beziehungsweise zu den Bogengängen. Zwei weitere Nerven zweigen aus dem dicken Bündel ab und verlassen das Schläfenbein auf seiner Unterseite. Dies sind der Gesichtsnerv (Nervus facialis), verantwortlich für sensorische und motorische Funktionen einer Gesichtshälfte, und die Chorda tympani, die parasympathische Funktionen im Mund erfüllt und Teile der sensorischen Signale der Zunge weiterleitet. Die Chorda tympani ist streng genommen ein Nebenast des Gesichtsnervs.

Weiterhin befinden sich zwei Hauptblutgefäße am, beziehungsweise im, Schläfenbein: Dies ist zum einen der Sinus sigmoideus, eine bedeutende Vene, die auf der Innenseite des Schuppenbeins und des Hinterhauptbeins verläuft. Zum Anderen die Arteria carotis, die das Felsenbein und das Paukenbein durchläuft. Beide tragen maßgeblich zur Versorgung des Kopfes mit Blut beziehungsweise dessen Abfluss bei.

Zuletzt befinden sich im Schläfenbein noch zwei Sinnesorgane des Menschen, die zusammen im so genannten Labyrinth vereint sind: Der sensorische Teil des Hörorgans ist in der Gehörschnecke, der Cochlea beheimatet. Der mechanische Teil, die Gehörknöchelchen Hammer, Amboss und Steigbügel sowie das Trommelfell befinden sich im Hohlraum des Mittelohrs. Der Gleichgewichtssinn ist in den drei Bogengängen untergebracht. Eine schematische Ansicht des Labyrinths ist in Abbildung 2.7 zu sehen.

Abbildung 2.8 zeigt einen Schnitt durch ein Präparat des Schläfenbeins. Der Datensatz entstammt dem *Visible Ear* Projekt[SDPL+02]. Zu sehen sind dort der innere Gehörgang, Teile der Bogengänge, Cochlea, Mittelohr, äußerer Gehörgang und Sinus sigmoideus.

2.2 Technische Grundlagen

In diesem Abschnitt werden die Grundlagen der in dieser Arbeit zur Anwendung kommenden technischen Verfahren erläutert. Begonnen wird mit einer Einführung in die medizinische Bildgebung, bestehend aus Computer- und Magnetresonanztomographie. Darauf aufbauend folgen Konzepte und Algorithmen zur medizinischen Bilddatenverarbeitung und Segmentierung. Der Abschnitt schließt mit

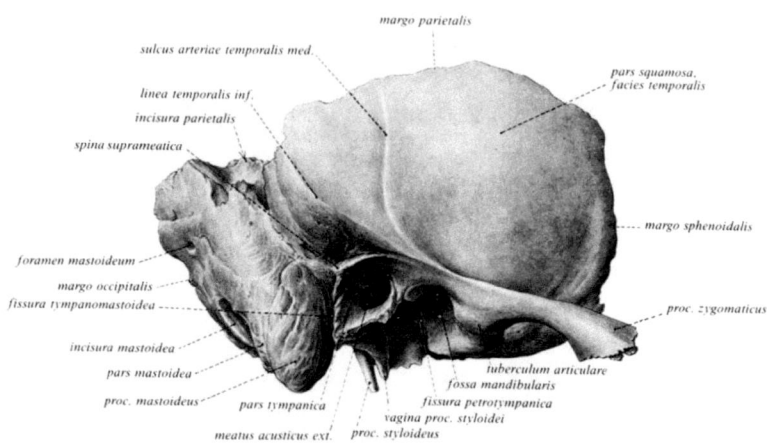

(a) Außenansicht. (Photo: [Sob82])

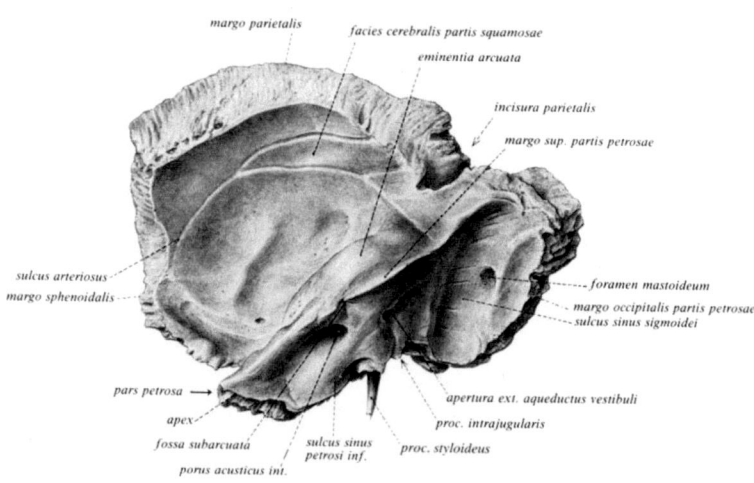

(b) Innenansicht. (Photo: [Sob82])

Abbildung 2.6: Rechtes Schläfenbein, Os temporale.

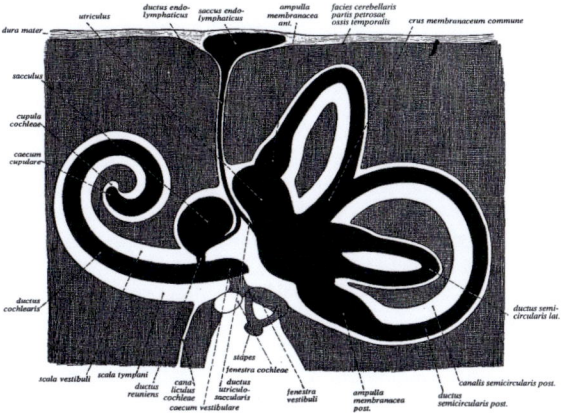

Abbildung 2.7: Schema des rechten häutigen Labyrinths. Endolymphatische Räume schwarz, Knochen schraffiert, perilymphatische Räume weiß. (Photo: [Sob82])

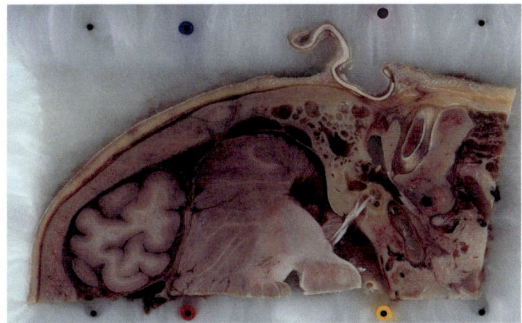

Abbildung 2.8: Schichtbild aus dem *Visible Ear* Referenzdatensatz. In der Mitte ist das den inneren Gehörgang ausfüllende Nervenbündel sehr gut als diagonale Verbindungslinie zwischen Cochlea und Hirnstamm mitsamt der Abspaltung des Gesichtsnervs zu sehen. (Photo: [SDPL⁺02])

15

einer Übersicht über Methoden zur Repräsentierung dreidimensionaler Objekte, Kollisionserkennung und Registrierung ab.

2.2.1 Medizinische Bildgebung in 3D

Bei der dreidimensionalen medizinischen Bildgebung herrschen zwei Modalitäten vor: Die Computertomographie (CT) und die Magnetresonanztomographie (MRT). Bei der erstgenannten wird der Patient mit einer Röntgenquelle durchleuchtet. Daher eignet sich dieses Verfahren besonders zur Darstellung knöcherner Strukturen. Die Magnetresonanztomographie regt die Spins von Protonen an, wie sie vor allem in Wassermolekülen vorkommen, und misst die, je nach Gewebetyp unterschiedliche, Zeit, die die Dipole benötigen, um wieder zu ihrer gewöhnlichen Schwingung überzugehen. Dieses Zeitintervall wird auch als Relaxationszeit bezeichnet. Aufgrund dieser Charakteristik eignet sich die Magnetresonanztomographie besonders gut zur Darstellung von Weichgewebestrukturen. Für Diagnostik und Operationsplanung an der lateralen Schädelbasis kommt wegen der hohen Auflösungsanforderungen und der geringen räumlichen Verzerrungen die Computertomographie zum Einsatz, die aufgrund der geringen Größe der relevanten anatomischen Strukturen bereits bis an die Grenzen ihres Auflösungsvermögens hin ausgenutzt wird.

Computertomographie

Röntgenstrahlung wird von menschlichem und tierischem Gewebe je nach Gewebetyp unterschiedlich stark absorbiert. Dieser Effekt wird bei der Erstellung einfacher Projektionsröntgenbilder seit über 100 Jahren genutzt. Die Computertomographie geht über die reine Erstellung von Projektionsbildern hinaus und errechnet aus einer Vielzahl von Projektionen Schichtbilder des Patienten. Mehrere aneinandergereihte Schichtbilder ergeben eine dreidimensionale Darstellung des untersuchten Gewebes. Ausgangspunkt für diese Weiterentwicklung der Röntgentechnik waren die theoretischen Arbeiten von A. M. Cormack [Cor63] und Fortschritte in den damaligen Rechenanlagen. Der erste funktionstüchtige Computertomograph wurde in den Jahren 1967 bis 1976 von Godfrey Hounsfield entwickelt, der dafür 1979 den Nobelpreis erhielt. Abbildung 2.9 zeigt einen Computertomographen der Firma Siemens, wie er derzeit in der Radiologie eingesetzt wird.

Funktionsprinzip Das Grundprinzip eines Computertomographen ist wie folgt: Der Patient befindet sich zwischen einer Röntgenröhre und einem Röntgendetektor. Durch diese Anordnung wird der Patient entlang einer transversalen Ebene geschoben, so dass eine vollständige eindimensionale Projektion entsteht. Anschließend wird der Aufbau um einige Grad um die Longitudinalachse des Pati-

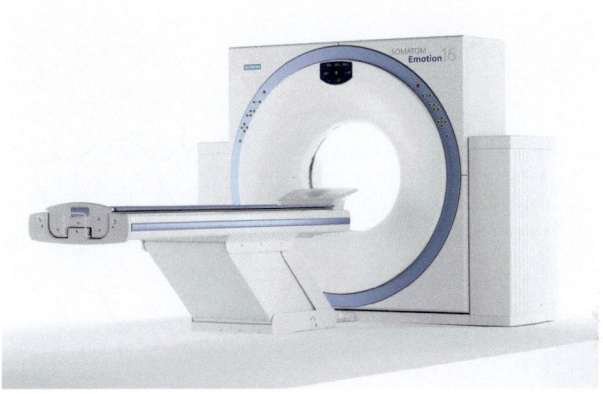

Abbildung 2.9: Computertomographiegerät (Photo: Siemens[Sie09b])

enten gedreht und der Vorgang wiederholt. Abbildung 2.10 verdeutlicht diesen Vorgang.

Um von diesen Projektionen zu einem Schichtbild zu gelangen, bedarf es der Hilfe der Mathematik: Mit Hilfe des Fourier-Scheiben-Theorems und der Radon-Transformation können die einzelnen Projektionen in den Frequenzraum übertragen werden. Ist dies geschehen, kann aus diesen Daten durch eine inverse 2D-Fouriertransformation der Ortsraum des Schichtbildes bestimmt werden. Wird dieser Vorgang wiederholt und die Apparatur jedes Mal ein wenig weitergeschoben, können mehrere Schichtbilder und somit eine dreidimensionale Darstellung erzeugt werden. Abbildung 2.11 zeigt einige Beispielschichten aus einem Kopf-CT.

Optimierungen zur Leistungssteigerung Moderne Computertomographen arbeiten wesentlich effizienter als in dieser vereinfachten Darstellung angegeben. Dies beginnt bei der Aufnahme der Projektionen: Durch Einführung der Fan-Beam-Technologie (Abbildung 2.12) kann pro Messung nicht nur ein einzelner Punkt einer Projektion gemessen werden, sondern eine Vielzahl von Punkten auf einmal, die dann unterschiedlichen Projektionen zuzuordnen sind. Auf der Seite der logischen Bildrekonstruktion arbeiten die meisten Geräte mit iterativen Verfahren anstelle der Fouriertransformation.

Mit Hilfe eines Spiraltomographen kann die Aufnahmedauer weiter reduziert werden: Röntgenröhre und Detektoren rotieren kontinuierlich um den Patienten, während dieser langsam vorgeschoben wird. Die notwendigen Rohdaten für jedes

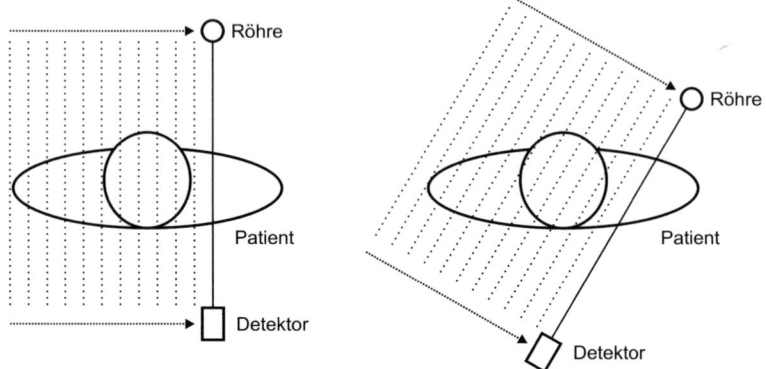

Abbildung 2.10: Aufnahme der Projektionen beim CT: Aus mehreren Winkeln wird jeweils durch Verschieben der Röntgenröhre eine eindimensionale Projektion gewonnen.

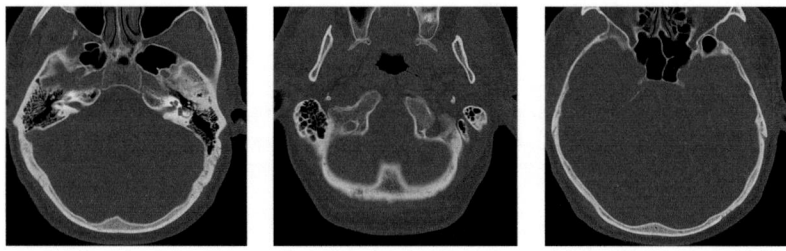

Abbildung 2.11: Serie von CT-Schichtbildern des Kopfes. Deutlich zu erkennen sind die hellen Knochenpartien, die von hohen Hounsfieldwerten zeugen. Weichgewebe wird aufgrund seiner geringen Röntgendämpfung grau dargestellt, Luft aufgrund ihrer extremen Röntgendurchlässigkeit schwarz. Anhand der relativ gleichmäßigen Farbgebung des Gehirns wird deutlich, dass auf CT-Bildern zwischen verschiedenen Typen von Weichgewebe nicht gut unterschieden werden kann.

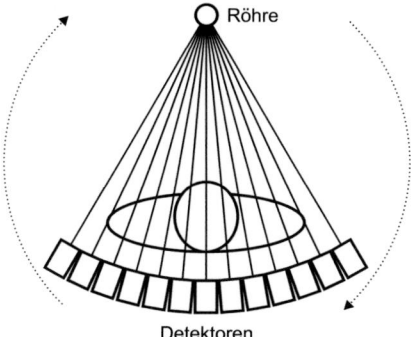

Abbildung 2.12: Fan Beam: Durch die parallele Aufnahme von Projektions-
abschnitten in mehreren Winkeln wird die Gesamtdauer der
CT-Aufnahme reduziert.

Schichtbild müssen nach Abschluss der Datenakquise aus der Spiralaufnahme interpoliert werden. Moderne CTs setzen auf die Flat-Panel Technologie[GGS+06,
GCB+08]. Dabei wird das Array von Röntgendetektoren durch einen Flächen-
detektor ersetzt, was zu Steigerungen bei der Auflösung der Bilddatensätze zu
geringeren Aufnahmezeiten und damit zu einer Senkung der Strahlenbelastung
führt.

Kontrastmittel Durch den Einsatz von Kontrastmitteln können unterschiedliche Strukturen und Organe in der CT-Aufnahme sichtbar gemacht werden. Gebräuchliche röntgennegative Kontrastmittel sind: Luft, Kohlendioxyd und Lach-
gas. Gebräuchliche röntgenpositive Kontrastmittel sind: Trijodbenzoesäure und
Bariumsulfat.

Strahlenhygiene Da der Patient und das beteiligte Personal beim Einsatz von
Röntgentechnik ionisierender Strahlung ausgesetzt werden, müssen Strahlungs-
hygienevorschriften beachtet werden, die die Dosis nach oben hin begrenzen. Es
muss immer zwischen der für den Patienten verantwortbaren und der für eine
Aufnahme mit hinreichender Qualität notwendigen Dosis abgewogen werden.

Hounsfieldskala Beim konventionellen Projektionsröntgen ist die Intensität der
Röntgenstrahlung am Detektor nicht ausschließlich vom durchleuchteten Material abhängig, sondern auch von dessen Dicke und der Kombination aus verschiedenen Materialien, die auf dem Weg zu einer Detektorzelle von der Strahlung

passiert werden. Daher ist es bei dieser Technologie nicht möglich, quantitative Rückschlüsse auf die Materialeigenschaften zu ziehen, es sind nur qualitative Analysen möglich. So zum Beispiel das Erkennen von Knochenstrukturen. Die Computertomographie bietet an dieser Stelle einen klaren Mehrwert: Durch die Dreidimensionalität der Bildgebung wird nicht mehr die Röntgenabsorption linearer Strahlen (Projektion) gemessen. Stattdessen ist es möglich, die Absorption für jedes Voxel einzeln in Abhängigkeit zum Schwächungskoeffizienten zu bestimmen. Ein Voxel ist ein quaderförmiges Stück Raum. Dazu wurde von Godfrey Hounsfield die nach ihm benannte *Hounsfieldskala*[Hou80] vorgeschlagen, die die Absorption in *Hounsfieldeinheiten* (*HE*, englisch: *Hounsfield Units HU*) misst. Dabei wird die individuelle Absorption μ_X eines Voxel X mit der Absorption von Wasser und Luft ins Verhältnis gesetzt:

$$\frac{\mu_X - \mu_{H_2O}}{\mu_{H_2O}} \times 1000 \qquad (2.1)$$

Für Wasser ergibt sich so ein Wert von 0 HE und für Luft, da diese die Röntgenstrahlung fast ungehindert passieren lässt, ein Wert von -1000 HE. Knochen liegen im Bereich von 400 bis mehreren tausend Hounsfieldeinheiten, je nach Dichte. Weitere Informationen zur Computertomographie finden sich in [Dös99].

Magnetresonanztomographie

Dreidimensionale Bilddaten aus dem Körperinneren können nicht nur mit Hilfe der Computertomographie gewonnen werden. Eine weitere Methode ist der Einsatz von starken Magnetfeldern und hochfrequenten Radiowellen. Dieses Verfahren nennt sich *Magnetresonanztomographie* oder *Kernspintomographie*. Die eigentliche Entdeckung des Kernspins geht weit in die 40er Jahre des 20. Jahrhunderts zurück. Die erste Anwendung für eine Bildgebung stammt aus dem Jahr 1973 und wurde von Paul Lauterbur entwickelt, der erstmals durch Einbeziehung magnetischer Gradientenfelder das Kernspinecho räumlich kodieren und so ein zweidimensionales Bild messen und berechnen konnte[Lau73]. Das Verfahren kam durch Verbesserungen von Peter Mansfield in Reichweite einer praktischen Anwendung und konnte bald Einzug in den klinischen Alltag halten. Abbildung 2.13 zeigt einen Magnetresonanztomographen der Firma Siemens, wie er derzeit in der Radiologie eingesetzt wird.

Funktionsprinzip Menschliches und tierisches Gewebe enthält Wasser, das zu einem Teil aus Protonen besteht. Diese besitzen einen Spin, der ihnen ein magnetisches Moment verleiht. Da die magnetischen Momente der einzelnen Protonen chaotisch ausgerichtet sind, ist von außen am Gewebe normalerweise kein Magnetfeld messbar.

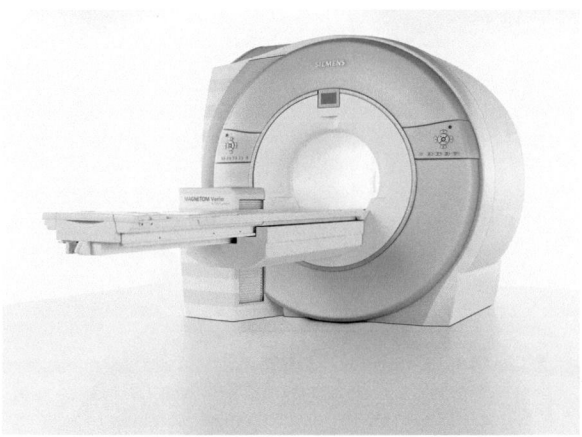

Abbildung 2.13: Magnetresonanzgerät (Photo: Siemens[Sie09a])

Wird aber ein sehr starkes konstantes Magnetfeld B_z parallel zur Z-Achse des Koordinatensystems von außen angelegt, so richten sich die Spins alle parallel zum Magnetfeld aus. Wird zusätzlich zu B_z orthogonal ein zweites Magnetfeld angelegt, das in der X-Y-Ebene rotiert (B_x, B_y), kann damit der Dipolvektor der einzelnen Protonen in Rotation versetzt werden. Der Dipolvektor beschreibt dann eine trichterförmige Bahn um die Z-Achse, die so genannte Präzession (Abbildung 2.14).

Beim Ein- bzw. Ausschalten des rotierenden Magnetfeldes benötigen die Dipole einen Augenblick, um ihre Präzession an die neue Situation anzupassen. Dabei können zwei verschiedene Zeiten gemessen werden:

- Spin-Gitter-Relaxation T_1

- Spin-Spin-Relaxation T_2

T_1 gibt die Zeit an, die die Protonen benötigen, um beim Aktivieren des rotierenden Magnetfeldes in eine stabile Präzession zu gelangen, T_2 ist die Zeit, die sie benötigen, um beim Deaktivieren des rotierenden Magnetfeldes wieder in ihren Ruhezustand zu fallen. Diese Zeiten sind abhängig vom Gewebetyp, was eine Unterscheidung ermöglicht.

Das zu untersuchende Gebiet wird in gleich große Voxel aufgeteilt. Um eine Ortsauflösung zwischen den einzelnen Voxeln herstellen zu können werden Gradientenfelder in die verschiedenen Richtungen des Raums eingesetzt. In den verschiedenen Richtungen führt dies zu unterschiedlichen Kodierungen:

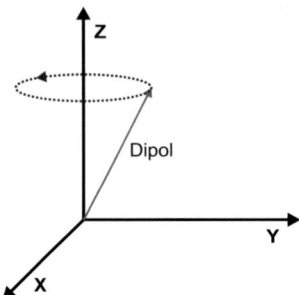

Abbildung 2.14: Präzession: Das MRT richtet die magnetischen Momente (Spins) der Protonen parallel aus (Z-Achse) und versetzt sie um ihre Ausrichtungsachse in Rotation.

- **Z-Achse:** ändert die Resonanzfrequenz der Kernspins entlang der Achse. Nur in einer eng definierten Ebene kann das rotierende Magnetfeld eine einheitliche Präzession herbeiführen, wodurch nur dort Messwerte entstehen und zusammen ein Schichtbild ergeben.

- **Y-Achse:** Ein Gradient, der für kurze Zeit aktiviert wird, bewirkt eine Phasenverschiebung der rotierenden Dipole, die entlang der Y-Achse unterschiedlich ausfällt. Es entsteht eine Phasenkodierung.

- **X-Achse:** Wird ein Gradient aktiviert, während die Dipole ausgelesen werden, so bewirkt dies unterschiedliche Rotationsfrequenzen entlang der X-Achse. Es entsteht eine Frequenzkodierung.

Die Gradienten in X- und Y-Richtung müssen für jede Schicht mehrmals mit jeweils unterschiedlichen Stärken angelegt werden. Anschließend erfolgt jeweils eine Messung. Auf diese Weise wird der Frequenzraum jeder Schicht abgetastet und der Computer kann mittels inverser Fouriertransformation die einzelnen Schichtbilder im Ortsraum berechnen. Abbildung 2.15 zeigt drei Beispielbilder aus einer T_1-gewichteten MRT-Bildserie des Kopfes.

Strahlenhygiene Da bei der Magnetresonanztomographie der Patient nur Magnetfeldern und keiner ionisierenden Strahlung ausgesetzt wird, ist nach derzeitigem Wissensstand mit keinen gesundheitlichen Risiken zu rechnen. Allerdings dürfen sich aufgrund der Stärke der Felder (aktuell bis 4 Tesla) keine magnetischen Gegenstände in der Nähe der Spulen befinden. Dies gilt insbesondere für den Patienten: Metallische Kanülen müssen entfernt werden, Implantate sind unbedenklich, wenn sie aus Titan bestehen. Befinden sich im Körper des Patienten

aufgrund eines Unfalls Metallsplitter, so können diese in den starken Magnetfeldern in Bewegung geraten und umliegendes Gewebe verletzen. Patienten mit
Herzschrittmacher können nur unter besonderen Sicherheitsvorkehrungen untersucht werden, um eine Umprogrammierung des Schrittmachers und hohe indu-
zierte Spannungen in den Elektroden zu vermeiden.

Kontrastmittel Das gängige Kontrastmittel für die Magnetresonanztomographie sind Gadoliniumverbindungen. Da die meisten von ihnen toxisch sind, kommen für die Anwendung am Patienten nur wenige in Frage. Besonders bekannt
ist Gadolinium-diethylen-triamin-pentaacetat (Gd-DTPA). Weitere Informationen zur Magnetresonanztomographie finden sich in [Dös99].

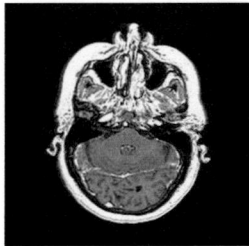 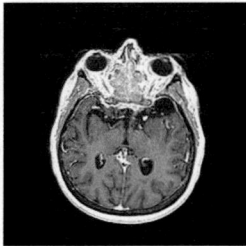 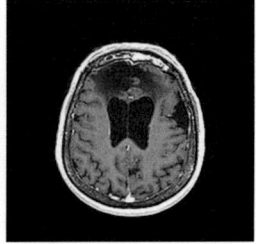

Abbildung 2.15: Serie von T_1-gewichteten MRT-Schichtbildern des Kopfes.
Deutlich zu erkennen sind die hellen Haut und Fettgewebe-
partien. Das Gehirn wird grau dargestellt, Knochen, Luft und
Augen schwarz. Die Auflösung der Bilder ist im Vergleich zum
CT geringer.

2.2.2 Medizinische Bildverarbeitung

Aufgabe der *medizinischen Bildverarbeitung* ist die Manipulation von Bilddaten
zum Hervorheben und zur Erzeugung von Merkmalen. Sie ist ein spezielles Anwendungsgebiet der klassischen computerunterstützten Bildverarbeitung und eng
mit dem *Maschinellen Sehen* verwandt. In der Regel hat man es bei medizinischen
Bilddaten mit Grauwertbildern zu tun (CT, MRT, Ultraschall). Beispielsweise
können der Kontrast der Bilder erhöht, Kanten gefunden und das Bildrauschen
verringert werden. Auf der Ebene der Softwarearchitektur wird die Bildverarbeitung häufig durch eine Verkettung mehrerer Filter zu einer so genannten Pipeline
realisiert. Jeder Filter beinhaltet einen Bildverarbeitungsalgorithmus, der auf ein
Eingangsbild angewendet wird und ein Ausgangsbild hervorbringt. Natürlich gibt
es auch Filter die mehrere Bilddatensätze als Eingabe erwarten, und auch solche,
die mehrere Ausgangsbilder berechnen.

Im Folgenden findet sich eine klassifizierte Auflistung gängiger Bildverarbeitungsalgorithmen. Zu Gunsten einer übersichtlichen Darstellung wird von Filtern ausgegangen, die aus einem einzelnen Eingangsbild ein einziges Ausgangsbild berechnen. Weitere Details zur *medizinischen Bildverarbeitung* können [Rob94, Han00] entnommen werden.

Punktoperationen

Punktoperationen weisen jedem Bildpunkt des Ausgangsbildes $B(i)$ einen Wert zu, der aus dem Bildpunkt $A(i)$ mit Hilfe einer Funktion $f(x)$ berechnet wird. Es gilt $B(i) = f(A(i))$. Die berechnete Intensität eines Bildpunktes ist unabhängig von seiner Nachbarschaft. Häufig verwendete Funktionen $f(x)$ sind:

- Veränderung von Kontrast und Helligkeit (Invertierung bei negativem a):

$$f(x) = a * x + v$$

- Logarithmisierung des Bildes:

$$f(x) = log(x)$$

- Binäre Schwellwertberechnung:

$$f(x) = \left\{ \begin{array}{ll} 0, & x < a \\ 1, & x \geq a \end{array} \right.$$

Ziel dieses Vorgangs ist die Verbesserung der Deutlichkeit der Bildinformationen für den menschlichen Betrachter zu Zwecken der Diagnose. Beispielsweise werden Grauwertmodifikationsfilter in DICOM-Viewern (Programme zur Betrachtung medizinischer Bilddaten) zur Einstellung des Kontrasts verwendet.

Bildfaltung

Lokale Operatoren berücksichtigen nicht nur die einzelnen Pixelintensitäten sondern zusätzlich noch die Nachbarschaft des zu untersuchenden Bildpunktes. Zu dieser Klasse der Bildoperatoren zählen Faltungsfilter (z.B. Bildglättung und Kantenverstärkung). Das transformierte Bild $B(i)$ ergibt sich aus der mathematischen Faltung des Originalbildes $A(i)$ mit einer entsprechenden Maske M, dem so genannten Faltungskern (engl. Kernel). Mathematisch wird der Vorgang folgendermaßen dargestellt: $B(i) = (A * M)(i)$. Die Maske wird Punkt für Punkt über das Originalbild geschoben, und die Grauwerte des Originals unter der Maske werden mit dem korrespondierenden Faktor der Maske multipliziert. Zum Schluss wird aus diesen Werten die Summe bestimmt. Das Ergebnis wird dem Bildpunkt des Ausgangsbildes zugewiesen, der sich im Zentrum der Maske befindet. Abbildung 2.16 illustriert diesen Vorgang. Im zweidimensionalen Fall lautet die Formel für die Faltung eines Bildes $A(x,y)$ mit einer Maske $M(x,y)$ der Größe $(2m+1) \times (2m+1)$:

$$B(x,y) = (A * M)(x,y) = a \cdot \sum_{i=-m}^{m} \sum_{j=-m}^{m} A(x+i, y+j) \cdot M(i,j) \qquad (2.2)$$

1	2	5	3	0	0
4	1	3	1	0	0
4	2	1	0	0	0
4	4	8	1	0	2
3	2	2	2	2	7
3	3	2	6	6	1

-1	0	1
-2	0	2
-1	0	1

-1	0	1	0	0	0
-2	0	2	1	0	0
-1	0	1	0	0	0
4	1	8	1	0	2
3	2	2	2	2	7
3	3	2	6	6	1

-1	-3	4	1
-1	-7	-8	0
-12	-13	-17	-4
-5	0	7	6

(a) Originalbild   (b) Sobel-filter   (c) Maske wird über das Originalbild verschoben.   (d) Ergebnisbild

Abbildung 2.16: Faltung eines Bildes (a) mit einem Sobelfilter (b). Die Herausarbeitung der horizontalen Bildkanten ist deutlich erkennbar. Aufgrund der Breite des Filters können die Pixel, die am Rand des Ergebnisbildes (d) liegen, nicht berechnet werden, da sonst Informationen über Bereiche außerhalb des Bildes vorliegen müssten.

Einige Beispiele für Bildfaltungsfilter (Mittelwertfilter, Gaußfilter und Kantendetektionsfilter) können dem folgenden Abschnitt entnommen werden. Beispielbilder zu ihrer Anwendung finden sich in Abbildung 2.17:

- **Mittelwertfilter:** Ein einfacher Weichzeichnungsfilter. Der *Mittelwertfilter* bildet den Durchschnitt über einem Pixel und seinen Nachbarn. Beispiel für einen Mittelwertfilter M der Größe 3×3:

$$M = \frac{1}{9} \begin{pmatrix} 1 & 1 & 1 \\ 1 & 1 & 1 \\ 1 & 1 & 1 \end{pmatrix}$$

- **Gaußfilter:** Wird zum Weichzeichnen von Bildern verwendet. Der Filterkernel wird aus einer Gaußschen Impulsantwort, deren Zentrum in der Mitte der Maske liegt, berechnet. Für den zweidimensionalen Fall lautet die Impulsantwort:

$$M(x,y) = \frac{1}{\sqrt{\sigma^2 2\pi}} \cdot e^{-\frac{x^2+y^2}{2\sigma^2}}$$

Beispiel für einen Gaußfilter G der Größe 3×3:

$$G = \frac{1}{16} \cdot \begin{pmatrix} 1 & 2 & 1 \\ 2 & 4 & 2 \\ 1 & 2 & 1 \end{pmatrix}$$

- **Kantendetektion:** Es gibt zahlreiche Bildverarbeitungskernel, mit deren Hilfe Kanten in Bildern detektiert werden können. Beispiele für Kantendetektionsfilter sind: Sobel-Operator, Laplacefilter, Prewitt-Operator, Kirsch-Operator und Marr-Hildreth-Operator. Der horizontale S_x und der vertikale S_y Sobelfilter sieht beispielsweise folgendermaßen aus:

$$S_x = \begin{pmatrix} -1 & 0 & 1 \\ -2 & 0 & 2 \\ -1 & 0 & 1 \end{pmatrix} \qquad S_y = \begin{pmatrix} -1 & -2 & -1 \\ 0 & 0 & 0 \\ 1 & 2 & 1 \end{pmatrix}$$

Medianfilter

Eine weitere Möglichkeit zur Entfernung von Störungen in Bilddaten ist der *Medianfilter*. Die Funktionsweise ähnelt den zuvor beschriebenen Faltungsfiltern. Allerdings werden in diesem Fall die Grauwerte, die unter der Maske liegen, nicht mit der Maske verrechnet, sondern ihrem Wert nach sortiert. Der neue Pixelwert wird der Mitte des sortierten Arrays entnommen *(Median)* und im Zielbild gespeichert.

Das Ergebnis (Beispiel in Abbildung 2.17(f)) ist ein geglättetes Bild, aus dem kleine Störungen entfernt wurden, die Kanten größerer Objekte bleiben aber intakt. Der Filter ist ausreisserstabil und eignet sich daher besonders gut zur Entfernung von so genanntem *Salt-and-Pepper-Rauschen*.

Morphologische Bildverarbeitung

Bei Operationen der *Morphologischen Bildverarbeitung* wird die Form von Objekten in den Bilddaten manipuliert (Morphologie = Lehre der Formen). Aufgrund der Abhängigkeit von der Kenntnis der Form der Objekte werden vorwiegend binäre Bilder verarbeitet. Prinzipiell können die Verfahren auch auf Graustufenbilder angewendet werden. Die wichtigsten Filter sind:

- **Erosion:** Verringert die Größe der Objekte auf einem binären Bild gleichmäßig. Dies geschieht mit Hilfe einer Strukturmaske, die ähnlich dem Kernel bei Faltungsfiltern über dem Bild verschoben wird. Für jeden Bildpunkt wird prüft, ob die Maske vollständig in seine Umgebung passt. Anschließend wird der Bildpunkt des Zielbildes entsprechend gesetzt. Je nach Größe der Maske wird das Objekt mehr oder weniger verkleinert.

- **Dilatation:** Das Gegenstück zur *Erosion*. Es wird die gleiche Struktur-maske verwendet. Allerdings wird bei der Anwendung auf einen Bildpunkt untersucht, ob es eine Überschneidung mit den Bildobjekten gibt. Entsprechend wird der Bildpunkt des Zielbildes festgelegt.

- **Closing:** Eine Kombination aus *Dilatation* mit anschließender *Erosion*. Dies führt dazu, dass Lücken in den Bildobjekten geschlossen werden. Die Größe der schließbaren Lücken ist von der Größe der Maske abhängig.

- **Opening:** Eine Kombination aus *Erosion* mit anschließender *Dilatation*. Dies führt dazu, dass kleine Objekte, die potentiell ausschließlich das Produkt von Bildrauschen sind, eliminiert werden. Die Größe entfernbarer Objekte ist von der Größe der Maske abhängig.

Weitere Informationen zur *Morphologischen Bildverarbeitung* finden sich in [Soi98].

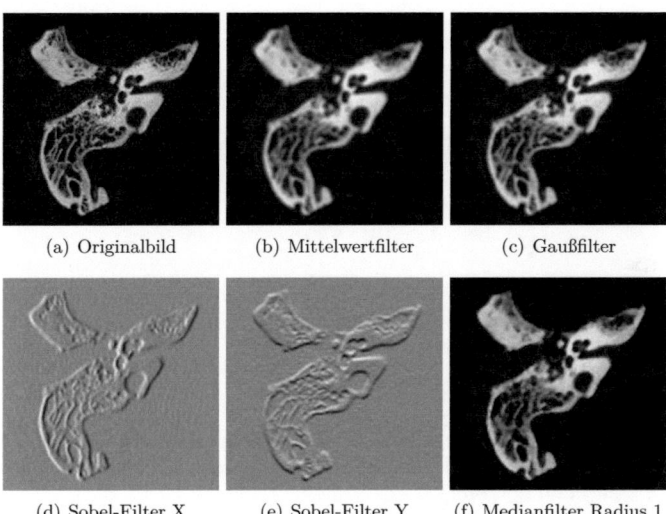

(a) Originalbild   (b) Mittelwertfilter   (c) Gaußfilter

(d) Sobel-Filter X   (e) Sobel-Filter Y   (f) Medianfilter Radius 1

Abbildung 2.17: Anwendung verschiedener Bildverarbeitungsfilter auf einen digitalen Bilddatensatz.

Fouriertransformation

Ein Beispiel für globale Bildverarbeitungsoperationen ist die *Fouriertransformation*. Sie wurde vom französischen Mathematiker Jean Baptiste Joseph Fourier im Rahmen seiner *Théorie analytique de la chaleur*[Fou22] entwickelt und erlaubt eine bijektive Transformation einer komplexen Funktion in ihren Frequenzraum und ermöglicht so eine Analyse periodischer Abläufe in einem Signal. Durch Manipulationen im Frequenzraum sind zudem frequenzabhängige Filterungen möglich. Die mathematische Definition der *Kontinuierlichen Fouriertransformation* $F(u, v)$ und ihrer Rücktransformation $f(x, y)$ lautet:

$$F(u, v) = \int_{-\infty}^{\infty} \int_{-\infty}^{\infty} f(x, y) \cdot e^{-2\pi i(ux+vy)} dx \, dy \qquad (2.3)$$

$$f(x, y) = \int_{-\infty}^{\infty} \int_{-\infty}^{\infty} F(u, v) \cdot e^{2\pi i(ux+vy)} du \, dv \qquad (2.4)$$

Weitere Informationen zur *Kontinuierlichen Fouriertransformation* finden sich in [Bra86]. In der Bildverarbeitung liegen die Daten in abgetasteter, also in diskreditierter Form vor. Für diese Art von Informationen gibt es die *Diskrete Fouriertransformation* (DFT). Die Formeln 2.5 und 2.6 zeigen die mathematische Definition für die eindimensionale Hin- und Rücktransformation. Die Erweiterung auf den zweidimensionalen Fall wird in den Formeln 2.7 und 2.8 beschrieben. Die Anwendung der Transformation auf einen zweidimensionalen Bilddatensatz verdeutlicht Abbildung 2.18:

$$F(\mu) = M^{-1} \sum_{\sigma=0}^{M-1} f(\sigma) \cdot e^{-2\pi i \frac{\mu\sigma}{M}} \qquad (2.5)$$

$$f(\sigma) = \sum_{\mu=0}^{M-1} F(\mu) \cdot e^{2\pi i \frac{\mu\sigma}{M}} \qquad (2.6)$$

$$F(\mu, \nu) = M^{-1} N^{-1} \sum_{\sigma=0}^{M-1} \sum_{\tau=0}^{N-1} f(\sigma, \tau) \cdot e^{-2\pi i(\frac{\mu\sigma}{M} + \frac{\nu\tau}{N})} \qquad (2.7)$$

$$f(\sigma, \tau) = \sum_{\mu=0}^{M-1} \sum_{\nu=0}^{N-1} F(\mu, \nu) \cdot e^{2\pi i(\frac{\mu\sigma}{M} + \frac{\nu\tau}{N})} \qquad (2.8)$$

Die *Diskrete Fouriertransformation* wird in [Bra86] weiter vertieft. Die Formeln 2.9 und 2.10 zeigen die DFT für ein zweidimensionales Bild mit den Bildkoordinaten x und y und den Frequenzkoordinaten k und l:

$$B(k, l) = \sum_{x=0}^{M-1} \sum_{y=0}^{N-1} A(x, y) \cdot e^{-2\pi i \cdot \frac{xk}{M}} \cdot e^{-2\pi i \cdot \frac{yl}{N}} \qquad (2.9)$$

$$A(x, y) = \frac{1}{MN} \sum_{k=0}^{M-1} \sum_{l=0}^{N-1} B(k, l) \cdot e^{2\pi i \cdot \frac{xk}{M}} \cdot e^{2\pi i \cdot \frac{yl}{N}} \qquad (2.10)$$

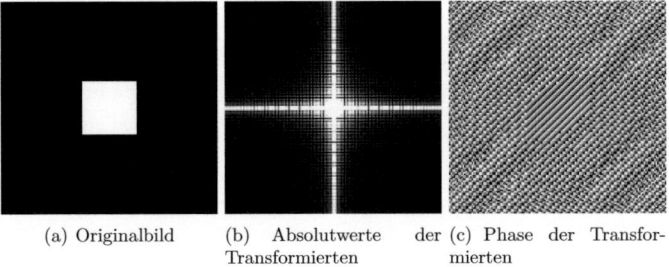

(a) Originalbild   (b) Absolutwerte der (c) Phase der Transfor-
                       Transformierten   mierten

Abbildung 2.18: Anwendung der Fouriertransformation auf ein Bild.

Anwendung in der Bildverarbeitung   In der Bildverarbeitung liegt der Einsatz der Fouriertransformation in erster Linie in ihrer Funktion als Bandpassfilter. Mit Hilfe von Tiefpassfiltern kann beispielsweise Rauschen aus einem Bild entfernt werden und durch den Zugriff auf den Frequenzraum können die frequenzabhängigen Filterkurven einfacher auf die Anwendung zugeschnitten werden. Eine weitere interessante Anwendung beruht auf der Tatsache, dass bestimmte Rechenoperationen im Frequenzraum einen geringeren Rechenaufwand aufweisen: So besitzt beispielsweise eine Faltung im Frequenzraum lediglich einen konstanten Rechenaufwand, was trotz des Aufwandes zur Hin- und Rücktransformation in den Frequenzraum noch eine Reduzierung darstellt.

Fast Fourier Transformation   Soll die Diskrete Fouriertransformation für eine Frequenzfilterung verwendet werden, so liegt im eindimensionalen Fall die mathematische Komplexität dafür bei $O(n^2)$, im zweidimensionalen Fall bereits bei $O(n^4)$. Um diesen erheblichen Aufwand zu reduzieren wurde von James Cooley und John W. Tukey[JWC65] die *Fast Fourier Transformation* (FFT) entwickelt. Durch Teile-und-herrsche-Strategien und geschicktes Zwischenspeichern bereits berechneter Teilergebnisse wird der Aufwand im eindimensionalen Fall auf $O(n \cdot log(n))$ bzw. auf $O(n^2 \cdot log(n^2))$ im zweidimensionalen Fall reduziert. Trotzdem bleibt die Filterung mittels Fouriertransformation ein rechenaufwändiger Prozess. Mehr Informationen zur FFT findet sich in [Bri82].

2.2.3 Segmentierung

Im Prozess der Segmentierung werden die zu einem Objekt, z.B. einer anatomischen Struktur, gehörigen Voxel klassifiziert und in semantisch definierte Teilregionen eingeteilt, ähnlich einer Maske. Das Resultat ist ein binäres Bild, das die gleiche Dimension wie das Ausgangsbild besitzt. Abbildung 2.19 zeigt die Segmentierung des Knochens bei einer CT-Schichtaufnahme des Felsenbeins. Alle zum gesuchten Objekt dazugehörigen Voxel besitzen den gleichen Wert, alle nicht dazugehörigen einen gemeinsamen anderen Wert. Als Alternative zum binären Bild kann auch ein größerer Merkmalsraum verwendet werden. Dies ermöglicht beispielsweise die Segmentierung mehrerer unabhängiger Objekte in einem einzigen Datensatz.

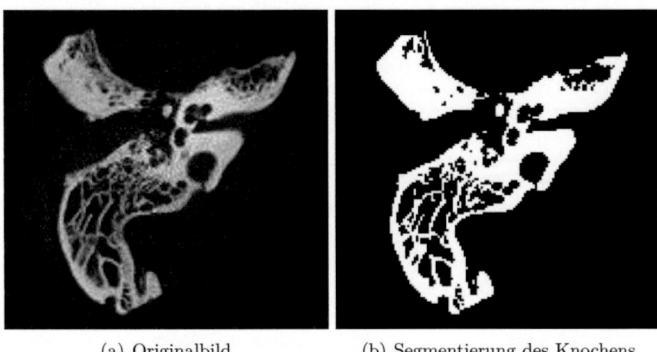

(a) Originalbild   (b) Segmentierung des Knochens

Abbildung 2.19: Exemplarische Segmentierung des Knochens in einem CT-Schichtbild des Felsenbeins.

Die Segmentierung an sich setzt im medizinischen Bereich ein umfangreiches Expertenwissen voraus. Dies liegt darin begründet, dass die gesuchten Objekte in den medizinischen Bilddaten nicht leicht zu identifizieren und ihre Grenzen innerhalb einer Bildmodalität nicht immer einen genügenden Kontrast aufweisen. Daher werden Segmentierungen in der Praxis hauptsächlich manuell von medizinischem Fachpersonal durchgeführt. Aufgrund der hohen Personalkosten ist der Automatisierungsdruck hier sehr hoch. Existierende Lösungen sind bisher auf spezifische Anwendungen eingeschränkt. Es ist noch kein allgemeingültiges Verfahren oder eine überzeugende systematische Vorgehensweise bekannt, weshalb man zum gegenwärtigen Zeitpunkt eher von einer *Kunst der Segmentierung* sprechen muss.

Zur Umsetzung der Segmentierung gibt es zahlreiche Verfahren, die sich allgemein in die nachfolgenden vier Klassen einteilen lassen. Effektive Segmentierungsalgorithmen bedienen sich in der Regel einer Kombination dieser Klassen und einer individuellen Bildverarbeitungskette. Eine ausführlichere Zusammenfassung findet sich in [LOPR97] und [Poh04].

Pixelbasierte Verfahren

Pixelbasierte Verfahren verarbeiten einzelne Pixel (oder Voxel) unabhängig voneinander. Ein klassischer Vertreter dieser Gruppe sind binäre Schwellwertverfahren. Diese betrachten einen Pixel eines Ausgangsbildes $A(x, y, z)$ als zum gesuchten Objekt gehörig, wenn sein Intensitätswert innerhalb eines Intervalls $[t_{min}, t_{max}]$ liegt. Auf diese Weise entsteht das binäre Bild $B(x, y, z)$ (Formel 2.11). Das Intervall wird meist vom Benutzer vorgegeben, kann aber auch aus Modellen oder Histogrammen des zu segmentierenden Bildes gewonnen werden. Pixelbasierte Verfahren reagieren empfindlich auf Bildrauschen und lassen sich daher nicht sinnvoll ohne Vorverarbeitung der Bilddaten (z.B. Glättung) verwenden.

$$B(x, y, z) = \begin{cases} 1 & \text{falls } t_{min} \leq A(x, y, z) \leq t_{max} \\ 0 & \text{sonst} \end{cases} \qquad (2.11)$$

Regionbasierte Verfahren

Bei regionbasierten Verfahren werden während der Klassifikation zusätzlich zum Intensitätswert eines Pixels die Intensitäten seiner Nachbarn betrachtet. So selektiert der Region-Growing Filter, von einem Saatpunkt ausgehend, alle zusammenhängend benachbarten Pixel, die einem Gütekriterum genügen. Im einfachsten Fall ist dies ein Intensitätsintervall wie beim Schwellwertverfahren. Dann ist das Region-Growing-Verfahren aber ähnlich anfällig gegenüber Rauschen.

Kantenbasierte Verfahren

Kantenbasierte Verfahren arbeiten nicht auf den ursprünglichen Bilddaten. Stattdessen werden diese zuerst mit einem Kernel gefiltert, der ein Gradientenbild erzeugt. Die gewonnenen Kanten werden zur Begrenzung des zu extrahierenden Objekts herangezogen. Beispiele für diese Klasse von Segmentierungsverfahren sind die Wasserscheidentransformation[BL79, BM93] und das interaktive LiveWire-Verfahren[MB98, MB99]. Ohne Benutzerinteraktion lassen sich mit kantenbasierten Verfahren nur Objekte mit deutlichen und lückenlosen Konturen effektiv segmentieren.

Modellbasierte Verfahren

Einen sehr viel versprechenden aber äußerst komplexen Ansatz zur Segmentierung medizinischer Bilddaten stellt die modellbasierte Segmentierung dar: Hier wird versucht, die Eigenschaften des zu segmentierenden Objekts in allgemeingültigen Modellen abzulegen. Dabei kann es sich um geometrische Ausprägungen (Active Shape Models[Tay92, DGSS02]), Grauwerte (Active Appearance Models [CT04]) oder Texturinformationen handeln. Die Generierung der Modelle ist ein sehr aufwändiger Prozess, da zuerst signifikante Eigenschaften ausfindig gemacht und deren genaue Ausprägungen im Anschluss mit möglichst vielen Trainingsdatensätzen ermittelt werden müssen.

Interaktive Verfahren

Ziel einer interaktiven Segmentierung ist es, die jeweiligen Stärken von Computer und erfahrenem Benutzer zu kombinieren: Der Benutzer verfügt über ein weitreichendes Modellwissen, das er in den Segmentierungsprozess einbringen kann, ist aber langsam und im Detail häufig unpräzise. Automatische Verfahren profitieren daher durch vorgegebene Parameter und andere durch Benutzereingaben gelieferte Informationen. Ein weiterer wichtiger Aspekt ist die Möglichkeit zur Bewertung der Ergebnisse und zum Assortieren schlechter Segmentierungsergebnisse durch den Benutzer. Interaktivität bedeutet häufig das Durchlaufen mehrerer Iterationen wechselnder Aktivitäten von Benutzer und Algorithmus.

In [OS01] beschäftigen sich Olabarriaga und Smeulders sehr ausführlich mit dem Prinzipien hinter der interaktiven Segmentierung. In ihrer Analyse fokussieren sie sich auf die Rolle des Benutzers, eine Klassifizierung der Arten von Benutzereingaben und die sich daraus ergebenden Konsequenzen für die Algorithmen. Die Algorithmen selbst werden abstrakt behandelt und bleiben eine Blackbox. Es werden zahlreiche Beispiele für interaktive Segmentierungsalgorithmen genannt. Weitere Beispiele für interaktive Segmentierungsverfahren sind [MB98] und [MB99].

2.2.4 Repräsentation dreidimensionaler Objekte

Es sind zahlreiche Datenstrukturen bekannt, mit denen sich dreidimensionale Körper repräsentieren lassen. Die wohl bekanntesten unter ihnen sind (3D)-*Polygonnetze* (engl. *Polygon Meshes*), die nur die Oberfläche eines Objektes beschreiben können, und dreidimensionale Volumendatensätze, bei denen das gesamte Körpervolumen in diskreten Abständen abgetastet wird, und sich somit jedem Abtastpunkt (Voxel) Eigenschaften zuordnen lassen. Meistens wird in alle Dimensionen eine gleichmäßige Abtastung zugrunde gelegt. Dann spricht man von einem isotropen Volumen.

3D-Polygonnetze

Ist in einer Anwendung lediglich die Darstellung der Oberfläche eines Objekts von Bedeutung, so reduziert sich die mathematische Komplexität auf das zweidimensionale Problem der Abbildung von Punkten einer zweidimensionalen Oberfläche auf den jeweils zugeordneten Punkt im Raum, also $\mathbb{R}^2 \to \mathbb{R}^3$. Solche Oberflächenmodelle können in ihrer kontinuierlichen Form mit Hilfe von Funktionen abgebildet werden. In der Praxis werden jedoch (3D)-*Polygonnetze* (engl. *Polygon Meshes*) verwendet, die die Oberfläche als Menge von Punkten, Kanten und

Flächen darstellen. Dies vereinfacht die Handhabung, aber gekrümmte Flächen sind nur annäherungsweise abbildbar.

Die bereits zuvor erwähnten Grundprimitive dieser Darstellungsweise, Punkte *(engl. vertex)*, Kanten *(engl. edge)*, Flächen *(engl. face)* und Polygone *(engl. polygon)*, stehen folgendermaßen in Beziehung zu einander:

- **Punkt:** Ein *Punkt* stellt eine dreidimensionale Koordinate $p \in \mathbb{R}^3$ im Raum dar. Gegebenenfalls können mit dem Punkt weitere Eigenschaften des zu modellierenden Objekts wie Farbe, Oberflächennormale oder Texturkoordinaten verknüpft werden. Diese Informationen gelten dann für den Ort, an dem sich der Punkt befindet.

- **Kante:** Eine *Kante* verbindet zwei oder mehrere Punkte zu einer offenen Struktur.

- **Fläche:** Eine *Fläche* vereint drei oder mehrere Punkte zu einer geschlossenen Struktur.

- **Polygon:** Ein *Polygon* ist ein Satz von *Flächen*. Je nach Implementierung sind beide Primitive auch äquivalent (wenn Flächen auf mehr als drei Punkte aufgespannt werden können) oder unterschiedlich (wenn Flächen nur auf drei bzw. vier planar angeordnete Punkte aufgespannt sein dürfen).

- **Oberflächen:** Sind nur ein Gruppierungselement für Polygone und aus diesem Grund optional.

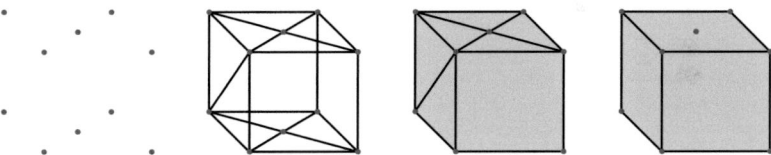

Abbildung 2.20: Aufbau von Polygonnetzen am Beispiel eines Würfels: Links: Die Eckpunkte des Würfels werden über Punkte definiert. 2. Abbildung von links: Die Punkte werden mit Hilfe von Kanten verbunden. Nicht alle möglichen Verbindungen müssen definiert werden. 2. Abbildung von rechts: Jeweils drei oder mehr Kanten werden zu Flächen verbunden, die die Oberfläche des Würfels formen. Rechts: Flächen können zu Polygonen gruppiert werden. In diesem Fall die sechs quadratischen Seiten des Würfels.

Abbildung 2.20 verdeutlicht die Rolle der verschiedenen Grundprimitive Punkte, Kanten, Flächen und Polygone beispielhaft an einem Würfel. Zur Herstellung einer Verknüpfung zwischen den Grundprimitiven gibt es mehrere mögliche Datenstrukturen, die aufgrund ihres Aufbaus für jeweils andere Gruppen von Algorithmen und Operationen geeignet sind. So kann im einfachsten Fall eine Fläche F als eine Menge kartesischer Koordinaten der sie aufspannenden Punkte und ein Polygon P als eine Menge von Flächen beschrieben werden. Die Punkte V und die Kanten E sind damit implizit durch die Flächen definiert, denn es wird angenommen, dass zwischen zwei aufeinander folgenden Punkten und zwischen Punkt 1 und Punkt n in einer Flächendefinition eine Kante besteht:

$$F_1 = ((x_1, y_1, z_1), (x_2, y_2, z_2), \ldots, (x_{n_1}, y_{n_1}, z_{n_1})) \tag{2.12}$$

$$F_2 = ((x_1', y_1', z_1'), (x_2', y_2', z_2'), \ldots, (x_{n_2}', y_{n_2}', z_{n_2}')) \tag{2.13}$$

$$\vdots \tag{2.14}$$

$$F_m = ((x_1^m, y_1^m, z_1^m), (x_2^m, y_2^m, z_2^m), \ldots, (x_{n_m}^m, y_{n_m}^m, z_{n_m}^m)) \tag{2.15}$$

$$P = (F_1, \ldots, F_m) \tag{2.16}$$

In diesem sehr einfachen Format werden beispielsweise Polygondaten in STL-Dateien *(Stereo Lithography)* abgelegt. Nachteilig sind die Redundanzen der Punkte, da jede Fläche, die einen Punkt verwendet, diesen quasi neu definiert. Soll in der Datenstruktur ein Punkt verschoben werden, müssen alle Exemplare gesucht und verändert werden. Die Problematik der redundanten Punkte lässt sich einfach durch die Verwendung von Referenzen lösen. Am Beginn steht eine Liste V von Punkten. Flächen sind jeweils explizit als Liste von Referenzen auf die Elemente einer Teilmenge der Punktliste definiert.

$$V = (V_1, V_2, \ldots, V_n) = ((x_1, y_1, z_1), (x_2, y_2, z_2), \ldots, (x_n, y_n, z_n)) \tag{2.17}$$

$$F_1 \subseteq V \tag{2.18}$$

$$F_2 \subseteq V \tag{2.19}$$

$$\vdots \tag{2.20}$$

$$F_m \subseteq V \tag{2.21}$$

$$P = (F_1, \ldots, F_m) \tag{2.22}$$

Weitere Ordnung kann durch die explizite Definition von Kanten erzeugt werden. Auch hier bilden die Punkte V die Grundlage. Eine Kante besteht aus Referenzen auf die zwei beteiligten Punkte und auf die angrenzenden Flächen, die die

Kante verwenden. Eine Fläche wiederum ist über die Menge der Kanten, die sie umgeben, definiert:

$$V = (V_1, V_2, \ldots, V_n) = ((x_1, y_1, z_1), (x_2, y_2, z_2), \ldots, (x_n, y_n, z_n)) \quad (2.23)$$
$$E_1 = (V_{11}, V_{12}, P_{11}, P_{12}) \quad (2.24)$$
$$E_2 = (V_{21}, V_{22}, P_{21}, P_{22}) \quad (2.25)$$
$$\vdots \quad (2.26)$$
$$E_m = (V_{m1}, V_{m2}, P_{m1}, P_{m2}) \quad (2.27)$$
$$E = (E_1, E_2, \ldots, E_m) \quad (2.28)$$
$$P_1 = (E_{11}, E_{12}, \ldots, E_{1k}) \quad (2.29)$$
$$P_2 = (E_{21}, E_{22}, \ldots, E_{2k}) \quad (2.30)$$
$$\vdots \quad (2.31)$$
$$P_i = (E_{i1}, E_{i2}, \ldots, E_{ik}) \quad (2.32)$$
$$P = (P_1, P_2, \ldots, P_i) \quad (2.33)$$

Diese Datenstruktur kann aufgrund ihrer Komplexität bereits Inkonsistenzen entwickeln, ermöglicht aber Algorithmen eine einfache Iteration über die Oberfläche des Polygons. Die Wahl des Repräsentationsmodells für die Polygone wird vom Entwickler implizit durch die Auswahl von Softwarebibliotheken getroffen. Weitere theoretische Hintergründe und Anwendungen von Polygonnetzen können [Mor] entnommen werden.

Die Hauptanwendungsgebiete von Polygonnetzen sind die Visualisierung mittels Scanline Rendering oder Raytracing sowie die Anwendung von Kollisionserkennungsalgorithmen. Auch komplexere Algorithmen, beispielsweise zur Bahnplanung, setzen teilweise auf Polygonnetze auf.

Dateiformate für Polygonnetze

Seitdem es Software zur Modellierung, Verarbeitung und Darstellung von Polygonnetzen gibt, besteht der Bedarf, diese Informationen zu speichern, um sie konservieren oder zwischen verschiedenen Anwendungen austauschen zu können. Daher stammen, historisch bedingt, zahlreiche heute verwendete Dateiformate von älteren Anwendungen ab, deren Hauptspeicherformat sie waren oder heute noch sind. Durch die Entwicklung von Import und Exportfiltern konnten diese Formate auch in den Anwendungen anderer Hersteller verwendet werden und entwickelten sich so zu Quasi-Standards, die sich allerdings auf die Grundinformationen der Polygonnetze beschränken. Echte Standardisierungsbestrebungen für Dateiformate, an denen öffentliche Gremien oder mehrere Hersteller beteiligt sind, sind in diesem Gebiet eine neuere Entwicklung, die 1995 mit der Einführung von VRML/X3D begonnen hat. Seit dem Jahre 2004 existiert ein weiteres Dateiformat: COLLADA. Diese neueren Formate können auch Informationen über

Oberflächenmaterialien, Kinematiken, Animationen, physikalische Eigenschaften der Objekte oder Szeneninformationen wie Lichter und Kameras speichern.

VRML/X3D VRML steht für *Virtual Reality Modeling Language* und wurde 1995 ursprünglich von SGI als Exportformat für ihre Inventor-API eingeführt. Zwei Jahre später wurde daraus vom Web3D Konsortium der ISO-Standard VRML97[vrm97] entwickelt. In den folgenden Jahren wurde VRML zum X3D-Standard[web04] weiterentwickelt. Ziel dieser Standards ist es, animierte dreidimensionale Szenen zur Einbettung auf Webseiten bereitzustellen. Daher stand von Anfang an der Gedanke des *Deployment* im Webbrowser im Vordergrund, weniger der des standardisierten Austauschformats zwischen Applikationen.

VRML und X3D erlauben die Modellierung von Polygonen mit Punkten, Kanten und Flächen, sowie eine Attributierung der Oberfläche mit Hilfe von Farb-/Transparenzwerten und Texturkoordinaten. Verschiedene Typen von Lichtquellen ermöglichen eine kontrollierte Ausleuchtung der Szene und mit Hilfe von Viewports kann die Perspektive des Betrachters festgelegt werden. Elemente können gruppiert und mit Transformationen versehen werden, sodass auf diese Weise auch komplexe Animationen relativ leicht modelliert werden können. Durch die enge Verknüpfung mit dem World Wide Web ist es jederzeit möglich Inhalte aus dem Netzwerk nachzuladen. Mit Hilfe von JavaScript kann auf Benutzereingaben reagiert werden.

Anhand der aufgezählten Eigenschaften wird der anfangs erwähnte Fokus auf die Verteilung dreidimensionaler Inhalte über das Internet schnell deutlich. Tzotzdem kann das Format auch zum Austausch dreidimensionaler Objekte und kompletter Szenen verwendet werden.

COLLADA COLLADA steht für *COLLAborative Design Activity* und wurde im Gegensatz zu VRML/X3D von Anfang an als Austauschformat für dreidimensionale Inhalte ausgelegt. Anfänglich war COLLADA eine proprietäre Entwicklung von *Sony Computer Entertainment* als offizielles Dateiformat für die *PlayStation 3* und die *PlayStation Portable*. Die Entwicklungshoheit wurde aber bald zu Gunsten einer offenen Standardisierung an die *Khronos Group*, in der zahlreiche Unternehmen aus dem Bereich der Computergraphik vertreten sind, übergeben. Seitdem wurde COLLADA ständig um neue Module erweitert. So beherrscht COLLADA mittlerweile, neben der aus VRML und X3D bekannten Szenenbeschreibung, das Speichern von physikalischen Eigenschaften der dreidimensionalen Objekte, sowie die Definition von Kinematiken, was Möglichkeiten für zahlreiche neue Einsatzgebiete eröffnet hat. COLLADA wird bereits von zahlreichen 3D-Modellierungswerkzeugen unterstützt und findet Anwendung in Game Engines sowie in *Google Earth*. Ein weiterer interessanter Entwicklungszweig ist *AutomationML*: Dort standardisiert ein Industriekonsortium Erweiterungen für COLLADA, die zur Beschreibung von Produktionsprozessen in der Automatisierungstechnik dienen sollen. Mit Hilfe dieser Grundlage soll die Offlineprogrammierung von Robotern vereinheitlicht und erleichtert werden.

Volumetrische Bilddatensätze

Dreidimensionale Objekte können mit Hilfe diskreter Abtastung des Objektvolumens vermessen und repräsentiert werden. Dieses Verfahren ist die Grundlage für alle dreidimensionalen bildgebenden Verfahren in der Medizin wie beispielsweise die Computertomographie oder die Kernspintomographie. Das Objektvolumen wird gleichmäßig gerastert (Abbildung 2.21) und für jeden dieser Messpunkte, auch Voxel genannt, werden Eigenschaften gespeichert. Bei der Computertomographie sind dies beispielsweise die Hounsfieldeinheiten des Gewebevolumens des Voxels. In einem Voxel können aber nicht nur einfache Skalarwerte abgelegt werden, sondern auch mehrdimensionale Daten. Dies wird beim Diffusions-MRT zur Ermittlung der Verlaufsrichtung von Nervenbahnen genutzt.

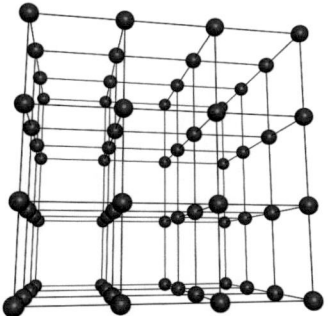

Abbildung 2.21: Ein dreidimensionaler Volumendatensatz. Das kartesische Koordinatensystem wird gerastert, an jedem Knotenpunkt (rote Kugel) können lokal gültige Eigenschaften definiert werden.

Die Abtastung kann in alle drei Dimensionen des Raums gleichmäßig erfolgen. Dann spricht man von einem isotropen Volumen. In der Praxis ist dies aber meistens nicht der Fall. Dann herrscht Anisotropie. So kann bei der Computertomographie der Abstand der einzelnen CT-Schichten zur Dosierung der Röntgenbelastung des Patienten variiert werden. Dies führt zu Schichtabständen, die größer sind als die Abstände der Messpunkte entlang einer Schicht.

Volumetrische Bilddatensätze eignen sich in erster Linie zur Visualisierung. Um das Innere eines Objektes betrachten zu können, muss der Verdeckung von Voxeln durch andere Voxel begegnet werden: Die einfachste Möglichkeit ist die schichtweise Darstellung, die derzeit von Medizinern für die Diagnose bevorzugt wird. Eine dreidimensionale Darstellung wird durch Raytracing ermöglicht, was letztendlich einer gefilterten Projektion des Datensatzes auf ein zweidimensionales Bild entspricht. Dazu werden Lichtstrahlen durch den Datensatz "geschossen" und deren Beeinflussung durch jedes durchquerte Voxel bestimmt. Dieses Verfahren setzt für jedes Voxel die Kenntnis seiner (Falsch-)Farbe und seiner Transparenz voraus. Beide Informationen werden über anwendungsspezifische Transferfunktionen aus den Voxelintensitäten berechnet. Abbildung 2.22 zeigt Beispiele zur Darstellung volumetrischer Bilddatensätze mit Raytracing.

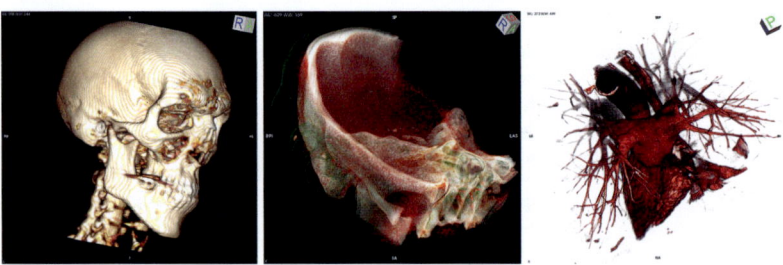

Abbildung 2.22: Exemplarische Volumenrenderings medizinischer CT-Bilddaten. Links: Darstellung des Schädelknochens. Die Weichgewebepartien wurden vollständig transparent gehalten. Der Knochen ist vollkommen deckend. Mitte: Gemischte Darstellung aus semitransparentem Weichgewebe und deckendem Knochen. Rechts: Aufnahme des Herzens und der Herzkranzgefäße mit Kontrastmittel. Rippen und Herzmuskel sind transparent. Zu sehen ist nur das kontrastmittelangereicherte Blut.

Wandlung segmentierter medizinischer Bilddaten in Polygonnetze

Für eine große Zahl von Anwendungen ist es erforderlich, segmentierte medizinische Bilddatensätze in Polygonnetze zu überführen. Mögliche Szenarien dafür sind eine ansprechende Visualisierung in Echtzeit oder die Anwendung von Kollisionserkennungsalgorithmen, wie sie beispielsweise in Modellen zur Steuerung haptischer Eingabegeräte zum Einsatz kommen. Aus der Perspektive der Datenverarbeitung setzt diese Datenkonvertierung eine algorithmische Verbindung zwischen Volumendatensätzen und Polygonnetzen voraus. [Han00, Hö87] listen für diese Aufgabe mehrere mögliche Verfahren auf: Zwei davon, beide ältere Ansätze, sind die konturbasierte Triangulation und das Cuberille-Verfahren. Das modernere und heute die größte Verwendung findende Verfahren ist der *Marching-Cubes-Algorithmus*. Dieser war bis 2005 durch ein Patent geschützt und kann

erst seitdem frei verwendet werden. Dies verhalf den älteren Verfahren zu einer
verlängerten Verwendung.

Konturbasierte Triangulation   Die Konturbasierte Triangulation [FKU77], sie
wird auch *Polygonapproximation* genannt, verfolgt einen in seiner Grundstruktur
sehr intuitiven Ansatz: Zuerst werden alle Schichtbilder eines Datensatzes sepa-
rat bearbeitet und aus den segmentierten Daten Konturen erzeugt wie in Abbildung 2.23(a) zu sehen ist. Jeder Schicht wird somit eine eigene Außenkontur des
segmentierten Objekts zugeordnet. Anschließend werden übereinander liegende
Punkte benachbarter Konturen mit Dreiecken verbunden (Abbildung 2.23(b), es
entsteht ein dreidimensionales Polygonnetz. So intuitiv dieser Ansatz, so groß
sind jedoch die auftretenden Probleme: Die Auswahl der zu verbindenden Punkte
ist eine komplexe Aufgabe, denn die Objekttopologie muss korrekt wiedergegeben
werden. Meistens werden dafür heuristische Verfahren eingesetzt. Besonders bei
unregelmäßigen Objekten können die richtigen Punkte nur mit Benutzerinteraktionen einander zugeordnet werden. Die konturbasierte Triangulation eignet sich
daher nur für die Bearbeitung einfacher Geometrien.

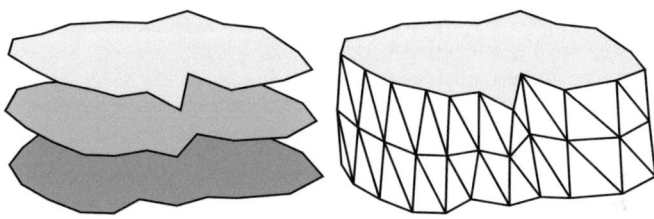

(a) Konturen dreier übereinander lie-   (b) Verbindungsdreiecke zwischen den
gender Schichten   Schichten

Abbildung 2.23: Konturbasierte Triangulation: Die Außenkonturen des segmentierten Objekts werden schichtweise mit Dreiecken verbunden.

Cuberille-Verfahren   Das zweite der oben genannten Verfahren, das Cuberille-
Verfahren, wurde von G. T. Herman [AFH80] entwickelt. Es arbeitet unabhängig
von den Schichtbildern des tomographischen Datensatzes. Ausgehend von einem
Startvoxel, der sich innerhalb des gesuchten Objekts befindet, wird die Oberfläche des Objektes mit Hilfe von Graphensuchalgorithmen in alle Richtungen so
lange verfolgt, bis die komplette Oberfläche erfasst wurde. Da der Graph aus den
viereckigen Seiten von Voxeln und ihren Kanten aufgebaut wird ist das resultierende Polygonnetz sehr kantig: Es umfasst exakt alle Voxel, die zum gesuchten

Objekt gehören. Der große Vorteil des Verfahrens liegt, im Vergleich zur Konturbasierten Triangulation, in seinem Determinismus: Die Oberfläche lässt sich immer eindeutig aus den Volumendaten rekonstruieren.

Marching-Cubes-Algorithmus Das derzeit am meisten verwendete Standardverfahren zur Generierung von Polygonnetzen aus Volumendaten ist der so genannte *Marching-Cubes-Algorithmus*, der 1987 von Lorensen und Cline[LC87] entwickelt wurde. Auch dieses Verfahren verarbeitet den Volumendatensatz unabhängig seiner Schichten. Der Algorithmus iteriert durch das gesamte Volumen und betrachtet pro Iteration acht benachbarte Voxel, die er entsprechend ihrer individuellen Werte (innerhalb/außerhalb der gesuchten Struktur) in eines von 256 möglichen Mustern einteilt. Für jedes dieser Muster liegt die Anordnung aller notwendigen Dreiecke, die die Oberfläche des gesuchten Objektes innerhalb des von den acht Voxeln aufgespannten Raums beschreiben, bereits vorberechnet in einer Tabelle fest. Zur Beschleunigung und zur Reduzierung des Speicherbedarfs werden Symmetrieeigenschaften ausgenutzt, so dass die Anzahl der Muster auf 15 (Abbildung 2.24) reduziert werden kann. Der Index des Musters von acht Voxeln wird ermittelt, indem jedem Voxel ein Bit in einem Datenbyte zugeordnet wird. Je nachdem, ob sich ein Voxel innerhalb oder außerhalb des gesuchten Objekts befindet wird das ihm zugehörige Bit auf 1 oder 0 gesetzt. Mit Hilfe einer vorberechneten Tabelle wird dann eine Zuordnung der 256 möglichen Zustände auf die 15 Muster hergestellt. Das einfachste Muster (Index 0) besitzt acht Voxel gleichen Wertes, wodurch keine Dreiecke gesetzt werden müssen. In Muster 1 ist ein Voxel anders als alle anderen. Daher wird ein Dreieck aufgespannt, dessen Eckpunkte jeweils in der Mitte einer Verbindungslinie zu den drei Nachbarvoxeln liegen. Analog verhält es sich mit den anderen 13 Mustern.

Zusätzlich zur Oberflächengeometrie ist der *Marching-Cubes-Algorithmus* auch in der Lage, Oberflächennormalen zu berechnen. Zudem ist das Verfahren nicht nur auf binäre Bilddatensätze beschränkt: Es können auch Volumendatensätze mit einer größeren Wertemenge verarbeitet werden. In diesem Fall werden Isoflächen für einen bestimmten vorgegebenen Wert berechnet. Die Punkte der Oberflächendreiecke werden dann nicht in die Mitte zwischen zwei Voxeln gelegt, stattdessen wird ihre Position interpoliert.

Grundsätzlich gibt es mit den angesprochenen Verfahren Methoden zur Abwicklung des Prozesses der Polygonerstellung. Dennoch ist eine Reihe anwendungsabhängiger Vor- bzw. Nachbehandlungsschritte erforderlich, um Polygonnetze angemessener Komplexität und Qualität zu erhalten: Aufgrund der Rasterung, die Volumendatensätzen zu Grunde liegt, ist die Oberfläche des modellierten Objekts stufig, ähnlich eines aus Legosteinen zusammengesetzten Gebildes. Als Beispiel zeigt Abbildung 2.25 das Polygonnetz eines menschlichen Labyrinths, das mit Hilfe des *Marching-Cubes-Algorithmus* auf Grundlage eines ungefilterten binären Volumendatensatzes erzeugt wurde.

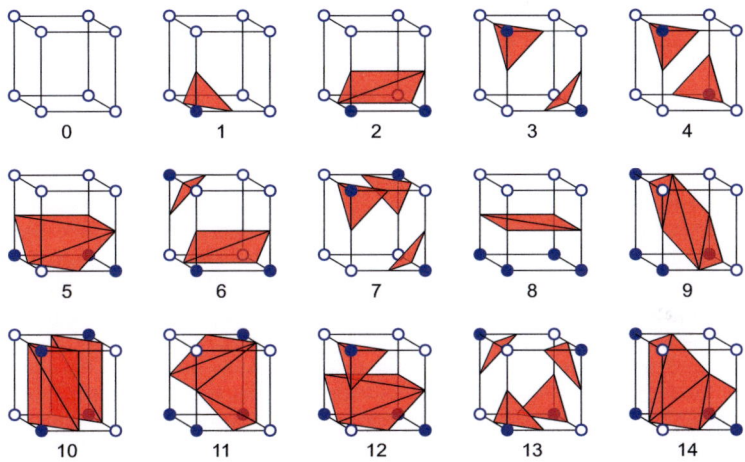

Abbildung 2.24: Die 15 topologisch verschiedenen Voxelkonfigurationen des *Marching-Cubes-Algorithmus*. Bei 8 benachbarten Voxeln sind insgesamt 256 verschiedene Konfigurationen möglich, die sich jedoch aufgrund von Symmetrieeigenschaften auf 15 reduzieren lassen.

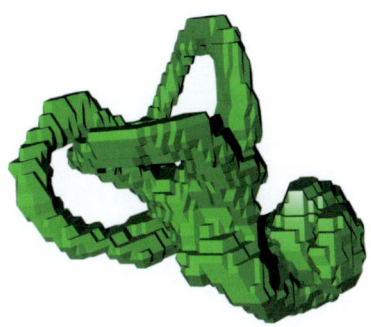

Abbildung 2.25: Anwendung des Marching-Cubes-Filters ohne Vor- und Nachverarbeitung der Daten.

2.2.5 Kollisionserkennung

Die Überprüfung mehrerer geometrischer Objekte auf gegenseitige Kollision ist eine Klasse von Problemen, die in der Computergraphik bei der physikalischen Modellierung virtueller Szenen oder in der automatischen Bahnplanung für Roboter von zentraler Bedeutung ist.

Geht man davon aus, dass die Objekte als Polygonnetze vorliegen, ist eine Kollision zwischen zwei Körpern A und B genau dann gegeben, wenn sich mindestens ein Dreieck von Körper A mit einem Dreieck von Körper B schneidet. Analog liegt nur dann keine Kollision vor, wenn sich kein Dreieck des Körpers A mit einem Dreieck des Körpers B schneidet. Der Fall, dass ein Körper vollständig vom anderen Körper umschlossen wird und somit über die Einzelprüfung von Dreieckskollisionen keine Kollision der beiden Körper festgestellt wird, muss bei dieser Annahme in Kauf genommen werden. Der algorithmische Aufwand zur vollständigen Kollisionsprüfung ist sehr groß, zumal bei bewegten Objekten die Kollisionserkennung für jeden Abtastpunkt der Bahn erneut berechnet werden muss. Daher existieren zahlreiche Optimierungsansätze, von denen in konkreten Implementierungen der Algorithmen in der Regel alle gemeinsam Anwendung finden:

- **Verwendung von Hüllkörpern:** Das zu prüfende Objekt kann, wie in Abbildung 2.26 zu sehen ist, mit einer einfachen geometrischen Form umhüllt werden. Der kollisionsfreie Fall kann dann einfach über die Hüllkörper festgestellt werden. Kollidieren die Hüllkörper, ist dies noch kein eindeutiges Indiz für eine Kollision der Objekte. In diesem Fall muss durch eine vollständige Prüfung der Dreiecksschnitte Gewissheit geschaffen werden. Kriterium für die Auswahl des Objekttyps des Hüllkörpers ist die unkomplizierte Berechenbarkeit der paarweisen Kollision zweier Objekte. Daher werden Würfel und Kugeln verwendet. Bei statischen Objekten müssen die Parameter der Hüllkörper nur einmalig berechnet werden und können gegebenenfalls auch persistent zusammen mit der Objektgeometrie gespeichert werden.

- **Schachtelung von Hüllkörpern:** Wird ausschließlich ein einziger Hüllkörper für jedes Objekt verwendet (Abbildung 2.26(a)) muss davon ausgegangen werden, dass viel leerer Raum umhüllt wird und trotz kollisionsfreier Lage zweier Objekte häufig eine Einzelprüfung der Dreiecke durchgeführt werden muss. Durch eine Schachtelung von Hüllkörpern kann die Häufigkeit zur Durchführung einer Einzelprüfung der Dreiecke und deren Komplexität massiv eingeschränkt werden. Dazu wird die Menge der Dreiecke des Objekts in zwei oder mehrere günstige Teilmengen geteilt. Diese Teilmengen erhalten dann eigene Hüllkörper. Dieses Teile-und-Herrsche-Prinzip lässt sich rekursiv auf die neu gebildeten Hüllkörper anwenden, die dann in einem Suchbaum angeordnet werden (Abbildungen 2.26(a) bis 2.26(d)). Zur Prüfung der Kollision zweier Objekte werden beide Bäume traversiert und die Einzelprüfung der Dreiecke muss nur noch auf einer stark reduzierten Zahl von Dreiecken durchgeführt werden.

- **Trennung von Objekt und Lage:** In der Computergraphik ist es üblich dreidimensionale Objekte in einem lokalen Objektkoordinatensystem zu definieren und Änderungen ihrer Lage durch eine Transformation anzugeben. Hierbei beschränkt man sich auf homogene Transformationen, welche sich im dreidimensionalen Fall mit einer 4x4-Transformationsmatrix beschreiben lassen. Da sich die Transformationen auf die Hüllkörper genauso auswirken wie auf das Objekt selbst, können die Objekte bewegt, rotiert und skaliert werden, ohne dass ihre Hüllkörper neu berechnet werden müssen.

Durch die Anwendung des Teile-und-Herrsche-Verfahrens sind Kollisionserkennungsalgorithmen prinzipiell sehr gut parallelisierbar. Aus diesem Grund eignen sie sich sehr gut für den Einsatz auf Multiprozessorsystemen oder Grafikkarten. Für beides gibt es bereits Implementierungen. Die vorgestellten Methoden sind für dreidimensionale statische Objekte konzipiert. Deformierbare Objekte müssen anders behandelt werden und erfordern eine wesentlich komplexere Vorgehensweise, da viele der oben getroffenen Annahmen in diesem Szenario nicht anwendbar sind. Mehr über konkrete Algorithmen zur Kollisionserkennung, auch für deformierbare Objekte, findet sich in [Lin93, Eri06, Ber04]. Auch am Schnitttest zweier Dreiecke wird noch geforscht, Beispiele dafür sind in [Mö97, GD03] zu finden.

2.2.6 Registrierung

Abstrakt gesehen handelt es sich bei einer Registrierung um das Berechnen einer sinnvollen Transformation eines Koordinatensystems in ein anderes. Die in diesem Umfeld entwickelten Verfahren stammen primär aus der Bildverarbeitung, wo es um das passende Zusammenfügen von Bildern geht. In der medizinischen Bildverarbeitung kommen Registrierungsverfahren auch zur Überlagerung verschiedener Bildmodalitäten zum Einsatz[Lav95, MV98]. Grundsätzlich unterscheidet man dabei zwischen rigiden Registrierungen/Transformationen, bei denen nur globale Operatoren wie Drehen, Skalieren, Scheren oder Bewegen eingesetzt werden, und deformierbaren Registrierungen/Transformationen, bei denen auch lokale Anpassungen erlaubt sind. In der Robotik gibt es Registrierungsprozesse zur Berechnung einer Korrespondenz zwischen dem Koordinatensystem des Planungssystems und dem Weltkoordinatensystem, das den realen Roboter umgibt[Tay06, Sim97]. Eine ähnliche Anwendung ist die Computerassistierte Chirurgie (CAS), bei der der Patient mit zuvor aufgenommenen medizinischen Bilddatensätzen registriert wird. Ein Registrierungsprozess von einem Koordinatensystem A in ein Koordinatensystem B läuft folgendermaßen ab:

- **Merkmalsextraktion:** Am Beginn einer Registrierung müssen in den zwei zu vereinenden Koordinatensystemen signifikante Merkmale identifiziert

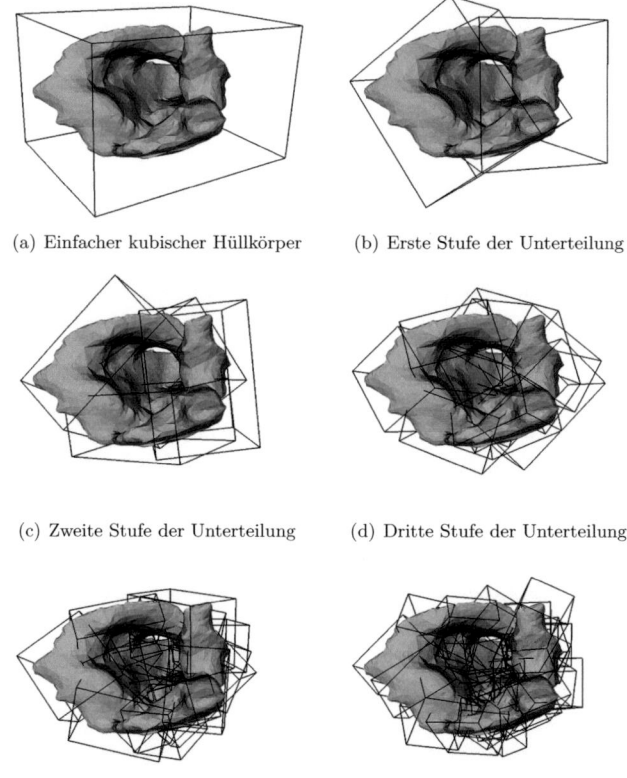

(a) Einfacher kubischer Hüllkörper   (b) Erste Stufe der Unterteilung

(c) Zweite Stufe der Unterteilung   (d) Dritte Stufe der Unterteilung

(e) Vierte Stufe der Unterteilung   (f) Fünfte Stufe der Unterteilung

Abbildung 2.26: Hierarchie der Hüllkörper um ein dreidimensionales Objekt zur Beschleunigung von Kollisionserkennungsalgorithmen.

werden, die sich nach Anwendung der gesuchten Transformation überlagern. Wichtig ist, dass die gewählten Merkmale in beiden Datensätzen auffindbar sind. Im Fall von Bilddatensätzen können dies beispielsweise extrahierte Kanten oder manuell markierte Punkte sein. Bei Luftaufnahmen können so über eine automatische Erkennung der Straßenverläufe auf den Überlappungsbereichen mehrere Aufnahmen zu einer einzelnen kombiniert werden. In der Robotik und der Computerassistierten Chirurgie werden meist künstliche punktförmige Landmarken verwendet, die in den Bildaufnahmen sichtbar und am Patienten physisch lokalisierbar sind. Alternativ können auch Oberflächen, beispielsweise das Gesicht des Patienten, mit einem Laserscanner abgetastet und als Referenz die Oberfläche aus den Bilddaten extrahiert werden[MEM05].

- **Berechnung der Parameter:** Im Falle der rigiden Transformation bedeutet dieser Schritt die Berechnung der gesuchten Transformationsmatrix. In Falle deformierender Transformationen wird die Struktur der Parameter durch die Art der Deformation bestimmt. Die Lösung der Parameterbestimmung ist für gewöhnlich nicht eindeutig bestimmt, da aufgrund von Darstellungs-, Mess- oder Erkennungsfehlern die Merkmale nie 100%ig in Deckung gebracht werden können. Daher ist dies immer ein iterativer Prozess, dessen Lösung ein Optimierungsproblem darstellt und durch den jeweiligen Registrierungsalgorithmus bestimmt wird. Wie bei iterativen Prozessen üblich, gilt es hier einen ausgeglichenen Kompromiss zwischen gewünschter Genauigkeit und Rechenzeit zu erzielen.

- **Transformation der Daten:** Abschließend werden die Daten vom Koordinatensystem A in das Koordinatensystem B transformiert. Bei der Transformation von Bilddaten ist dabei ein geeigneter Algorithmus zur Interpolierung der Daten zu verwenden, außerdem kann die Registrierung mit lokal agierenden Verfahren, wie zum Beispiel der Kreuzkorrelation, noch verfeinert werden.

Eine weit verbreitete Methode zur Registrierung ist die Verwendung von Landmarken. Eine Landmarke ist in diesem Zusammenhang gleichzusetzen mit einem Merkmal nach der oben genannten Definition. Dabei muss jeweils eine Landmarke aus Koordinatensystem A mit einer Landmarke aus Koordinatensystem B korrespondieren (siehe Abbildung 2.27). Horn[HHN88] beschreibt ein Verfahren, mit dem die zur optimalen Überlagerung der beiden Landmarkenmengen benötigte Transformation einfach und effizient bestimmt werden kann. Durch das durch die paarweise Verknüpfung gegebene zusätzliche Vorwissen ist das gefundene Optimum auch das globale Optimum. Ist die paarweise Verknüpfung nicht gegeben, so muss auf das *Iterative Closest Point* Verfahren[Zha94, RL01, GP02] zurückgegriffen werden (siehe Abbildung 2.28). Dieses ist in der Lage, zwei Punktwolken so zu überlagern, dass die Abstände der Punkte minimiert werden. Die gefundene

Lösung entspricht aber nur einem lokalen Minimum der Abstände, daher ist der Erfolg des Verfahrens von einer guten Vorregistrierung abhängig.

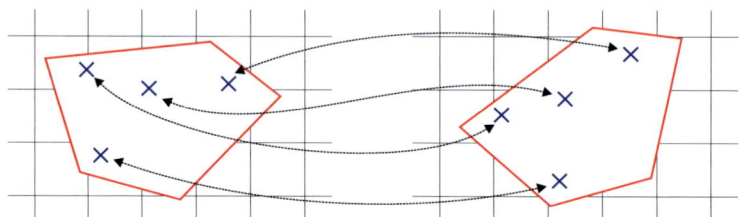

Abbildung 2.27: Registrierung mit paarweise korrespondierenden Landmarken. Das Objekt auf der linken Seite wird so transformiert, dass sich die jeweiligen Landmarken optimal überdecken.

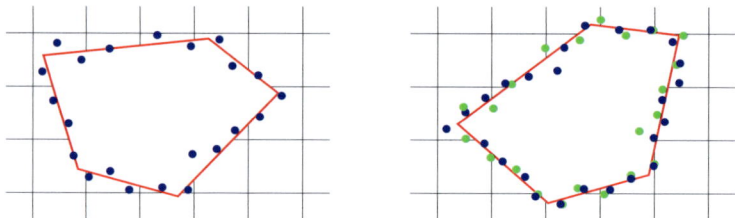

Abbildung 2.28: Registrierung mit dem Iterative Closest Point Verfahren. Das Objekt auf der linken Seite wird so transformiert, dass sich die jeweiligen Punktwolken mit minimalen Punkabständen überdecken.

3 Stand der Technik

Ziel des Kapitels *Stand der Technik* ist es, dem Leser einen Überblick über alle Technologien zu geben, die durch das Konzept der Minimal Traumatischen Chirurgie vorangebracht oder darin integriert werden sollen. Der Begriff „Technologien" bezieht sich in diesem Zusammenhang explizit nicht ausschließlich auf technische, also ingenieurwissenschaftliche, Verfahren, sondern auch auf medizinische Vorgehensweisen. Damit wird erneut der starke interdisziplinäre Charakter dieser Arbeit, die versucht eine Brücke zwischen beiden Feldern zu schlagen, deutlich.

Auf der medizinischen Seite werden zunächst einige exemplarische Eingriffe, auf die die Minimal Traumatische Chirurgie im angewendet werden kann, vorgestellt. Es wird gezeigt, wie die einzelnen Operationen nach dem derzeitigen Stand der Technik abgewickelt werden, mit welchen Rahmenbedingungen sich der Chirurg arrangieren muss, wie sich die Vorgehensweisen in der Vergangenheit entwickelt haben und in welche Richtung aktuelle Trends gehen. Da sich die Minimal Traumatische Chirurgie als logische Fortführung der Minimal Invasiven Chirurgie versteht, widmet sich ein eigener Abschnitt ausführlich diesem Thema. Mit der *Percutaneous Cochlea Implant Surgery* wird das einzige derzeit bekannte Projekt vorgestellt, das sich mit einer ähnlichen Fragestellung beschäftigt. Auch bei diesem Verfahren soll der Situs an der lateralen Schädelbasis mit Hilfe von Bohrkanälen erreicht werden, allerdings konzentriert sich dieses Projekt mit der Cochleaimplantation auf eine ganz andere medizinische Fragestellung.

Um dem ungewöhnlich hohen präoperativen Planungsaufwand, mit dem in der Minimal Traumatischen Chirurgie zu rechnen ist, gerecht zu werden, widmet sich ein eigener Abschnitt dem Thema Operationsplanung. Das Kapitel schließt mit einem Überblick über die Roboterassistierte Chirurgie ab, da sie in der Minimal Traumatischen Chirurgie eine Schlüsselrolle spielt, auch wenn ihre Bedeutung im Rahmen der in dieser Arbeit durchgeführten Machbarkeitsanalyse eher untergeordnet ist.

3.1 Chirurgie an der lateralen Schädelbasis

Das chirurgische Arbeitsgebiet an der lateralen Schädelbasis beinhaltet eine Vielzahl von Eingriffen, die sich allesamt um den Hörapparat herum oder im Mastoid abspielen. Im Bezug auf medizinische Fachdisziplinen fällt dieses Gebiet in den Bereich der Hals- Nasen- und Ohrenheilkunde, kurz HNO. In der Nähe des inneren Gehörgangs finden allerdings viele chirurgische Eingriffe interdisziplinär in Zusammenarbeit mit Neurochirurgen statt, da der Übergang zum Gehirn fließend ist bzw. die Kooperation schon alleine wegen der extremen Nähe zum empfindlichen Gehirn geboten ist. Einen guten Überblick über Eingriffe an der lateralen Schädelbasis gibt das Buch *Die Chirurgie der lateralen Schädelbasis*[BS02] von F. Bootz und G. Strauss.

Im Zusammenhang mit dieser Arbeit sind die folgenden Eingriffe von besonderer Relevanz: Die Mastoidektomie und die Entfernung von Akustikusneurinomen. Die nachfolgenden Unterabschnitte beschreiben die behandelten Pathologien und die medizinischen Abläufe, und geben einen Überblick auf den Stand der Technik und neue Entwicklungen auf diesen Gebieten, auch im Hinblick auf neue Technologien wie Navigation und Robotik.

3.1.1 Mastoidektomie

Die Mastoidektomie ist ein ursprünglich von Herrmann Schwartze (1837 bis 1910) begründeter chirurgischer Eingriff an der lateralen Schädelbasis, bei dem der spongiös-knöcherne Körper des Mastoids ausgefräst wird. Anlässe zur Durchführung einer Mastoidektomie gibt es mehrere: Nach der Diagnose einer fortgeschrittenen Mastoiditis, also einer Entzündung der luftgefüllten Hohlräume im Inneren des Mastoids durch Bakterien, ist die Entfernung des betroffenen Gewebes eine effektive Methode zur Heilung des Patienten. Ein weiterer Anlass für eine Mastoidektomie, und dieser kommt im Rahmen dieser Arbeit primär zum Tragen, sind Eingriffe an tiefliegenden Strukturen der lateralen Schädelbasis, beispielsweise die Dekompression des Saccus Endolymphaticus oder die Entfernung von Akustikusneurinomen am inneren Gehörgang. In diesen Situationen dient die Mastoidektomie der Bereitstellung eines Zugangs zum eigentlichen Situs.

Bei der Durchführung einer Mastoidektomie wird die Haut des Patienten hinter dem Ohr aufgeschnitten und zurückgezogen, so dass das knöcherne Mastoid frei liegt. Anschließend wird der Knochen mittels einer chirurgischen Fräse abgetragen. Da sich hinter, und teilweise sogar innerhalb, des Mastoids kritische Strukturen wie Nerven oder Blutgefäße befinden, muss der Operateur dabei sehr behutsam vorgehen und das freigelegte Gewebe ständig beobachten: Verfärbungen ins Rötliche oder ins Bläuliche deuten auf eine Annäherung an Blutgefäße hin, Verfärbungen ins Gelbliche auf Nervenfasern. Gleichzeitig ist es wichtig darauf zu achten, dass der Bohrer keinen Durchgang zum äußeren Gehörgang oder zum Mittelohr schafft. Dies ist leider durch keine farblichen Änderungen des Gewebes erkennbar.

Während des Fräsvorgangs muss permanent mit Flüssigkeit (Wasser) gespült werden. Dies dient einerseits der Reinigung des Situs von abgetragenem Knochenmaterial und Blut, andererseits sorgt dieser Flüssigkeitsdurchfluss für eine Kühlung von Bohrkopf und Knochen. Dadurch wird eine Nekrotisierung des Gewebes durch Hitzeeinwirkung vermieden. Nach einer erfolgreichen Mastoidektomie wird das entstandene Loch mit Fettgewebe gefüllt und die Haut über dem Mastoid wieder zusammengenäht. Das entfernte Knochenvolumen (Abbildung 1.1) wächst nicht nach, daher muss der Patient nach dem Eingriff mit dem veränderten Mastoid leben, was aber in der Regel keine Komplikationen mit sich bringt.

Es gab bereits Versuche, die Mastoidektomie mit Hilfe eines Roboters[PPHS01] oder eines navigierten Bohrers durchzuführen. Ein solcher navigierter Bohrer schaltet sich beim Verlassen einer Sicherheitszone, die innerhalb des Mastoids definiert ist, selbst ab[HGD⁺06]. Diese Praxis hat sich im klinischen Alltag aber noch nicht durchsetzen können.

3.1.2 Akustikusneurinome und ihre Entfernung

Bei Akustikusneurinomen (auch *Akustikusschwannom* genannt) handelt es sich um bis zu 4 cm große Tumore, die innerhalb des inneren Gehörgangs am Hörnerv angesiedelt sind. Je nach Größe und Lage können drei Typen unterschieden werden:

- **Intracanalicular:** Der Tumor ist klein und liegt komplett innerhalb des inneren Gehörgangs.

- **Cisternal:** Teile des Tumors haben sich bereits in Bereiche außerhalb des inneren Gehörgangs ausgedehnt.

- **Kompressiv:** Der Tumor berührt den Hirnstamm.

Abbildung 3.1 zeigt einen solchen Tumor im MRT. Experten gehen davon aus, dass ca. 1 % der Bevölkerung betroffen sind[HC36, LT70, TJS75]. Die Ursache zur ihrer Entstehung ist weitgehend unbekannt. Trotz intensiver Forschung wurden noch keine harten Beweise für Zusammenhänge mit Umwelteinflüssen gefunden, wie z.B. der Benutzung von Mobiltelefonen, oder Lärm. In den meisten Fällen erreichen sie keine gefährliche Größe und bleiben aufgrund ausbleibender Beschwerden undiagnostiziert. Bei 8 von einer Millionen Menschen pro Jahr ist der Tumor aber aggressiver [TT84] und es muss gegebenenfalls eine der drei folgenden Behandlungen begonnen werden:

- **Operative Entfernung:** Der Tumor wird während eines chirurgischen Eingriffs mikrochirurgisch entfernt. Der Ablauf wird weiter unten genauer beschrieben.

- **Stereotaktische Bestrahlung:** Das *Gamma Knive* der schwedischen Firma Elekta ist ein stereotaktisches Strahlentherapiegerät, das die Strahlen aus 201 Quellen in einem Punkt im Raum bündelt. Wird der Patient so positioniert, dass sich der zu behandelnde Tumor genau in diesem Fokus befindet, so kann dieser intensiv behandelt werden, während die Strahlenbelastung im umliegenden Gewebe auf ein Minimum reduziert wird. Die radiologische Behandlung von Akustikusneurinomen wird in [PUG02] ausführlich beschrieben.

- **Konservative Beobachtung:** Solange der Tumor nicht wächst und die Beeinträchtigungen für den Patienten tragbar sind, stellt die Beobachtung des Tumors die Therapieoption mit dem geringsten Risiko dar. Verschlechtert sich der Zustand während der Beobachtung, kann eine Entscheidung für eine chirurgische oder radiologische Behandlung getroffen werden. Aufgrund der schwer vorhersagbaren Wachstumsrate von Akustikusneurinomen kann dieser Fall jederzeit eintreten, generell geht man aber von einem langsamen Wachstum aus, speziell bei älteren Patienten[TT91].

Oberste Priorität bei unilateralen Tumoren ist der Erhalt der Facialisfunktion, da eine Schädigung für den Patienten im Gesicht schwere motorische und sensorische Beeinträchtigungen nach sich zieht. Erst danach kommen der Erhalt von Gehör und Gleichgewichtssinn. Mit den gegenwärtigen Verfahren geht man von einer Hörerhaltungsrate von 33 %[BSM⁺02] aus.

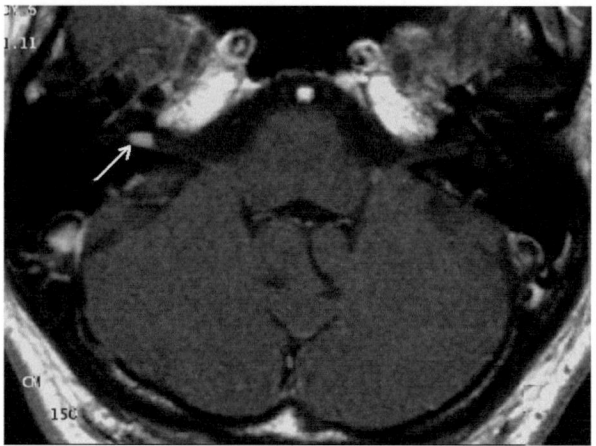

Abbildung 3.1: Akustikusneurinom im MRT-Bild (Pfeil).

Symptome

Die meisten Patienten (ca. 90 %, [MS96]), bei denen ein Akustikusneurinom diagnostiziert wird, klagen über das Nachlassen der Hörfähigkeit im betroffenen Ohr. Sie sind weiterhin in der Lage Geräusche zu hören, jedoch fällt es ihnen zunehmend schwerer, sie zu identifizieren, bedingt durch eine Dämpfung der Frequenzen über 2000 Hz. Tiefere Frequenzen sind in der Regel nicht betroffen. Diese Situation verschlimmert sich mit zunehmender Tumorgröße. Durch die starke Anpassungsfähigkeit des Menschen wird die sich entwickelnde Hörschwäche des betroffenen Ohres in einigen Fällen so gut vom anderen Ohr kompensiert, dass sie im Alltag nicht auffällt. Erst durch Zuhalten eines Ohres wird die Sinneseinschränkung für den Patienten offensichtlich.

In 50 % aller Fälle leidet der Patient unter Tinitus. Die dabei wahrgenommenen Dauergeräusche besitzen keine besondere Charakteristik, sie können aus einem leichten Rauschen, Pfeifen oder Knacken bestehen. Interessanterweise besteht der Tinitus postoperativ, also nach Entfernung des Akustikusneurinoms, in vielen Fällen mehr oder weniger vermindert fort, sogar nach einer kompletten Entfernung des Hörnervs. Nur selten verschlimmert sich der Tinitus durch die Operation.

Ein weiteres Indiz für das Vorhandensein eines Akustikusneurinoms ist ein so genannter pathologischer Nystagmus, also ein krankhaftes rhythmisches Bewegen der Augen. Dabei ist auffällig, dass hochfrequente Augenbewegungen häufiger auf der vom Tumor betroffenen Seite auftreten, während niederfrequente Bewegungen auf der gesunden Seite beobachtet werden können. In späteren Krankheitsstadien kann sich dieser Effekt umkehren. Dies passiert aber erst zu einem Zeitpunkt, an dem der Hörverlust bereits stark ausgeprägt ist. Der Nystagmus verschwindet meistens schnell, sobald der Tumor entfernt ist.

Viele Patienten, die unter einem Akustikusneurinom leiden, erleben bereits lange vor dem Auftreten von Hörbeeinträchtigungen schwere Schwindelattacken, die mehrere Tage, manchmal auch mehrere Wochen, andauern können. Später kommt es dann zu einem unsicheren Gang. Patienten, bei denen der Tumor mehrere Zentimeter groß ist, sind häufig bereits an den Rollstuhl gebunden. All diese Probleme verschwinden postoperativ in der Regel vollständig.

Es gibt noch weitere Symptome für Akustikusneurinome, die sehr selten vorkommen und in [Mal98] nachgelesen werden können. Eine interessante Studie über den Zusammenhang zwischen Lärmeinwirkung und Akustikusneurinomen gibt es in [Edw07].

Diagnose

Wie bereits anhand der auftretenden Symptome deutlich wird, gibt es zwar mehrere leicht feststellbare Indizien für das Vorhandensein eines Akustikusneurinoms, jedoch können diese auch bei anderen weit weniger schweren und wesentlich häufiger vorkommenden Krankheiten auftreten. So kann beispielsweise davon ausgegangen werden, dass nur jeder 1000. Patient, bei dem eine asymmetrische Verschlechterung des Gehörs festgestellt wird, unter einem Akustikusneurinom leidet. Führt man die Hörverschlechterung auf Reizleitungsprobleme zurück, kann die Wahrscheinlichkeit zwar auf 5 % gesteigert werden, lässt aber immer noch viel Raum für Fehldiagnosen. Daher sind an diesem Punkt weitere, spezifischere Untersuchungen notwendig. Zwei mögliche Verfahren können bei einem solchen Verdacht angewendet werden:

- **Auditory Brainstem Response:** Dabei wird der Proband über Kopfhörer einem Klick-Geräusch ausgesetzt und dann über Elektroden auf der Kopfoberfläche die Auswirkungen des resultierenden Nervenimpulses gemessen. Auf diese Weise können der Signalverlust in den Nervenbahnen quantifiziert und weitere Hinweise auf einen Tumor gesammelt werden.

- **Kernspintomographie:** Ein verhältnismäßig sicherer Test für Akustikusneurinome ist eine T_1-Aufnahme unter Zugabe von gadoliniumhaltiges Kontrastmittel. Der Tumor ist dabei sehr gut zu sehen. Als kostengünstige Alternative dazu kann auch eine T_2-gewichtete Aufnahme ohne Kontrastmittel angewendet werden.

Geschichte

Erste Aufzeichnungen über Akustikusneurinome und deren Entfernung werden in [MFDR05] und [TTS+03] ausführlich beschrieben. Sie reichen zurück bis auf Eduard Sandifort, der 1777 bei der Autopsie eines tauben Patienten ein kleines Anhängsel am Hörnerv entdeckte[San77]. Im Jahre 1822 wurden von J. H. Wishard, ebenfalls während einer Autopsie, bei einem tauben Patienten beidseitig zwei Geschwüre in der Größe einer kleinen Nuss am inneren Gehörgang dokumentiert[Wis22]. Ein halbes Jahrhundert später folgte die erste detaillierte Beschreibung des Krankheitsverlaufes eines Patienten, der nach heutigen Erkenntnissen offenkundig unter einem Akustikusneurinom litt[Bel30, Fall 49]. Jean Cruveilhier (1791-1874) brachte daraufhin erstmals den Krankheitsverlauf mit Tumoren in Verbindung, indem er eine 26jährige Frau in den letzten Monaten ihres Lebens begleitete, ihre Beschwerden detailliert aufzeichnete und postmortem bei der Autopsie einen großen Tumor fand, der vom inneren Gehörgang ausgehend auf den Hirnstamm drückte[Pea03].

Die erste erfolgreiche Entfernung eines Akustikusneurinoms, bei der der Patient den Eingriff überlebte, wurde vermutlich im Jahre 1894 von Sir Charles Ballance in London durchgeführt. Zu dieser Zeit waren chirurgische Eingriffe innerhalb des Schädels noch nicht medizinisch anerkannt. Daher vergingen mehrere Jahre bis weitere Eingriffe über den noch heute verwendeten retrosigmoidalen Zugang vorgenommen wurden, die jedoch eine hohe Mortalitätsrate aufwiesen (ca. 68 - 86 %). In den folgenden Jahren konnte diese aber auf ca. 20 % gesenkt werden. Auch der translabyrinthäre Zugang wurde um 1917 bereits verwendet, fand aber aufgrund der tiefen Wunde und der starken Arbeitsraumeinschränkungen keine weite Verbreitung. Zu dieser Zeit wurde bereits auf die damals noch neue Röntgentechnik zur Diagnose und Planung des Eingriffs zurückgegriffen. 1931 wurde von Hugh Cairns erstmals ein Akustikusneurinom unter Erhaltung des Gesichtsnervs vollständig entfernt. Einer der größten Durchbrüche auf dem Weg zur Perfektionierung derartiger Eingriffe war die Einführung des Operationsmikroskops, die auf das Jahr 1961 datiert und auf William House zurückgeht. Erstmals war es dem Chirurgen möglich, die zahlreichen kleinen Strukturen der Nerven in ihrer Umgebung zu sehen und dadurch den Tumor ohne Schädigung des umliegenden Gewebes präzise zu entfernen. Dies führte zu einer Wiederentdeckung des translabyrinthären Zugangs. Im Jahre 1969 ermöglichten Lars Leksell und Bjorn Meyerson durch die Anwendung des damals neuen *Gamma Knives* erstmals radiologische Behandlungen. Durch moderne Diagnosemöglichkeiten konnte die Mortalitätsrate bis heute auf 0,8 - 5 % gesenkt werden. Der Erhalt des Gesichtsnervs kann für 98 % aller Fälle gewährleistet werden.

Chirurgische Entfernung

Die klassischen Zugangswege zur Entfernung von Akustikusneurinomen sind der transtemporale, der retrosigmoidale und der translabyrinthäre Zugang. Eine relativ neue Entwicklung stellt der retrolabyrinthäre Zugang dar, der letztendlich aus dem translabyrinthären Zugangsweg entwickelt wurde. Welche Technik bei einem konkreten Eingriff angewendet wird entscheidet der Operateur anhand der Tumorgröße und der Anatomie des Patienten. Alle Eingriffe werden heutzutage mikrochirurgisch unter Beobachtung durch ein Operationsmikroskop durchgeführt und verfolgen neben der Entfernung des Tumors die Erhaltung des Gesichtsnervs. Die Entfernung besonders großer oder kompliziert liegender Tumore erfordert häufig eine Kombination mehrerer der genannten Zugangswege.

Für den transtemporalen oder subtemporalen Zugang[Hil06] (Abbildung 3.2) wird über dem Jochbein ein Knochendeckel ausgefräst, der das Gehirn, genauer den Schläfenlappen, freilegt. Anschließend wird das Gehirn vorsichtig angehoben. Der entstehende Spalt gibt den Blick auf den Knochen über dem inneren Gehörgang frei. Durch Abtragen dieses Knochens erreicht der Operateur den Tumor und kann ihn entfernen. Der Hauptvorteil dieses Zugangs für den Patienten liegt im Hörerhalt. Er wird daher meistens gewählt, wenn noch ein Restgehör vorliegt, eignet sich aber nur für die Entfernung kleiner Tumore.

Auch der retrosigmoidale Zugang[SH79] (Abbildung 3.2) nutzt den Innerraum des Neurocraniums zum Erreichen des inneren Gehörgangs: Das hintere Schädeldach wird in einer Kraniotomie eröffnet, das Kleinhirn vorsichtig angehoben und der entstehende Spalt gibt den Blick auf den Knochen über dem inneren Gehörgang frei. Nachdem dieser abgetragen ist, kann der Tumor wie beim transtemporalen Zugang entfernt werden, allerdings ist er aus einer anderen Richtung sichtbar. Auch der retrolabyrinthäre Zugang ist für seinen Gehörerhalt bekannt.

Erst durch die Einführung des Operationsmikroskops wurde der translabyrinthäre Zugang[TT91] praktizierbar. Der notwendige Operationskorridor wird durch eine Mastoidektomie hergestellt. Das heißt, beginnend vom Mastoid wird so lan-

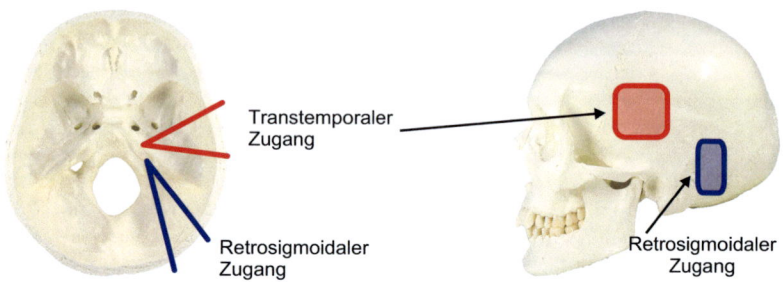

Abbildung 3.2: Transtemporaler und retrosigmoidaler Zugang zum inneren Gehörgang

ge, unter Aussparung von großen Blutgefäßen, dem äußeren Gehörgang und dem Gesichtsnerv, Knochenmaterial abgetragen, bis der innere Gehörgang erreicht ist. Das Labyrinth wird bei diesem Vorgang teilweise, meist jedoch vollständig, zerstört. Für den Chirurgen bietet diese Technik im Vergleich zu den oben vorgestellten Verfahren die größte Übersicht am Situs. Für den Patienten ist er wegen der ausbleibenden Kompression von Hirnstrukturen mit weniger potentiellen Komplikationen verbunden. Aufgrund der Zerstörung des Hörvermögens wird dieser Zugang vorzugsweise bei Patienten mit erloschenem Gehör verwendet.

In den letzten Jahren wurde der translabyrinthäre Zugang hinsichtlich der Erhaltung des Hörvermögens weiterentwickelt. Der aus diesen Arbeiten hervorgegangene retrolabyrinthäre Zugang behält die Mastoidektomie bei, verzichtet aber auf eine Durchquerung und die damit verbundene Zerstörung des Labyrinths. Stattdessen wird ein Zugangsweg um das Labyrinth herum gewählt. Da der vorhandene Raum im Knochen für Manipulationen am inneren Gehörgang zu gering ist, wird, wie beim transtemporalen und retrosigmoidalen Zugang, der Innenraum des Neurocraniums genutzt: Neben den Bogengängen wird der Knochen zur Dura hin geöffnet und über diesen Weg das Gehirn gegebenenfalls ein wenig zur Seite geschoben. Der resultierende Arbeitsraum am inneren Gehörgang ist stark eingeschränkt, aber groß genug, um in vielen Fällen eine Tumorentfernung gewährleisten zu können.

Ist der Tumor erst einmal freigelegt, wird unter optischer Kontrolle durch das Operationsmikroskop der Situs inspiziert. Lage und Verlauf von Blutgefäßen und Nervensträngen werden festgestellt und ihre relative Lage zum Tumor bestimmt. In den nun folgenden Schritten ist es die Aufgabe des Operateurs, den Tumor vorsichtig freizupräparieren und von den Nerven zu trennen, ohne Schädigungen zu hinterlassen. Das Akustikusneurinom liegt in einer Gewebekapsel eingebettet. Diese wird an einer günstigen Stelle geöffnet. Kleine Tumore können in einem

Stück entfernt werden, größere Tumore müssen zuvor zerteilt werden. Während dieses Prozesses muss ausdringendes Blut permanent abgesaugt werden, um eine klare Sicht auf den Situs aufrechtzuerhalten. Unterstützt wird der Chirurg bei seiner Arbeit in unmittelbarer Nähe bedeutender Nervenstränge durch das so genannte intraoperative Neuromonitoring. Das Funktionsprinzip ist wie folgt: Bei Manipulationen an einem motorischen Nerv wird an diesem eine Stimulation ausgelöst, die sich durch den Nerv, entsprechend seiner Leitungsrichtung, fortsetzt. Greift man dieses Aktionspotential über eine Elektrode an den verbundenen Muskeln ab, kann die Berührung des Nervs über einen Alarm gemeldet werden. Alternativ kann mit einer kleinen Elektrode auch bewusst ein Impuls auf Gewebe am Situs übertragen werden, um die Anwesenheit eines Nervs in der Nähe festzustellen, was auf optischem Wege meist nicht eindeutig geht.

Nach der Entfernung des Tumors wird der entstandene Hohlraum im inneren Gehörgang und gegebenenfalls im Mastoid durch körpereigenes Fettgewebe aufgefüllt. Wichtig ist vor allem, dass der so genannte Liquorraum wieder verschlossen wird, um das Gehirn keinen zusätzlichen Gefahren auszusetzen. Die Gesamtdauer eines kompletten Eingriffs variiert stark und hängt vom verwendeten Zugangsweg und von der Größe des Arbeitsraums des Chirurgen am Situs ab. Sie liegt im Bereich mehrerer Stunden und kann bis zu sechs oder teilweise sogar acht Stunden dauern. Ein erfahrener Chirurg kann ein Akustikusneurinom in 30 bis 60 Minuten entfernen, bei kompliziert zwischen den Nerven verwachsenen Tumoren kann aber bereits dieser Teil mehrere Stunden in Anspruch nehmen. Nach dem Eingriff verbringt der Patient für gewöhnlich 7 bis 14 Tage in stationärem Aufenthalt. Dies liegt weniger in der Wundheilung begründet als in einem durch Schwellungen verursachten Verlust des Gleichgewichtssinnes.

3.2 Minimal Invasive Chirurgie

Bei der *Minimal Invasiven Chirurgie* handelt es sich um eine Operationstechnik für Diagnose und Intervention, die beim Zugang zum Situs große Schnitte meidet. Stattdessen erfolgt ein kleiner Schnitt an der Oberfläche, über den anschließend Instrumente, Endoskope und mikrochirurgische Werkzeuge eingeführt werden. Aufgrund dieser Vorgehensweise wird auch oft von *Schlüsselloch-Chirurgie* (engl. *keyhole surgery*) gesprochen. Im Resultat sind Minimal Invasive Eingriffe für den Patienten wesentlich schonender als konventionelle Vorgehensweisen, die Handhabung der Instrumente ist für den Chirurgen aber weniger intuitiv und muss daher aufwändig erlernt werden[SA07].

3.2.1 Endoskope

Endoskope sind Geräte, die die Sicht in technische Hohlräume und das Innere von Lebewesen erlauben. Ein klassisches Endoskop ist eine Stange mit einer eingebauten Serie von Linsen und einer Optik an der Spitze (Abbildung 3.3). Durch Einkopplung einer starken Lichtquelle von außen wird das zu betrachtende Objekt über den Lichtleiter beleuchtet. Die Optik und derselbe Lichtleiter sorgen auch wieder dafür, dass das zurückgeworfene Licht zu einer Kamera oder einem Okular gelangt. Erste Anwendungen für Endoskope waren medizinischer Natur, später hielten Endoskope aber auch in der Industrie Einzug. Klassisches Beispiel dafür sind Anwendungen in der Luftfahrt, in denen schwer zugängliche Teile von Flugzeugen, wie zum Beispiel das Innere von Triebwerken zu Wartungszwecken inspiziert werden. Weitere Anwendungsgebiete sind Archäologie, Katastrophenschutz und militärische bzw. polizeiliche Aufklärung.

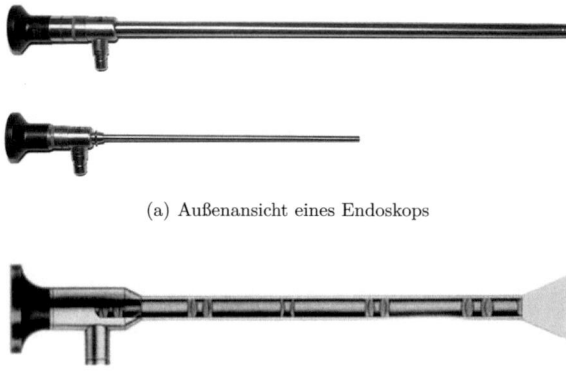

(a) Außenansicht eines Endoskops

(b) Schematischer Aufbau eines Endoskops

Abbildung 3.3: Endoskop. Der Betrachter blickt durch das Okular auf der linken Seite. Am unteren Stutzen wird eine Lichtquelle angeschlossen, die das zu betrachtende Objekt über den gleichen Lichtweg beleuchtet.

Die geschichtliche Entwicklung von Endoskopen begann bereits im 19. Jahrhundert mit einer Konstruktion von Philipp Bozzini in Frankfurt, die später von Antonin J. Desormeaux weitergeführt wurde. Kurz darauf baute Maximilian Nitze ein weiteres Endoskop, das als erstes Endoskop heutiger Bauart gilt. Alle genannten Geräte waren starre Endoskope. Das erste flexible Endoskop wurde erst in den 60er Jahren des 20. Jahrhunderts entwickelt. Die starre Linsenoptik musste durch ein ganzes Bündel von Glasfasern ersetzt werden. In modernen Endoskopen kommt zudem immer häufiger Videotechnologie zum Einsatz: An der Spitze befindet sich bei diesen Modellen eine Miniaturkamera, die die Bildinformation vor Ort digitalisiert und somit mehr Freiheiten bei der Konstruktion des Endoskopkörpers erlaubt. Einige Endoskope besitzen zusätzlich einen Arbeitskanal, durch den kleine Werkzeuge eingebracht werden können. Die Entwicklung ist mittlerweile so weit fortgeschritten, dass Endoskope mit einem Durchmesser von gerade einmal 2 mm gebaut werden können.

3.2.2 Die Minimal Invasive Chirurgie in der Praxis

Die im Vergleich zum konventionellen Weg schonendere Vorgehensweise wirkt sich für den Patienten in vielerlei Hinsicht positiv aus: Die kleineren Wunden verursachen nach der Operation weniger Schmerzen und lassen wesentlich unauffälligere Narben zurück. Durch die geringere Schädigung gesunden Gewebes wird auch der Heilungsprozess stark beschleunigt. Dies führt dazu, dass kleinere Eingriffe, wie zum Beispiel Kniegelenksspiegelungen oder Gallenblasenentfernungen, ambulant durchgeführt werden können, während konventionellen Behandlungen stationärer Aufenthalt folgt. Durch Verbesserungen bei den Werkzeugen und Endoskopen werden viele Eingriffe von den Chirurgen heute bevorzugt Minimal Invasiv durchgeführt.

Eine wichtige Voraussetzung zur Umstellung einer konventionellen Operationstechnik in eine Minimal Invasive Operationstechnik ist das Vorhandensein eines natürlichen Hohlraums. Dieser ist erforderlich, da zur ungestörten Sicht durch das Endoskop auf die Werkzeuge ein Freiraum benötigt wird. Dieser muss von einem transparenten Medium ausgefüllt sein. Ist der Situs von weichem Gewebe umgeben, kann der benötigte Hohlraum durch eine so genannte Insufflierung, durch "Aufblasen" mit Gas, hergestellt werden. Diese Technik wird beispielsweise bei der Laparoskopie, also bei Eingriffen innerhalb der Bauchhöhle, angewendet. Weitere Beispiele für den Einsatz minimal invasiver Techniken sind: Thoraskopie, Athroskopie und Eingriffe im Nasen- und Halsbereich. Mit speziellen flexiblen Endoskopen oder Kathetern ist auch der Zugriff auf das Innere des Verdauungstraktes, Blutgefäße oder das Herz möglich. Bei letzteren muss allerdings wegen des undurchsichtigen Blutes auf eine optische Kontrolle verzichtet werden, stattdessen wird der Vorschub des Katheters von außen über Röntgenbildgebung verfolgt.

Eines der größten Probleme beim Einsatz von Endoskopen in medizinischen Anwendungen sind die Verschmutzung der Optik und das Auftreten von Blutungen. Daher sind diese Geräte meist mit einem Kanal zum Einleiten von Spülflüssigkeit versehen. Sinnvoll ist es auch, wenn Werkzeuge zur Koagulierung (Verödung kleiner offener Blutgefäße) eingeführt werden können. Wird ein größeres Blutgefäß verletzt, strömen größere Mengen an Blut in den Arbeitsraum um das Endoskop ein und trüben die Sicht vollständig. Der Chirurg spricht dann vom *Red-Out*. Solch eine Blutung ist meist minimal invasiv nicht kontrollierbar. Ein sofortiger konventioneller Eingriff ist dann erforderlich, um das Leben des Patienten retten zu können.

Der neueste Trend in der Minimal Invasiven Chirurgie nennt sich *Natural Orifice Transluminal Endoscopic Surgery*, kurz *NOTES*[FDR+07]. NOTES verzichtet auf Schnitte auf der Körperoberfläche. Stattdessen erfolgt der Zugang zum Situs durch natürliche Körperöffnungen wie zum Beispiel Hals, Magen-Darm-Trakt oder Vagina. Der zusätzliche Vorteil für den Patienten ist in erster Linie kosmetischer Natur da keine äußerlich erkennbaren Wunden zurückbleiben.

3.3 Percutaneous Cochlea Implant Surgery

Ein sehr interessanter Ansatz, der sich derzeitig, ähnlich der Minimal Traumatischen Chirurgie, im Umfeld zwischen der Chirurgie der lateralen Schädelbasis und der Minimal Invasiven Chirurgie entwickelt, ist die *Percutaneous Cochlea Implant Surgery*[LCC⁺05, BEH⁺06, LND⁺08]: Am Vanderbilt Medical Center in Nashville wird daran derzeitig unter der Leitung von Robert Labadie, J. Michael Fitzpatrick und Benoit Dawant gearbeitet. Fokus ist eine einzelne medizinische Anwendung: Die Cochleaimplantation, auch Cochleostomie genannt.

Bei einer Cochleaimplantation wird dem Patienten eine Elektrode in die Gehörschnecke eingepflanzt, die, zusammen mit einer Art Hörgerät, akustische Signale direkt in den Hörnerv einkoppelt und so einem tauben Menschen wieder zu Gehör verhelfen kann. Das Hörgerät selbst besteht aus zwei Teilen: Der Empfangsteil ist mit dem Implantat verbunden und wird an der Schädeloberfläche im Knochen eingebettet. Der Sendeteil wird äußerlich wie ein normales Hörgerät getragen. Er enthält das Mikrofon und die Signalverarbeitung. Die Signalübertragung zwischen Sender und Empfänger erfolgt induktiv, das heisst ohne direkte elektrische Verbindung. Voraussetzung für eine Cochleostomie sind eine intakte Cochlea und eine funktionierende Reizweiterleitung in den am Hören beteiligten Nerven. Die Operation wird in speziellen Zentren heute bereits sehr häufig durchgeführt. Zum Einsetzen der Elektrode muss wie bei der Entfernung des Akustikusneurinoms eine Mastoidektomie mit den damit verbundenen Traumatisierungen durchgeführt werden.

Um die Traumatisierung zu reduzieren, verfolgt der Ansatz von Labadie et al. die folgende Strategie: Anstelle der Mastoidektomie wird ein dünner Bohrkanal von außen bis hin zu der Stelle an der Cochlea angelegt, in die die Elektrode eingeführt werden soll. Die Insertion erfolgt dann mit Hilfe eines speziellen mechanischen Insertationswerkzeugs, das an die räumliche Enge angepasst ist und für den richtigen Sitz der Elektrode in der Cochlea sorgt. Der Name *percutaneous*, was so viel heißt wie "durch die Haut", entstammt der Art der Einführung der Elektrode, die ähnlich einer Nadel erfolgt wird. Die restlichen Systemkomponenten werden wie gewohnt angebracht.

Das Projekt umfasst die komplette Prozesskette, die zur Durchführung eines solchen Eingriffs benötigt wird. Der Schwerpunkt liegt dabei nicht auf der einfachen Demonstration der Durchführbarkeit des Verfahrens. Stattdessen soll ein System entwickelt werden, das weitgehend automatisch und somit kostengünstig arbeitet. Begonnen wird mit Segmentierung und Planung: Diese sollen möglichst vollständig automatisch erfolgen. Mit [NWLD08b, NWLD08a, NDWL09] existieren mehrere Publikationen, die behaupten, das Ziel einer automatischen Segmentierung bei einer beschränkten Zahl von Patienten in einer MatLab-Umgebung erreicht zu haben. Ob der Ansatz wirklich verallgemeinerbar ist, muss sich in der Praxis noch zeigen. Auf den segmentierten und zu 3D-Polygonnetzen umgewandelten Daten setzt dann der Planungsalgorithmus auf. Aufgrund der Tatsache, dass das Ziel für die Bohrung mit der Insertationsstelle an der Cochlea bereits feststeht, ist die Platzierung des Bohrkanals ein Optimierungsproblem mit zwei Parametern. Der in [NML⁺09] vorgestellte Algorithmus bestimmt diese mit Hilfe einer Gütefunktion unter Maximierung des Abstandes des Kanals zu Risikostrukturen. Zusätzlich wird der Insertationswinkel in die Cochlea beachtet[NWL⁺07, AMNW⁺07].

Die Umsetzung des geplanten Kanals erfolgt mit Hilfe sogenannter stereotaktischer Miniaturplattformen[FKN⁺05] (Abbildung 3.4). Deren Funktionsprinzip lässt sich wie folgt beschreiben: Vor der Akquise der Bilddaten werden dem Patienten kleine Schrauben am Schädel in der Nähe des beabsichtigten Beginns des Bohrkanals eingeschraubt. Sie werden bei der Segmentierung mit erfasst. Der Weg, der dann verfolgt wird, ist unkonventionell und stellt das Prinzip des Chirurgieroboters auf den Kopf: Anstatt eine Positionierplattform, wie zum Beispiel einen Roboter, so einzustellen, dass der Bohrer die richtige Trajektorie einhält, wird mittels Rapid-Prototyping eine Plattform gefertigt, die auf den Markierungsschrauben aufsitzt und für den Bohrer eine Führung bildet, die eine präzise Knochenablation entlang der geplanten Trajektorie ermöglicht. Die Plattform ist patientenindividuell und kann daher nur ein Mal verwendet werden. Das Anlegen einer solchen Plattform dauert nur wenige Stunden. Die Kosten dürften aber, wie bei Rapid-Prototyping-Maschinen üblich, hoch sein.

3.4 Operationsplanung

Das Thema Operationsplanung beschränkte sich für den Chirurgen jahrzehntelang auf die Betrachtung medizinischer Bilddatensätze und spielte sich größtenteils in seinem Kopf ab. Gegebenenfalls wurden Zeichnungen angelegt, um auch größere OP-Teams auf den Eingriff vorbereiten zu können. Grundlage bildete neben den patientenindividuellen Informationen nur die Erfahrung der Mediziner. Mit dem Aufkommen der Computerassistierten Chirurgie standen erstmals Möglichkeiten zur präzisen Vermessung, virtuellen Planung oder Simulation zur Verfügung. Aber auch hier liegt der finale Plan meistens im Kopf des Chirurgen, schließlich ist er für die Umsetzung des Plans verantwortlich. Aus Sicht der Qualitätssicherung sind präzise definierte Planungsprozesse wünschenswert. Für roboterassistierte Eingriffe und Navigierte Chirurgie sind klar definierte digitale Planungsdaten dagegen ein muss. Entsprechende Planungswerkzeuge mussten zur Anwendbarkeit derartiger Verfahren entwickelt werden.

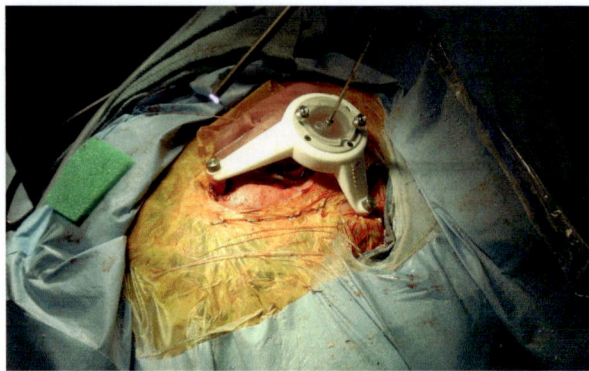

Abbildung 3.4: Stereotaktischer Miniaturplattform (Foto:[NWLD08b])

Nach den ersten Jahren der computerassistierten Operationsplanung muss man rückblickend feststellen, dass es bis heute noch keine abstrakte, auf mehrere oder gar alle Eingriffe anwendbaren Lösungen gibt. Stattdessen dominieren zahlreiche individuelle Anwendungen für jeweils einen speziellen chirurgischen Eingriff. Der Grund dafür liegt sowohl in den Anforderungen an den Planungsprozess, bei den bereitgestellten medizinischen Bilddaten als auch an den gewünschten Ergebnissen der Planung. Letztere sind äußerst anwendungsspezifisch. Schorr teilt sie in [Sch04a] in drei verschiedene Klassen ein und trennt so Unterstützungswerkzeuge für Chirurgen effektiv von Werkzeugen, die tatsächlich Operationspläne für die Navigierte oder Roboterassistierte Chirurgie erzeugen:

- **Visualisierungswerkzeuge:** Diese Anwendungen dienen der Visualisierung medizinischer Bilddaten und bieten dem Chirurgen eine breite Palette von Werkzeugen an. Beispielsweise können Segmentierungen angelegt, daraus dreidimensionale Objekte visualisiert oder verschiedene Modalitäten von Bildmaterialien fusioniert werden. Ein Beispiel für Visualisierungswerkzeuge ist der DICOM Viewer OsiriX[RSR04]

- **Simulationswerkzeuge:** Häufig ist es sinnvoll medizinische Eingriffe vor ihrer Durchführung zu simulieren. Beispielsweise kann auf diese Weise ermittelt werden, ob das Zielorgan beim Patienten mit Hilfe minimal invasiver Operationswerkzeuge überhaupt erreicht werden kann oder welcher Zugangsweg das geringste Risiko für den Patienten aufweist. Dies ist ein Anwendungsgebiet für Simulationswerkzeuge. Beispiele sind: [NAB+97, MN99, PSS+01]

- **Planungswerkzeuge:** Hier werden schlussendlich alle Planungswerkzeuge für die Navigierte oder Roboterassistierte Chirurgie zusammengefasst. Beispiele sind: [SBH+02, Sch04a, WEK02, WHER05, KBK+09, BKRW09, MB08, Zac05]

Mit der Software 3D-Slicer[PHK04] des Surgical Planning Laboratory des *Brigham and Women's Hospital* in Boston gibt es mittlerweile den Ansatz eine Art Framework für die Computerassistierte Chirurgie zu entwickeln, in das eingriffsspezifische Operationsplanungsverfahren als Module integriert werden können. Auf diese Weise wird den Entwicklern ein standardisierter Werkzeugkasten mit zahlreichen allgemein verwendbaren Werkzeugen bereitgestellt, der den Entwicklungsaufwand für Operationsplanungsanwendungen reduziert (Abbildung 3.5).

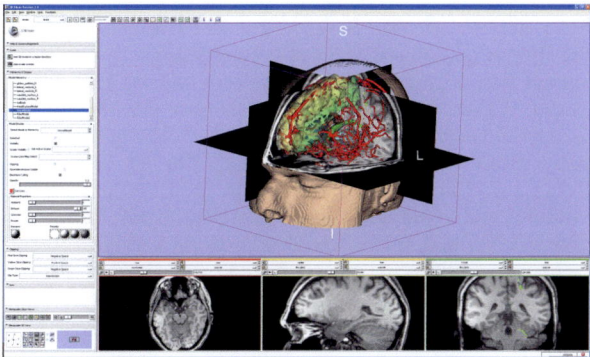

Abbildung 3.5: Slicer 3D

3.5 Roboterassistierte Chirurgie

Nach Davies[Dav99] ist ein Chirurgieroboter ein "angetriebener, computergesteuerter Manipulator mit Sensoren, der programmiert werden kann, Werkzeuge zu bewegen oder zu positionieren, um diverse chirurgische Aufgaben zu übernehmen". Damit lehnt er sich bewusst stark an die allgemeine Definition für Roboter des *Robot Institute of America* an, die einen Roboter als "programmierbaren, multifunktionalen Manipulator, der entwickelt wurde, um Material, Bauteile, Werkzeuge oder spezielle Geräte zur Erfüllung verschiedener Aufgaben mittels variabel programmierter Bewegungen zu bewegen" bezeichnen, betont aber zugleich, dass ein Roboter völlig andere Aufgaben als der Chirurg hat. Seine Aufgabe ist es nicht chirurgische Eingriffe zu automatisieren. Dies würde den Patienten in die Rolle des Werkstückes in der Produktion zwängen. Aufgrund des variablen Arbeitsablaufs in der Chirurgie wäre dies nicht ohne weiteres umzusetzen. Weiterhin sind große Probleme bei den Themen Verantwortung und Haftung zu erwarten. Die Stärke des Roboters liegt in seiner Präzision und seiner Fähigkeit, vorprogrammierte Abläufe reproduzierbar wiederholen zu können. Daher, und aufgrund seiner Arbeitsweise, die sich auf präoperative Bildgebung und Planung stützt, steht der Chirurgieroboter in direkter Konkurrenz zur *Navigierten Chirurgie*, die weniger Präzision, dafür aber mehr Flexibilität liefern kann. Beides sind Unterklassen der *Computerassistierten Chirurgie (CAS)*. Teilweise neuere, aber weniger umfassendere Überblicke über Roboterassistierte Chirurgie gibt es in [Fau07, HM99, FSP01, LCDM04, PSS05, JSS+05, OHDS06, WGK+04].

Geschichtlich betrachtet fand der erste Einsatz eines Roboters in der Chirurgie im Jahre 1985 statt. Die Anwendung bestand aus einer einfachen Positionieraufgabe, die einen stereotaktischen Rahmen ersetzen sollte[KHJH88]: Der Roboter bewegte eine Führungseinrichtung für eine Biopsiesonde so an den Kopf des Patienten, dass ein Neurochirurg eine Probe präzise aus der anvisierten Hirnregion nehmen konnte. Während der Arbeit des Chirurgen war der Roboter allerdings aus Sicherheitsgründen abgeschaltet. Erste "aktive" chirurgische Handlungen mit einem Roboter wurden kurz darauf von Taylor[TPM+89] durchgeführt: Es wurden Bohrlöcher zum Einsetzen künstlicher Hüftgelenke für Haustiere angelegt. Diese Anwendung war so erfolgreich, dass das System zur Anwendung am Menschen weiterentwickelt und 1991 erstmals in klinischen Studien eingesetzt wurde. Später erlangte das System unter dem Namen *ROBODOC* Marktreife. Bis zu diesem Zeitpunkt waren immer gewöhnliche Industrieroboter verwendet worden, die zwar mit zusätzlichen Sicherheitsmerkmalen versehen worden waren, aber aufgrund der eingesetzten Standardhardware eine ungewöhnlich und unnötig hohe Komplexität auf der Softwareseite aufwiesen. Davies[DHN+91] arbeitete daher parallel zu *ROBODOC* an einem spezialisierten System zur Prostatabehandlung, bei dem die Hardware speziell auf die Anwendung zugeschnitten wurde. Auch dieses System wurde erfolgreich in klinischen Studien angewendet.

Dies ist die Geschichte der roboterassistierten Chirurgie in ihren Anfängen. Im Laufe der Jahre hat sich das Feld stark diversifiziert und wurde durch neue Robotertypen ergänzt. Im Folgenden werden zunächst die beiden derzeit historisch bzw. klinisch bedeutendsten chirurgischen Robotersysteme vorgestellt. Es folgt eine Zusammenfassung einiger klinischer und experimenteller Systeme.

3.5.1 ROBODOC

Mit dem *ROBODOC* erlebte die Roboterassistierte Chirurgie ihr erstes kommerzielles Hoch, aber auch den ersten herben Rückschlag. Nachdem das System in Europa zugelassen worden war, erhielt es einen breiten Einzug in Kliniken und wurde zunächst als Erfolg angesehen. Mit der Zeit mehrten sich aber Beschwerden von Patienten und es kam der Verdacht auf, das *ROBODOC*-System könne prinzipielle Schwachstellen haben. Der Medizinische Dienst der Krankenkassen kam 2004 in seinem Gutachten zu dem Schluss[Sch04b], *ROBODOC* müsse weiterhin als experimentelles Verfahren betrachtet werden, das eine besondere Aufklärung der Patienten erfordert. Außerdem konnte ein leicht erhöhtes Komplikationsrisiko gegenüber konventionellen Hüftoperationen festgestellt werden, während die Qualität nicht merklich zunahm. Letzteres könnte aber auch daran gelegen haben, dass aufgrund des kleinen Zeitfensters noch keine langfristigen Vergleichsstudien vorlagen. In Deutschland wurde die Anwendung des Systems daraufhin eingestellt, in anderen Ländern wurde es aber weiterhin genutzt. Die Firma CUREXO, die derzeitig die Rechte am *ROBODOC* hält, erhielt für dieses im Jahre 2008 in einer überarbeiteten Version die Zulassung der amerikanischen *Food and Drug Andministration (FDA)*. Die Geschichte des *ROBODOC* macht aber die Problematik mit Haftungsfragen in der Roboterassistierten Chirurgie besonders deutlich. Diese sorgen und noch immer für Unsicherheit bei der Entwicklung neuer Systeme: Die Klagen vieler Patienten sind noch an den Gerichten, Urteile stehen größtenteils noch aus.

3.5.2 Da Vinci

Das *Da Vinci* System[dav] der US-amerikanischen Firma *Intuitive Surgical Inc.* ist das derzeit wohl bekannteste und am weitesten verbreitete Robotersystem in chirurgischer Anwendung. Zu Beginn muss aber mit einem der verbreitetesten Missverständnisse aufgeräumt werden: Beim *Da Vinci* System handelt es sich nach der in Abschnitt 3.5 zitierten Definition eines Chirurgieroboters, aufgrund der nicht vorhandenen Programmierbarkeit, um keinen Roboter im eigentlichen Sinn. Man spricht vielmehr von einem Telemanipulationssystem, das die Bewegungen der Hände des Chirurgen auf Roboterarme im Inneren des Patienten überträgt. Die Roboterarme werden minimal invasiv über Trokare in den Körper eingeführt. Ursprünglich entwickelt wurde das *Da Vinci* System für die Laparoskopie. Da die FDA-Zulassung aber bereits ein breites Spektrum an Eingriffen abdeckte und beständig erweitert wird, fand das Telemanipulationssystem in vielen chirurgischen Disziplinen Anwendung. Die derzeit verbreiteteste Anwendung sind Eingriffe an der Prostata.

Abbildung 3.6 zeigt das aufgebaute *Da Vinci* System im Einsatz: Der Chirurg sitzt an einer Konsole, die ihm einen stereoskopischen Einblick auf den Operationssitus und für jede Hand ein Steuergerät bietet. Die Steuergeräte für die Erkennung der Bewegungen der Hände und der Daumen des Chirurgen konzipiert. Diese Daten werden direkt in die beiden Roboterhände eingespeist. Da der Chirurg seine eigenen Hände nicht sieht, fühlt sich das System für ihn an, als ob die beiden Roboterhände seine eigenen wären, und er kann arbeiten als säße er direkt am Situs. Über eine Filterung der Signale kann typisches Händezittern (Tremor) aus den Bewegungen entfernt werden. Eine Kraftrückkopplung ist derzeit noch nicht möglich. Daher weiß der Chirurg nie genau wie viel Kraft er mit den Greifern auf das Gewebe ausübt. Das Stereo-Endoskop und die beiden Hände befinden sich jeweils an einem der drei Arme des Systems. Neuere Versionen des *Da Vinci* Systems verfügen über HighDefinition-Kameras und einen vierten Arm, an dem eine weitere Roboterhand befestigt ist. Weitere Informationen zum *Da Vinci* System finden sich in[GS00, ACM03].

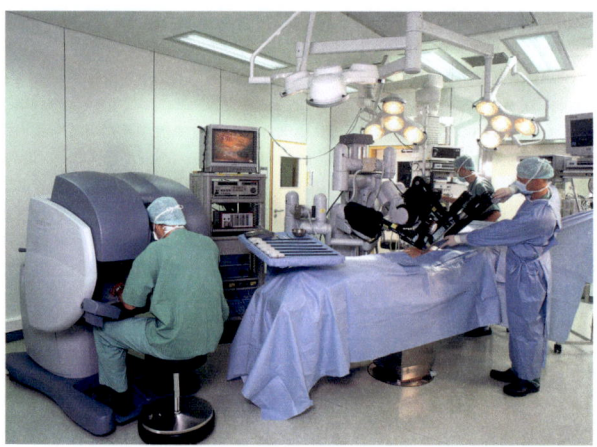

Abbildung 3.6: Das da Vinci System ©2009 Intuitive Surgical, Inc.

3.5.3 Weitere klinische Systeme

Wie bereits erwähnt, sorgten die unklare rechtliche Lage und die unklare Datenlage über die langfristigen Vorzüge von *ROBODOC* für große Unsicherheiten bei den Patienten. Die Industrie reagierte mit Zurückhaltung bei der Entwicklung neuer Systeme und fokussierte sich stark auf chirurgische Assistenzsysteme. Es zeichnet sich bereits der von Davies vorhergesagte Trend zu spezialisierteren Systemen ab, die direkt am OP-Tisch oder am Patienten befestigt werden können.

Die Firma Prosurgics aus Großbritannien bietet mit dem *Endoassist*[AGS⁺02] eine mechatronische Endoskophalterung für die Laparoskopie an. Nach einer Kalibrierung des Pivotpunktes auf der Bauchdecke des Patienten kann das Endoskop automatisch vom *Endoassisten* um diesen geschwenkt werden. Der Chirurg steuert dies mit Hilfe von Kopfbewegungen, die als Gesten interpretiert werden. Auf diese Weise lässt sich laut Hersteller das OP-Personal effektiver nutzen. Der Chirurg profitiert durch die direkte zitterfreie Kamerakontrolle und die Reduzierung der Dauer der Operationen. Derzeit kommt bereits das Nachfolgesystem namens

FreeHand auf den Markt: Es ist wesentlich kleiner und wird direkt am OP-Tisch befestigt. Auch hier kontrolliert der Arzt die Bewegungen des Endoskops mit Kopf-Gesten. Das Gerät hat die FDA-Zulassung erst vor kurzem erhalten und ist daher noch nicht weit im klinischen Alltag verbreitet.

Ein weiteres Produkt der Firma Prosurgics ist der *PathFinder*[FM03], ein modifizierter Industrieroboter, der eine Endoskopführung präzise am Kopf des Patienten positionieren kann und somit als Ersatz für den derzeit gebräuchlichen stereotaktischen Rahmen ausgelegt ist. Der Hersteller behauptet, mit diesem System nach der Registrierung eine Positioniergenauigkeit von 1 mm anbieten zu können[MHBF04].

Ein letztes Beispiel für ein äußerst miniaturisiertes Robotersystem, das direkt am Patienten oder am OP-Tisch befestigt wird, ist der *SpineAssist* der Firma Mazor aus Israel[SBZ⁺03]. Aufgabe des Systems ist die Platzierung von Pedikelschrauben in den Wirbelkörpern. Diese müssen äußerst präzise geplant und gesetzt werden, um ein seitliches Austreten oder eine Schädigung des Rückenmarks auszuschließen. Bewerkstelligt wird dies mit Hilfe eines nur 10 cm hohen Hexapoden. Dieser ist auf einer Verstellschiene direkt am Patienten montiert und sorgt so für die präzise Ausrichtung einer Bohrführung, die der Chirurg anschließend zum manuellen Setzen der Schrauben verwendet.

3.5.4 Weitere experimentelle Systeme

Neben den bereits genannten kommerziellen Systemen gibt es auch eine Reihe experimenteller Systeme, die bisher nur in Rahmen von Forschungsprojekten eingesetzt wurden, da es für ihren Betrieb keine Zertifizierung gibt. Ein Teil von ihnen versteht sich durchaus als Prototyp oder Vorserienmodell und ist für den zukünftigen klinischen Einsatz vorgesehen. Wie in Abschnitt 3.5.3 angesprochen, ging in der Industrie der Trend in den letzten Jahren aus Gründen technischer und juristischer Unklarheiten stark in Richtung chirurgischer Assistenssysteme und Telemanipulation, um den Robotern durch geringere Autonomie eine geringere Verantwortung zuzuweisen.

DLR KineMedic

Am Deutschen Luft- und Raumfahrtzentrum wurde der *KineMedic*[OWH⁺06] entwickelt. Dieser Leichtbauroboter wiegt lediglich 10 kg, kann aber eine Nutzlast von ca. 3 kg tragen. Durch das geringe Gewicht stellt er im Falle von Fehlfunktionen eine geringere Gefahr dar. Er verfügt zudem über sieben Freiheitsgrade und Kraft-Momenten-Sensoren in allen Gelenken. Mit diesen Spezifikationen ist der KineMedic in der Lage Instrumente zu halten oder zu führen. Dank der redundanten Kinematik verfügt er über einen verhältnismäßig großen Arbeitsraum. Zielposen können mit unterschiedlichen Gelenkstellungen angefahren werden, beispielsweise um Kollisionen des Arms mit Hindernissen zu vermeiden. Die Kraft-

Momenten-Sensoren erlauben dem Chirurgen zudem eine Führung des Roboters mit der Hand, was zum einen eine sehr ergonomische und intuitive Handhabung bedeutet, auf der anderen Seite möglicherweise auch juristische Probleme bei der Produkthaftung ausräumt. Durch die Kombination von redundanter Kinematik und Kraft-Momenten-Sensoren kann der Chirurg Teile des Roboterarms aus dem Weg schieben ohne dabei die Endeffektorpose zu beeinflussen. Die Hauptschwäche des Systems ist seine mangelnde Steifigkeit, die aus seiner Leichtbauweise resultiert. Durch zusätzliche externe Sensoren versucht man dieses Manko im Rahmen des *AccuRobAs* Projekts[acc] zu kompensieren. Der KineMedic wird derzeit in die Produktpalette der Firma Brainlab integriert. Eine Markteinführung ist geplant. Die anvisierten Anwendungen sind Biopsien in der Neurochirurgie und das Setzen von Pedikelschrauben.

DLR MIRO

Der *MIRO* Roboter[HNJ+08a, HNJ+08b] ist eine Weiterentwicklung des *KineMedic*. Er besitzt das gleiche Gewicht und die gleiche Traglast. Eine exemplarische Anwendung des *MIRO* Roboters wurde bereits auf der Automatika 2008 in München demonstriert: Demnach ist es geplant, aus mehreren Leichtbauarmen ein Telemanipulationssystem aufzubauen. Im Gegensatz zum *Da Vinci* System werden diese flexibel direkt am OP-Tisch befestigt, was dem medizinischen Personal wieder mehr Raum in der Nähe des Patienten einräumen würde.

Micro-drill der Aston University

Während die zuvor vorgestellten Systeme trotz hoher Genauigkeitsanforderungen eher im Makroskopischen Bereich arbeiten, wurde an der Aston University ein telemanipuliertes Bohrsystem zur Eröffnung der Cochlea entwickelt[BTP+07]. Durch Kraftrückkopplung auf ein haptisches Eingabegerät ist es für den Chirurgen wesentlich einfacher möglich, den Durchbruch durch den Knochen zu registrieren und ein Durchschwingen des Bohrers in das Innere der Cochlea zu verhindern.

Telemanipulation über große Distanzen

Telemanipulationssysteme sorgen prinzipbedingt für eine räumliche Trennung von Chirurg und Patient. In der Regel sind dies nur wenige Meter, aber das Konzept der Telemanipulation eröffnet völlig neue Möglichkeiten: So ist es denkbar, dass sich der Arzt in einem ganz anderen Krankenhaus aufhält als der Patient. Dieser muss dann zwar noch immer von medizinischem Fachpersonal vorbereitet und versorgt werden, aber für den eigentlichen chirurgischen Eingriff können Experten aus aller Welt „zugeschaltet" werden. So wurde im Jahre 2001 beispielsweise eine Patientin in Straßburg von einem Arzt in New York erfolgreich operiert[MLR+01]. Auf der anderen Seite können mit diesem Ansatz auch Patienten an abgelegenen oder gefährlichen Orten wie zum Beispiel Bohrinseln oder Schlachtfeldern versorgt werden. Dies ist aber noch weit von einem Einsatz im klinischen Alltag entfernt. Die Firma *Intuitive Surgical Inc.* klammert solche Anwendungsfelder bei ihrem *Da Vinci* System bisher explizit aus.

Weitere Systeme

Auch an der Universität Karlsruhe wurden um die Jahrtausendwende Chirurgierobotersysteme zur Kraniotomie[BRR+98], Cochleostomie[Nga07] und Dysgnathie[BTV+07] entwickelt. Die Kraniotomie wurde bereits erfolgreich am Patienten angewendet. Bei den anderen Aufbauten stehen die klinischen Tests noch aus. In allen Fällen wurden konventionelle Industrieroboter eingesetzt.

3.6 Abgrenzung der Arbeit

Aufgrund des dargestellten medizinischen Stands der Technik ist ersichtlich, dass die Minimal Invasive Chirurgie bislang noch nicht in starrem Gewebe an der lateralen Schädelbasis eingesetzt wurde und eine Minimal Traumatische Chirurgie mit allen durch sie gegebenen Herausforderungen wissenschaftlich absolutes Neuland ist. Einzig das Verfahren der *Percoutaneous Cochlea Implant Surgery* verfolgt einen ähnlichen Ansatz. Eine Abgrenzung fällt leicht, da auf eine andere medizinische Applikation, der Cochleaimplantation, fokussiert wird. Weiterhin gibt es keine Absichten in der Tiefe eine Manipulation des Gewebes mit Werkzeugen vorzunehmen.

Aber auch auf der technischen Seite verfolgt diese Arbeit absolut neuartige Ansätze: Aus der Literatur sind keine erfolgreichen Konzepte zur automatischen und interindividuellen Evaluierung der Durchführbarkeit neuartiger, noch in der Entwicklung befindlicher chirurgischer Verfahren bekannt. Ebenso verhält es sich mit interindividuellen Registrierungs- und Navigationsverfahren, die auf der Geometrie einzelner anatomischer Strukturen, in diesem Fall der Cochlea, beruhen und auf diesem Weg ein einheitliches, interindividuell einsetzbares Koordinatensystem für die laterale Schädelbasis definieren.

3 Stand der Technik

4 Minimal Traumatische Chirurgie

Wie beim Lesen von Kapitel 3 bereits auffällt, gibt es bei der Chirurgie zur Entfernung von Akustikusneurinomen vier globale, teilweise konkurrierende, Optimierungskriterien, an denen Zugangswege zum inneren Gehörgang gemessen und klassifiziert werden. Für jeden Patienten muss anhand dieser Kriterien und seiner individuellen Anatomie vor einem chirurgischen Eingriff die Entscheidung für einen konkreten Zugangsweg getroffen werden:

- Erhalt von Sinnes- und Nervenfunktionen (Konservierung des Gesichtsnerven, Gehörerhalt)

- Minimierung der Traumatisierung des Patienten (Knochenabtrag, Öffnung des Neurocraniums)

- Beachtung der maximalen Größe für entfernbare Tumore

- Maximierung des zur Verfügung stehenden Arbeitsraums zur Manipulation am Situs

In der Tabelle 4.1 sind die vorgestellten Zugangswege noch einmal zusammengefasst und werden anhand der oben genannten Kriterien bewertet. Auffällig bei allen ist die hohe in Kauf genommene Belastung für den Patienten, die auf die große Traumatisierung des Körpergewebes durch ausgiebigen Knochenabtrag, Öffnung des Craniums und Kompression des Gehirns zurückzuführen ist. Eine Verringerung der Traumatisierung sollte daher oberstes Ziel bei der Weiter- oder Neuentwicklung von Zugangswegen bei der Entfernung von Akustikusneurinomen sein.

Zugangsweg	Hörerhalt	Trauma	Größe	Arbeitsraum
Transtemporal	ja	extrem	klein	klein
Retrosigmoidal	ja	extrem	klein	klein
Translabyrinthär	nein	groß	mittel	groß
Retrolabyrinthär	ja	groß	klein	klein

Tabelle 4.1: Klassifizierung von Zugangswegen zur Entfernung von Akustikusneurinomen nach Hörerhalt, verursachter Traumatisierung, Tumorgröße und Arbeitsraum.

Das Konzept der *Minimal Traumatischen Chirurgie* widmet sich genau dieser Problematik. Es zielt darauf ab, den translabyrinthären und den retrolabyrinthären Zugang durch die Anwendung endoskopischer Operationstechniken dahingehend zu weiterzuentwickeln, dass der derzeitig erhebliche Knochenabtrag (Abbildung 4.1) signifikant reduziert wird. Der Gesamtprozess befindet sich noch im Stadium der Entwicklung, skizziert aber den Kontext, in dem diese Dissertation angesiedelt ist, und für den sie einen wichtigen Teil der Grundlagenforschung abdeckt.

(a) Unbearbeitet   (b) Nach Mastoidektomie

Abbildung 4.1: Unbearbeitetes Felsenbein (a), Felsenbein nach Mastoidektomie(b)

In den folgenden Abschnitten wird die Minimal Traumatische Chirurgie zunächst definiert. Weiterhin werden die zu meidenden kritischen anatomischen Strukturen genannt und ihre Bedeutung für den Patienten erläutert. Das Kapitel schließt mit den Anforderungen an den prä- und intraoperativen Workflow und einer Auflistung chirurgischer Eingriffe, für die die Minimal Traumatische Chirurgie potentiell genutzt werden kann.

4.1 Definition

Bei der *Minimal Traumatischen Chirurgie* handelt es sich um eine endoskopische Operationstechnik für Eingriffe an der lateralen Schädelbasis. Der Zugang zum Situs erfolgt durch dünne Bohrkanäle mit einem Durchmesser von bis zu 3 mm. Diese Bohrkanäle werden durch das Mastoid hindurch, innerhalb des Freiraums zwischen den vorhandenen vital und funktional bedeutenden anatomischen Strukturen, angelegt und erweitern sich in der Nähe des Situs gegebenenfalls zu einer Kavität. Der eigentliche chirurgische Eingriff erfolgt mit Hilfe aktiver mikrochirurgischer Werkzeuge, die an die Bedingungen des eingeschränkten Arbeitsraums angepasst sind. Zur optischen Kontrolle wird ein Endoskop durch einen der Bohrkanäle eingeführt. Abbildung 4.2 zeigt eine schematische Darstellung eines Minimal Traumatischen Eingriffs, Abbildung 4.3 die Bohrkanäle beim

Austritt aus dem Knochen und zwischen den kritischen anatomischen Strukturen. Derzeitig anvisierte Anwendungsgebiete für die Minimal Traumatische Chirurgie sind die *Transtemporale Exploration des Inneren Gehörgangs zur Entfernung von Akustikusneurinomen* und die *Dekompression des Saccus endolymphaticus mit anschließender Schlitzung.*

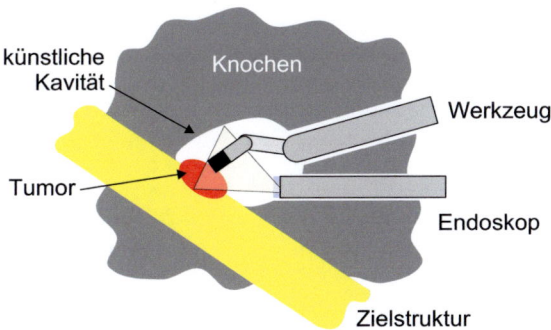

Abbildung 4.2: Schema eines Minimal Traumatischen Eingriffs zur Entfernung eines Akustikusneurinoms. Durch einen am Ende zu einer Kavität ausgeweiteten Bohrkanal wird mit Hilfe eines mikrochirurgischen Werkzeugs am Situs operiert.

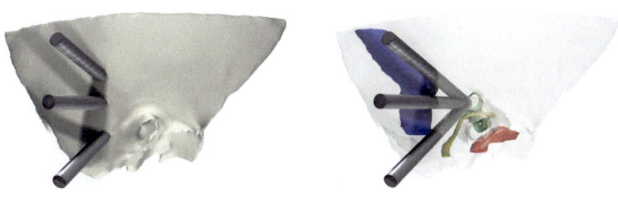

(a) Außenansicht   (b) Blick auf die kritischen Strukturen

Abbildung 4.3: Außenansicht der Bohrkanäle für minimal traumatische Eingriffe (a), Zugangskanäle für minimal traumatische Eingriffe zwischen den kritischen Strukturen (b)

4.2 Kritische Strukturen

Im Bereich des inneren und des mittleren Ohres befinden sich insgesamt sechs kritische Strukturen, deren Schädigung bei einer Operation unbedingt vermieden werden sollte und die daher bei der präoperativen Planung der Bohrtrajektorien gezielt ausgespart werden müssen:

- **Arteria carotis interna:** Die *Arteria carotis communis* verläuft cervical (am Hals) in Richtung Schädel. Sie teilt sich an der *Carotisgabel* auf in die vorne liegende *Arteria carotis externa* und die hintere *Arteria carotis interna*. Die *Carotis interna* wird in eine *Pars cervicalis* (Halsteil zwischen Carotisgabel und Schädelbasis), *Pars petrosa* (im *Canalis caroticus* im Felsenbein), eine *Pars cavernosa* (innerhalb des *Sinus cavernosum*) und eine *Pars cerebralis* aufgeteilt. Für die Minimal Traumatische Chirurgie ist vor allem der Verlauf des *Canalis caroticus* im Felsenbein relevant. Er zieht von seitlich unten nach vorne oben um die Cochlea, wobei die absoluten Abstände zwischen diesen beiden Strukturen individuell stark schwanken können. Eine Verletzung der *Arteria carotis interna* hätte einerseits einen enormen Blutverlust zur Folge, andererseits würde ein Verschluss des Gefäßes zum Verlust der Gefäßversorgung von Auge und Teilen des Gehirns führen.

- **Sinus sigmoideus:** Der *Sinus sigmoideus* ist ein venöses Gefäß, welches sich an der inneren Schädelbasis S-förmig entlang zieht. Dabei wölbt er sich in das *Mastoid* vor, so dass eine Verletzung während des Bohrens ausgeschlossen werden muss. Eine Verletzung des *Sinus sigmoideus* würde, ähnlich der *Arteria carotis*, zu einer erheblichen Blutung führen, die den Abbruch der Operation und möglicherweise sogar den Tod des Patienten zur Folge hat.

- **Innenohr:** Das Innenohr liegt in der *Pars petrosa* des Felsenbeins. Es beinhaltet das Labyrinth, ein knöchernes mit *Perilymphe* gefülltes Gangsystem, in dem das mit Endolymphe gefüllte häutige Labyrinth schwimmt. Dieses bildet im Gleichgewichtsorgan die häutigen Bogengänge und zwei Ausstülpungen im *Vestibulum*, *Utriculus* und *Sacculus*; in der Cochlea, der Hörschnecke, den *Ductus cochlearis*. Das häutige Labyrinth beinhaltet die Sinneszellen für Gleichgewicht und Hörwahrnehmung. Beide Sinnesorgane stehen miteinander in Kontakt. das knöcherne Labyrinth ist über das *Vestibulum* verbunden, der *Ductus reuniens* verbindet den *Sacculus* mit der häutigen Schnecke. Aus dem *Ductus utriculus sacculus* geht eine weitere häutige Labyrinthstruktur hervor. Der *Ductus endolymphaticus* zieht zum Sacculus endolymphaticus auf der Hinterseite des Felsenbeins. Eine Verletzung der Innenohrstrukturen führt zum Ausfall des Gleichgewichtsorgans und zum Verlust des Hörvermögens

- **Nervus facialis:** (Hirnnerv VII): Der *Nervus facialis* entstammt dem Hirnstamm. Er führt motorische Fasern für die Gesichtsmuskulatur, sensorische Fasern für die Geschmackswahrnehmung sowie sekretorische Fasern. Er zieht durch den inneren Gehörgang oberhalb des *Nervus vestibulocochlearis* und tritt in das Felsenbein mit dem *Canalis facialis* ein. Das äußere Facialisknie *(Ganglion geniculi)* liegt anterosuperior (vorne-oben) zur Cochlea. Der Facialiskanal zieht über die Paukenhöhle und läuft dann nach kaudal durch das Mastoid zum *Foramen stylomastoideus*, durch welches der Nerv den knöchernen Schädel verlässt. Eine Verletzung des *Nervus facialis* würde zu einseitigen Lähmungen des Gesichts des Patienten führen.

- **Gehirn/Dura:** Das Gehirn befindet sich oberhalb des Felsenbeines. Es liegt im hirnwassergefüllten Raum, welcher von der *Dura* umschlossen wird. Bei Verletzung der *Dura* resultiert ein Hirnwasserfluss. Stärkere Einwirkungen können auch zu Hirnverletzungen führen.

- **Gehörgang und Mittelohr:** Der Gehörgang, das Trommelfell und die im Mittelohr befindlichen Gehörknöchelchen dienen der Aufnahme akustischer Signale und leiten diese an die Cochlea über das ovale Fenster weiter. Eine Beschädigung durch den Bohrer würde je nach Region zu einer Beeinträchtigung oder gar zum Verlust des Gehörs führen.

Abbildung 4.4 illustriert die Lage der oben genannten kritischen Strukturen innerhalb der lateralen Schädelbasis.

Abbildung 4.4: Funktional und vital bedeutende Strukturen an der lateralen Schädelbasis, die bei chirurgischen Eingriffen nicht verletzt werden dürfen: Sinus sigmoideus (blau), Arteria carotis (rot), Gesichtsnerv und Innerer Gehörgang (gelb), Labyrinth (grün)

4.3 Anforderungen

Der Arbeitsraum innerhalb der gebohrten Zugangswege ist bei der Minimal Traumatischen Chirurgie stark begrenzt und kann während des Eingriffs nicht mehr signifikant verändert werden. Sind die Kanäle und die Kavitäten einmal angelegt, ist der intraoperative Ablauf festgelegt und es gibt wenig Spielraum für Improvisation und spontane Entscheidungen, wie sie bei konventionellen chirurgischen Eingriffen üblich sind. Aufgrund dessen gibt es strenge Anforderungen an die prä- und intraoperative Prozesskette, speziell an die medizinische Bildgebung und die präoperative Planung. Der Eingriff muss zudem simuliert werden können, bevor am Patienten operiert wird.

4.3.1 Präoperative Bildgebung und Registrierung

Während eines Minimal Traumatischen Eingriffs agiert der Chirurg zeitweise ohne direkte Sicht auf das Geschehen und ist auf zusätzliche Datenquellen angewiesen. Daher benötigt er präoperative Bilddaten hoher Auflösung. Aufgrund des von rigidem Knochen durchzogenen Operationsgebietes kann davon ausgegangen werden, dass Deformationen ausbleiben und die präoperativen Bilddaten auch intraoperativ ohne periodische Nachregistrierung ihre Gültigkeit beibehalten. Die Anforderung an die Segmentierung der Daten sind hinsichtlich der Qualität sehr hoch. Eine Untersegmentierung würde Teile einer kritischen Struktur nicht als solche markieren und diesen Raum zum Bohren freigeben. In dieser Konsequenz könnte die kritische Struktur Schaden nehmen. Eine Übersegmentierung hätte eine unnötige Verengung des für die Bohrkanäle zur Verfügung stehenden Freiraums zur Folge und könnte die Anwendbarkeit des Minimal Traumatischen Verfahrens fälschlicherweise verhindern. Eine manuelle Segmentierung ist aus diesen Gründen zu begrüßen. Sollen automatische Verfahren eingesetzt werden, müssen die Ergebnisse von Fachpersonal kontrolliert werden, um das Risiko für den Patienten gering zu halten. Eine exemplarische computertomographische Aufnahme mit eingezeichneten kritischen Strukturen ist in Abbildung 4.5 zu sehen.

Mit Hilfe der Computertomographie können sämtliche knöchernen Strukturen sehr gut sichtbar gemacht werden. Das von Knochen belegte Volumen bildet später in der Planung den Raum, in dem Bohrkanäle angelegt werden. Kritische Strukturen, die während eines Eingriffs nicht beeinträchtigt werden sollen, wie äußerer Gehörgang, Mittelohr, Gesichtsnerv, Labyrinth und innerer Gehörgang, lassen sich auf den Aufnahmen sehr gut als Hohlraum identifizieren und segmentieren. Um all diese Strukturen eindeutig und vollständig identifizieren zu können sollte die Auflösung und der Schichtabstand einer Computertomographieaufnahme für die präoperative Planung nicht geringer als 0,6 mm sein. Anderenfalls können wichtige Strukturen zwischen zwei Schichten verloren gehen. Außerdem sollte um alle Strukturen ein Sicherheitsabstand von der Größe eines Voxels angelegt werden. Damit wird sichergestellt, dass die Strukturen vollständig erfasst werden. Eine hohe Auflösung der zu Grunde liegenden Bilddatensätze wirkt sich daher auch positiv auf die Größe des für die Zugangswege zur Verfügung stehenden Raums aus.

Zur Planung und Simulation der Manipulationen am inneren Gehörgang eines Akustikusneurinoms sind detaillierte patientenindividuelle Kenntnisse über die Lage des Tumors und seine Verbindung zum umliegenden Nervengewebe erforderlich. Diese Informationen lassen sich nur mit Hilfe einer zusätzlichen Kernspintomographieaufnahme erlangen, die wie bei der Diagnose des Akustikusneurinoms gestaltet sein muss: Eine T_1-Aufnahme unter Zugabe von Gadolinium-Kontrastmittel. Die innere Struktur des Nervenbündels ist mit heutigen klinischen Geräten mit einer maximalen Auflösung von ca. 1 mm Schichtabstand nicht einsehbar.

Bei derartig hohen Anforderungen an die Bildgebung muss zur getreuen Übertragung der Planungsdaten auch eine besonders präzise Registrierung erfolgen. Mit dem heutigen Stand der Technik lässt sich diese nur durch die Verwendung von Schraubmarkern erreichen, die vor Erstellung der tomographischen Aufnahmen an der lateralen Schädelbasis des Patienten angebracht werden. Die Marker müssen im Rahmen der Segmentierung lokalisiert werden, damit die CT-Aufnahme mit der MRT-Aufnahme in Deckung gebracht werden kann. Intraoperativ wird der Kopf des Patienten nach Einsetzen der Narkose fixiert, anschließend werden die Schraubmarker mit einem Messarm lokalisiert. Mechanische Messarme besitzen gegenüber optischen Navigationssystemen eine wesentlich höhere Messgenauigkeit und sind daher zu bevorzugen. Der zu erwartende Fehler bei der Registrierung muss als zusätzlicher Schutzabstand auf die segmentierten Konturen der kritischen Strukturen aufaddiert werden. Daher ist die Minimierung des Registrierungsfehlers von großem Interesse.

4.3.2 Präoperative Planung

In der präoperativen Planungsphase werden, ausgehend von den segmentierten Bilddaten, dreidimensionale Modelle zur Visualisierung der patientenindividuellen Anatomie und des Tumors berechnet. Damit wird dem Chirurgen ein guter räumlichen Eindruck des Operationsgebietes vermittelt (Abbildung 4.6). Darüber hinaus werden Kollisionsmodelle aller Objekte, die später beim Anlegen von Bohrkanälen und Kavitäten von der Gewebeablation ausgenommen werden sollen, generiert.

Die Planungsanwendung benötigt Zugriff auf eine Datenbank, in der vordefinierte Standard-Behandlungsprozeduren enthalten und die dazugehörigen Werkzeuge beschrieben sind. Dies beinhaltet für jeden Tumor eine allgemeine Beschreibung seiner Lage relativ zum Nervenstrang, die Anzahl und die Maße der benötigten Zugangswege, optimale Zugangsrichtung(en) samt Toleranzbereich, eine geometrische Beschreibung des benötigten Arbeitsraums und das zu verwendende Werkzeug. Für jedes Werkzeug wiederum liegt eine geometrische Beschreibung

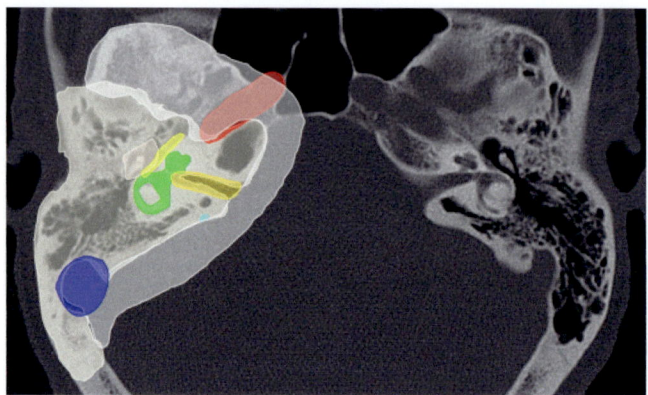

Abbildung 4.5: Segmentierte kritische Strukturen an der lateralen Schädelbasis

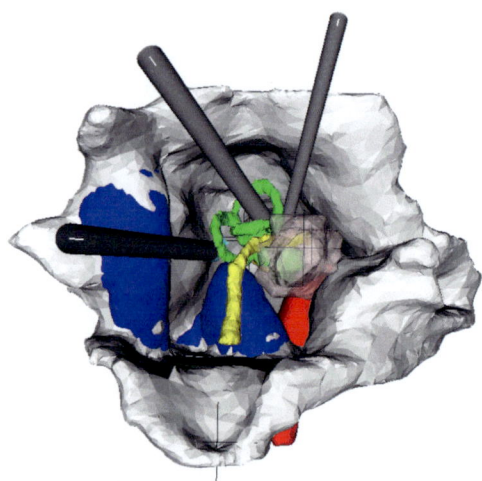

Abbildung 4.6: Dreidimensionale Darstellung der Felsenbeinanatomie mit exemplarischen Bohrkanälen

samt Kinematik vor. Diese Standard-Behandlungsprozeduren müssen zuvor experimentell ermittelt und formalisiert werden.

Anhand der patientenindividuellen Datensätze und seiner persönlichen Erfahrung kann der Chirurg sich anschließend für eine Behandlungsmethode entscheiden und die dafür benötigten Bohrkanäle und Kavitäten planen. Bei deren Platzierung finden die anfangs berechneten Kollisionsmodelle eine Anwendung. Mit ihnen wird das Eindringen der geplanten Bohrkanäle und Kavitäten in kritische Strukturen bereits während der Planungsphase vermieden. Damit sich das Risiko für den Patienten in einem angemessenen Rahmen bewegt, müssen Sicherheitsabstände eingehalten werden, die sich aus den im folgenden Abschnitt genannten Komponenten zusammensetzen. Die beiden letztgenannten Fehler können auch zu einer bohrsystemspezifischen Konstante zusammengefasst werden:

- Schutz vor Untersegmentierung: Erweiterung des segmentierten Volumens um ein Voxel in alle Richtungen

- Schutz vor Registrierungsfehlern: Erweiterung des segmentierten Volumens um den berechneten *Target Registration Error* + einer vom Chirurgen vorzugebenden Sicherheitstoleranz

- Schutz vor Falschbohrungen: Erweiterung des segmentierten Volumens um den zu erwartenden Fehler bei der Positionierung des Bohrers. Weiterhin wird auf diese Weise für einen Schutz vor dem seitlichen Auslaufen des Bohrer gesorgt.

Nachdem die Behandlungsprozedur festgelegt und die Bohrkanäle zusammen mit den Kavitäten definiert wurden, wird die präoperative Planung mit einer Simulation abgeschlossen. Das Planungssystem versucht, den vorgesehen Operationsablauf virtuell nachzuspielen. Kommt es dabei zu Problemen oder Auffälligkeiten, wird der Chirurg darüber benachrichtigt. Dieser kann dann die Planung korrigieren und sie in einem weiteren Simulationsschritt überprüfen lassen.

4.3.3 Anlegen von Bohrlöchern

Nach ihrer Planung und der Registrierung des Patienten können die Bohrkanäle und die Kavitäten angelegt werden. Die Technologie, die dabei zum Einsatz kommt, ist nicht genau festgelegt. Um eine ausreichend hohe Präzision erreichen zu können, scheiden manuelle Verfahren aber aus. Denkbar sind drei Möglichkeiten:

- Bohren mit Bohrschablone (siehe hierzu Abschnitt 3.3 zum Thema *Percutaneous Cochlea Implant Surgery*)

- Roboterassistiertes konventionelles Bohren[NKR+05, RSK+06]

- Roboterassistierte Laserablation[KBK⁺09, BKK⁺09, BMRW09]

Unabhängig davon für welches Verfahren sich der Chirurg letztlich entscheidet, muss er sich mit den folgenden Problemen befassen und Lösungen anbieten können:

- Das Verfahren muss einen sehr präzisen Knochenabtrag erlauben, um keine kritischen Strukturen zu verletzen und notwendige Sicherheitsabstände gering zu halten.

- Das Verfahren muss das Knochengewebe schonend und mit geringer Wärmeentwicklung abtragen, so dass umliegendes Gewebe nicht durch Überhitzung nekrotisiert wird und keine Risse im Knochen entstehen.

- Spontane Blutungen durch Verletzung kleiner Gefäße müssen gestoppt werden können.

- Das Verfahren muss in der Lage sein, den Situs auch lateral freizulegen ohne dabei das Nervengewebe im inneren Gehörgang zu schädigen.

- Das Verfahren muss um den Situs herum eine Kavität erzeugen können, die breiter als der restliche Bohrkanal ist.

Die beiden zuletzt genannten Punkte sind handwerklich äußerst anspruchsvoll und können von einem konventionellen Bohrsystem, egal ob schablonen- oder robotergeführt, nur sehr aufwändig gelöst werden. An dieser Stelle ruhen die Hoffnungen auf der Laserablation. Mit geeigneten miniaturisierten Optiken erscheint auch eine laterale Ablation möglich. Zudem füllt die Optik möglicherweise nicht die volle Breite des Bohrkanals aus. Daher ist es denkbar, die Ablation unter optischer Kontrolle durchführen zu können.

4.3.4 Mikrochirurgische Werkzeuge

Mikrochirurgische Werkzeuge, wie sie bei konventionellen Eingriffen zur Entfernung von Akustikusneurinomen verwendet werden (Abbildung 4.7), kommen aufgrund ihrer Größe nicht für den Einsatz in der Minimal Traumatischen Chirurgie in Frage. Abbildung 4.8 zeigt den Einsatz einer mikrochirurgischen Zange in einem realistischen Szenario, in dem deutlich wird, dass das Werkzeug in dieser Konfiguration nur wenig bewegt werden kann und der verfügbare Raum kaum zum Öffnen des Greifers ausreicht. Die starke Verengung des Arbeitsraumes reduziert die Bewegungsspielräume erheblich und verlangt nach zusätzlichen Gelenken in der Nähe der Werkzeugspitze.

Die zylindrische Form des Bohrkanals lässt in ihrem Innern für Werkzeuge bei der Manipulation maximal zwei Freiheitsgrade: Dies ist zum einen die Translation entlang der Achse des Kanals, zum anderen die Rotation um die Achse. Damit der

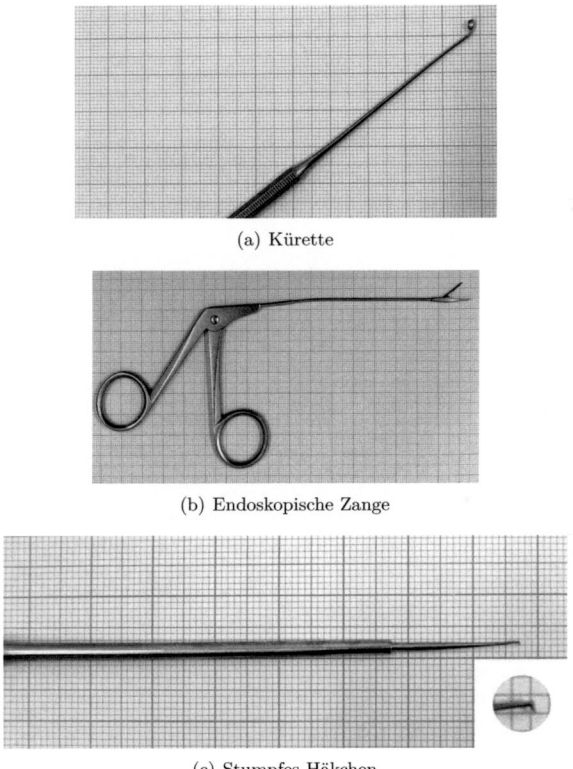

(a) Kürette

(b) Endoskopische Zange

(c) Stumpfes Häkchen

Abbildung 4.7: Konventionelle mikrochirurgische Werkzeuge

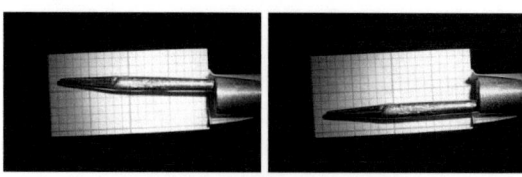

(a) Zange liegt am Rand des (b) Zange liegt am anderen
Bohrkanals an   Rand der Bohrkanals an

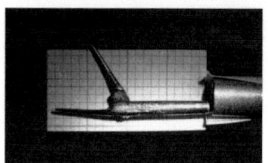

(c) Zange in geöffnetem Zustand

Abbildung 4.8: Bewegungsspielraum einer mikrochirurgischen Zange durch
einen Bohrkanal von 4 cm Länge und 3 mm Durchmesser. Der
Aktionsradius ist stark eingeschränkt. Ohne Kavität ist es nicht
möglich, die Zange zu öffnen.

Chirurg die Illusion einer Werkzeugspitze hat, die er nahezu frei bewegen kann, sind mindestens drei weitere Freiheitsgrade notwendig. In der Summe liegen dann mindestens fünf Freiheitsgrade vor.

4.4 Exemplarische Eingriffe

Die bis jetzt anvisierten chirurgischen Anwendungen für die Minimal Traumatische Chirurgie beschränken sich auf zwei Eingriffe. Bei erfolgreichen klinischen Tests ist eine Erweiterung des Anwendungsgebietes denkbar:

- **Dekompression des Saccus endolymphaticus:** Auch *Saccotomie* genannt. Der *Saccus endolymphaticus* (Abbildung 4.9) ist eine Duplikatur der harten Hirnhaut, die im Knochen eingebettet und mit Flüssigkeit gefüllt ist. Kommt es zu einer Erhöhung des Flüssigkeitsdrucks, muss der Saccus endolymphaticus partiell von seiner knöchernen Schale befreit und gegebenenfalls geschlitzt werden. Durch die relativ frei zugängliche Lage zwischen Labyrinth und Dura kann der *Saccus endolymphaticus* verhältnismäßig gut erreicht werden. Der Eingriff würde sich auf das Anlegen eines einzelnen Bohrkanals und einer Kavität um den Saccus herum beschränken. Eine eventuell erforderliche Schlitzung könnte mit einem mikrochirurgischen Werkzeug erfolgen. Besondere Werkzeuge werden nach derzeitiger Einschätzung nicht benötigt.

- **Transtemporale Exploration des Inneren Gehörgangs:** Bei diesem Eingriff handelt es sich um die Eröffnung eines Zugangsweges zum inneren Gehörgang und dessen Freilegung. Dies ist ein wichtiger Vorbereitungsschritt zur Entfernung von Akustikusneurinomen (siehe Abschnitt 3.1.2). Das Verfahren ist wesentlich aufwändiger als eine minimal traumatische Dekompression des *Saccus endolymphaticus*, da sich der innere Gehörgang hinter dem Labyrinth befindet und von außen nur schwer zugänglich ist. Aus diesem Grund werden zusätzliche Spezialwerkzeuge nach oben beschriebener Bauart benötigt.

(a) Seitenansicht des Felsenbeins mit *Saccus endolymphaticus*

(b) Ansicht von oben auf das Felsenbein mit *Saccus endolymphaticus*

Abbildung 4.9: Der *Saccus endolymphaticus* (roter Kreis) an der lateralen Schädelbasis

5 Analyse minimal traumatischer Zugangswege

Wie Anfangs bereits skizziert, ist es das primäre technische Ziel dieser Arbeit Verfahren zur interindividuellen Untersuchung anatomischer Datensätze zu entwickeln. Daraus sollen die Erfolgsaussichten für die Anwendbarkeit neuartiger chirurgischer Therapieansätze abgeleitet werden können. Bisherige Ansätze setzen auf die Erfahrung von Chirurgen und deren subjektiver Einschätzung, teilweise auch auf einzelne erfolgreiche Fallbeispiele wie [EHB+07]. Die hier entwickelten Verfahren sind als allgemein anwendbar zu verstehen, werden aber exemplarisch auf die Minimal Traumatische Chirurgie bezogen, um die prinzipielle Durchführbarkeit minimal traumatischer Tumorresektionen am inneren Gehörgang zu zeigen.

Zu diesem Zweck wurde eine Datenbank entwickelt, in der geometrische Daten beliebiger anatomischer Strukturen attributiert abgelegt werden können, so dass auf diese Daten später automatische Zugriffe und Weiterverarbeitungsschritte möglich sind. Damit bildet diese Datenbank die Grundlage für interindividuelle Registrierungen und Geometrieanalysen, die mit Hilfe von Software ohne Benutzerinteraktion durchgeführt werden können und in dieser Arbeit erstmals beschrieben werden. Weiterhin wurden die bereits erwähnten interindividuellen Registrierungsverfahren und standardisierten Koordinatensysteme für die laterale Schädelbasis neu entwickelt und erprobt. Durch diese werden die Datensätze verschiedener Probanden erst vergleichbar. Den Hauptteil des Kapitels bilden drei weitere Softwarekomponenten: Die erste ist ein Prototyp einer präoperativen Planungsanwendung für die Minimal Traumatische Chirurgie zur qualitativen Analyse der lateralen Schädelbasis. Die anderen beiden Softwarewerkzeuge erstellen in einer quantitativen Analyse automatisch Landkarten des inneren Gehörgangs, die Aussagen über die Erreichbarkeit einzelner Punkte und den dort vorherrschenden Raum für die Instrumentenführung ermöglichen. Die Anordnung der einzelnen Verfahren und Softwarekomponenten im Analyseprozess ist in Abbildung 5.1 zu sehen.

Bei der Entwicklung der Softwarewerkzeuge wurden verschiedene Softwarebibliotheken zur medizinischer Bildverarbeitung und Visualisierung genutzt. Als wichtigste sind hier das *Visualisation Toolkit*[SML06, Kit06, vtk] und das *Insight Toolkit*[YAL+02, ISN+03, itk] der Firma Kitware und das *Proximity Query Package*[pqp], kurz PQP, der University of North Carolina zu nennen.

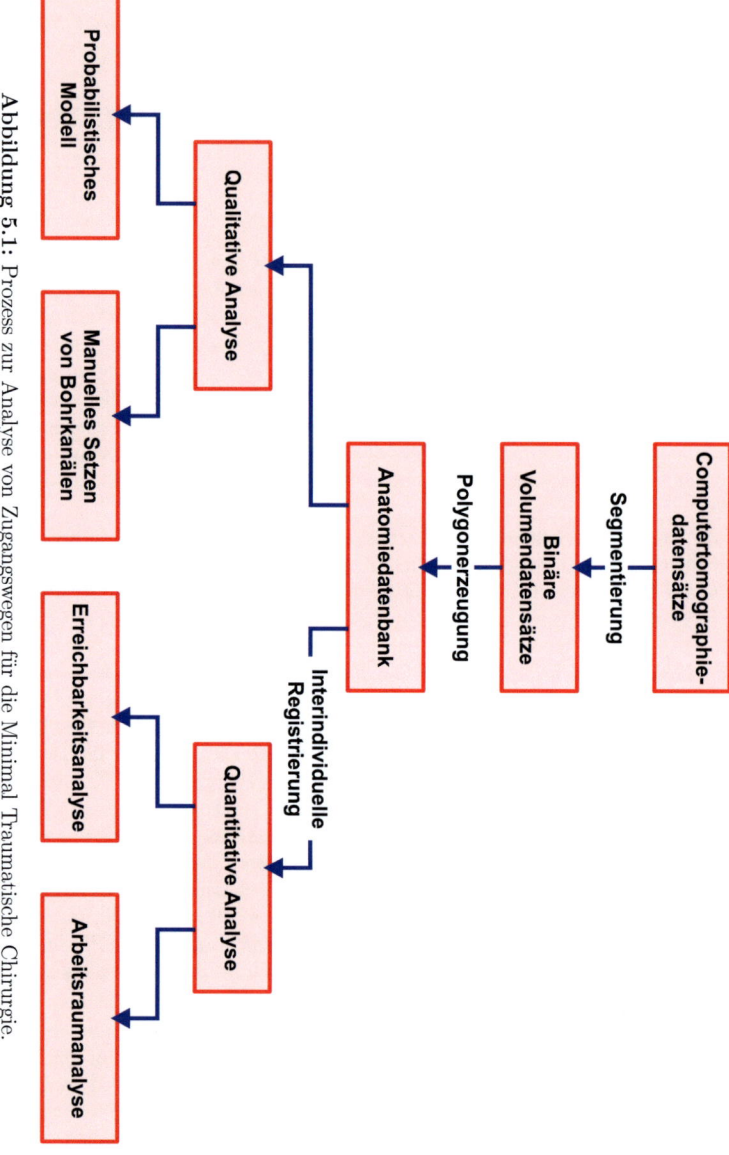

Abbildung 5.1: Prozess zur Analyse von Zugangswegen für die Minimal Traumatische Chirurgie.

5.1 Datensätze und ihre Segmentierung

Grundlage der Untersuchungen sind anonymisierte Computertomographieaufnahmen verschiedener Auflösungen, die entweder aus bereits erfolgter diagnostischer Bildgebung oder von Präparaten stammen. Letztgenannte bieten den Vorteil, dass es keine Bedenken hinsichtlich der Strahlenhygiene gibt. Dadurch kann die Röntgendosis entscheidend erhöht und die Auflösung der Aufnahmen drastisch verbessert werden. Computertomographieaufnahmen an Patienten müssen dagegen unter Einhaltung der vorgeschriebenen Grenzwerte durchgeführt werden.

5.1.1 Verwendete Datensätze

Bei den Untersuchungen kamen 16 computertomographische Datensätze mit unterschiedlicher Auflösung von rechtsseitigen humanen Felsenbeinen zum Einsatz. 11 der Testsubjekte waren anonymisierte diagnostische Patientendatensätze, die aus dem Archiv der Radiologie des Universitätsklinikums Düsseldorf bereitgestellt wurden. 5 weitere Testsubjekte waren anatomische Präparate. Die Testsubjekte wiesen allesamt keine Pathologien auf. Der Schichtabstand variierte bei den computertomographischen Datensätzen stark von $0,4\,\text{mm}$ (Präparate) bis hin zu $2,0\,\text{mm}$ (diagnostische Aufnahme). Auch die axiale Auflösung variierte zwischen $0,2\,\text{mm}$ und $0,6\,\text{mm}$. Eine Auflistung der genauen Eigenschaften der einzelnen Datensätze findet sich in Tabelle 5.1.

Datensatzname	Typ	Auflösung	Schichtdicke
anonym1230twaa	Patient	$0,36 \times 0,36\,\text{mm}$	$2,0\,\text{mm}$
berlin	Patient	$0,29 \times 0,29\,\text{mm}$	$0,4\,\text{mm}$
duesseldorf	Patient	$0,29 \times 0,29\,\text{mm}$	$0,4\,\text{mm}$
duisburg	Patient	$0,39 \times 0,39\,\text{mm}$	$0,4\,\text{mm}$
eduard	Patient	$0,30 \times 0,30\,\text{mm}$	$2,0\,\text{mm}$
fallstudie_1_akn	Patient	$0,27 \times 0,27\,\text{mm}$	$0,6\,\text{mm}$
formalin1	Präparat	$0,27 \times 0,27\,\text{mm}$	$0,6\,\text{mm}$
hamburg	Patient	$0,33 \times 0,33\,\text{mm}$	$0,6\,\text{mm}$
innenohr-fresh-frozen-01	Präparat	$0,19 \times 0,19\,\text{mm}$	$0,5\,\text{mm}$
innenohr-fresh-frozen-04	Präparat	$0,20 \times 0,20\,\text{mm}$	$0,5\,\text{mm}$
kromayer_02_05	Präparat	$0,20 \times 0,20\,\text{mm}$	$0,6\,\text{mm}$
kromayer_03_05	Präparat	$0,20 \times 0,20\,\text{mm}$	$0,6\,\text{mm}$
kunigunde	Patient	$0,59 \times 0,59\,\text{mm}$	$1,0\,\text{mm}$
muenchen	Patient	$0,36 \times 0,36\,\text{mm}$	$0,4\,\text{mm}$
rudolf	Patient	$0,29 \times 0,29\,\text{mm}$	$2,0\,\text{mm}$

Tabelle 5.1: Eigenschaften der verwendeten Datensätze

5.1.2 Segmentierung

Die gesammelten Computertomographieaufnahmen wurden anschließend mit Hilfe des offenen DICOM-Viewers *OsiriX* von medizinischem Fachpersonal schichtweise manuell segmentiert. Weiterhin wurden die unten genannten natürlichen Landmarken eingezeichnet. Die ersten drei dieser Landmarken sind präzise Punkte, die sich in der Nähe des Labyrinths befinden. Die restlichen drei Landmarken sind weniger eindeutig definiert, befinden sich aber in der Peripherie der lateralen Schädelbasis und sind für die korrekte Ausrichtung bei Registrierungen notwendig. Die Benennung der Landmarken muss einheitlich erfolgen, damit diese nachher korrekt exportiert und ohne Benutzerinteraktion in die Datenbank eingespeist werden können:

- **Hammerkopf:** Der Hammer ist der erste Knochen in der Kette der Gehörknöchelchen. Er liegt am Trommelfell und am Amboss an. Der *Hammerkopf* ist der Endpunkt auf der Seite des Trommelfells. Die genaue Lage ist in Abbildung 5.3 zu sehen.

- **Ductus endolymphaticus am Eintritt in das Labyrinth:** Der *Ductus endolymphaticus* ist ein dünner Verbindungsschlauch zwischen Labyrinth und *Saccus endolymphaticus*. Zur Definition der Landmarke wurde der Punkt ausgewählt, an dem der Ductus mit dem Labyrinth verbunden ist. Die genaue Lage ist in Abbildung 5.3 zu sehen.

- **Facialiskanal am Ganglion geniculi:** Der Gesichtsnerv erstreckt sich, vom inneren Gehörgang ausgehend, über das Labyrinth und fällt dahinter mit einem Knick inferior ab. Dieser Knick ist im CT sehr gut erkennbar. Er trägt in der Literatur den Namen *Ganglion geniculi*. Die genaue Lage ist in Abbildung 5.3 zu sehen.

- **Beginn des äußeren Gehörgangs:** Dies ist keine präzise definierte Landmarke, da der Beginn des äußeren Gehörgangs keinen Punkt darstellt. Stattdessen wurde im CT von allen Schichten, auf denen der Eingang zu sehen war, die mittlere ausgewählt und der Punkt auf die Mitte der Verbindungslinie zwischen beiden Seiten der Öffnung gelegt.

- **Ende des inneren Gehörgangs:** Auch dies ist keine präzise Landmarke. Das Vorgehen zur Lagebestimmung erfolgt analog zum Beginn des äußeren Gehörgangs.

- **Mastoidspitze:** Auf der letzten Schicht im CT, auf der noch ein Stück Mastoid zu erkennen ist, wird die Landmarke auf die Mitte dieses sichtbaren Stücks gelegt.

Bei der Segmentierung und dem Einzeichnen der Landmarken zeigte sich, dass sich diese Prozesse äußerst effektiv durch ein Grafiktablett beschleunigen lassen.

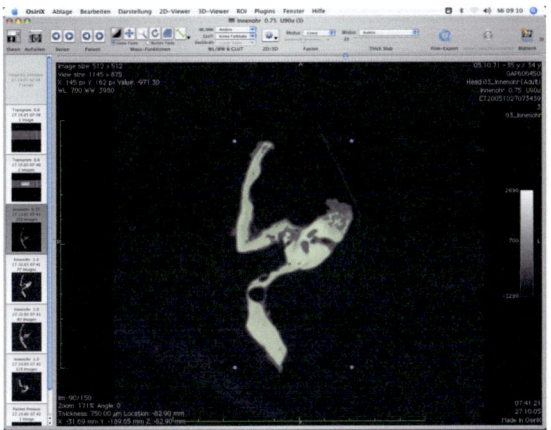

Abbildung 5.2: Segmentierung von Computertomographieaufnahmen mit *OsiriX*

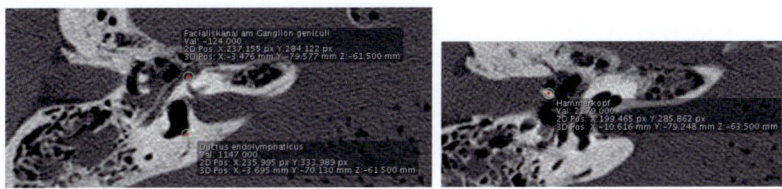

Abbildung 5.3: Hammerkopf, Ductus endolymphaticus am Eintritt in das Labyrinth und Facialiskanal am Ganglion geniculi in CT-Schichtbildern.

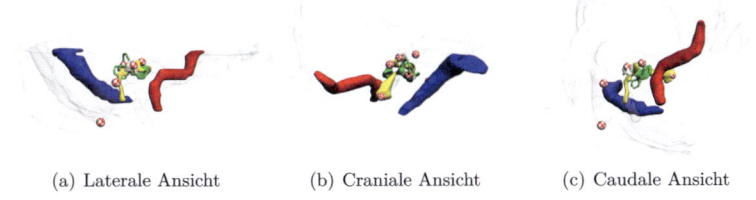

(a) Laterale Ansicht   (b) Craniale Ansicht   (c) Caudale Ansicht

Abbildung 5.4: Die sechs Landmarken am dreidimensionalen Felsenbeinmodell

Zur Anwendung kam das Modell Intuos 2 der Firma WACOM. Mit Hilfe dieses Tabletts können die Konturen der kritischen Strukturen schnell und sehr genau nachgefahren werden. So dauert eine komplette Segmentierung von Cochlea und Bogengängen mit der Maus ca. 13 Minuten, während die gleiche Aufgabe bei qualitativ gleichwertigem Ergebnis mit einem Grafiktablett in 7 Minuten bewältigt werden kann. Dies entspricht einer Reduzierung der Arbeitsdauer von fast 50 %. Die Segmentierung aller kritischen Strukturen inklusive des Schädels und der Dura dauerte dennoch ca. 3 Stunden pro Datensatz. Dabei beschränkte sich die Segmentierung auf die folgenden Strukturen:

- Arteria carotis interna

- Sinus sigmoideus

- Innenohr

- Nervus facialis

- Gehörgang und Mittelohr

- Gehirn/Dura/Raum inferior zum Schädel

Auch hier war eine durchgängig einheitliche Benennung von großer Bedeutung. Die Segmentierung der Dura stellt die segmentierende Person vor eine Herausforderung, da mit dieser Struktur der für Bohrkanäle zur Verfügung stehende Raum auf der Innenseite abgegrenzt wird. Die Dura bildet nur den superioren Teil dieser Grenze. Der inferiore Bereich des No-Go-Areals muss mit anatomischer Erfahrung rekonstruiert werden und alle Bereiche enthalten, die in diesem Areal vom Raum zur Platzierung von Bohrkanälen ausgenommen werden sollen.

5.1.3 Export der Daten

OsiriX ist in erster Linie als reines Betrachtungswerkzeug für medizinische Bilddaten konzipiert und besitzt daher von sich aus keine Möglichkeit die segmentierten Daten vollständig zu exportieren. Durch die Verwendung von *Objective C* und einer mächtigen PlugIn-Schnittstelle kann das Programm aber erweitert werden. Auf diesem Weg ist ein Export von Bild- und Segmentierungsdaten möglich.

Das entwickelte Exportplugin erlaubt es, die segmentierten Daten aus *OsiriX* in einer XML-Datei zu speichern. Da die Segmentierungen als binäre Pixeldaten vorliegen, ist diese Art der Speicherung sehr speicherplatzintensiv und sollte nur als Zwischenlösung zur Umwandlung in das in Abschnitt 5.2.2 beschriebene Datenformat dienen. Ein weiterer Grund hierfür ist die Datenorganisation, die sich stark an den *OsiriX*-internen Datenstrukturen orientiert. Ein Beispiel für das XML-Format findet sich in Abbildung 5.5. Die einzelnen Elemente besitzen die folgende Bedeutung:

- **metadata:** Kapselt die Eigenschaften des Datensatzes. Es gibt immer genau ein Element pro Datei.

- **size:** Gibt die Größe des dreidimensionalen Bilddatensatzes an.

- **origin:** Gibt den Ursprung des Bilddatensatzes im Koordinatensystem des Computertomographen an.

- **spacing:** Gibt den Pixelabstand (Auflösung) der Daten an.

- **orientation:** Falls die Ausrichtung der Daten nicht der Standardausrichtung X-Y-Z entspricht, kann in diesem Element eine entsprechende Rotationsmatrix spezifiziert werden.

- **slice:** Analog zur Datenhaltung in *OsiriX* werden die Daten schichtweise gespeichert. Die Schichten sind zur Rekonstruierbarkeit ihrer Reihenfolge durchnummeriert.

- **roi:** In jedem *slice*-Element befinden sich mehrere *Regions Of Interest*, kurz ROI. Jede ROI besitzt einen Namen, der kennzeichnet, zu welcher segmentierten Struktur sie gehört.

- **line:** Das zweidimensionale Schichtbild einer *Region of Interest* ist aus mehreren Zeilen zusammengesetzt. Auch diese werden zur Rekonstruktion der Reihenfolge durchnummeriert. Im Textteil des Elements werden die binären Segmentierungsinformationen der Bildzeile gespeichert.

5.2 Anatomiedatenbank

Die Grundlage der interindividuellen Untersuchungen an der lateralen humanen Schädelbasis bildet eine Datenbank, in der Informationen über die Anatomie verschiedener Patienten oder Präparate enthalten sind. Dabei handelt es sich in erster Linie um geometrische Informationen in verschiedenen Verarbeitungsstufen und um Landmarken, die der interindividuellen Registrierung (siehe Abschnitt 5.4) dienen. Prinzipiell können beliebige anatomische Strukturen aufgenommen werden, es besteht daher keine Beschränkung auf die laterale Schädelbasis.

Wichtig ist, dass in der Datenbank alle Datensätze eindeutig gekennzeichnet und indiziert sind. Dies ermöglicht eine automatische Stapelverarbeitung der Daten ohne Benutzerinteraktion. Neu berechnete Informationen sollen zur Datenbank hinzugefügt und den Datensätzen zugeordnet werden können, von denen sie abgeleitet wurden.

```xml
<?xml version="1.0" encoding="utf-8"?>
<dataset>
  <metadata>
    <size x="512" y="512" z="22">
    <origin x="-67.12" y="-219.78" z="110.00">
    <spacing x="0.35" y="0.35" z="2.00">
    <orientation>
      <row number="0" column0="1" column1="0" column2="0"/>
      <row number="1" column0="0" column1="1" column2="0"/>
      <row number="2" column0="0" column1="0" column2="1"/>
    <orientation/>
  <metadata/>

  <slice number="0">
    <roi name="bone">
      <line number="0">000000000000000000</line>
      <line number="1">000000000111000000</line>
      <line number="2">000000011111000000</line>

      <line number="9">000000000000000000</line>
    </roi>
  </slice>
</dataset>
```

Abbildung 5.5: Beispiel einer XML-Datei zum Export von Daten aus *OsiriX*.

Die nachfolgenden Abschnitte beschreiben den Aufbau der Datenbank, die Art und Weise wie die Daten persistent gespeichert werden und die Softwareschnittstelle, über die ein standardisierter Zugriff auf die Daten erfolgen kann. Verfahren zur Verarbeitung der Geometriedaten und interindividuellen Registrierung werden in den weiter unten folgenden Abschnitten vorgestellt.

5.2.1 Datenmodell

Das Datenmodell zur Speicherung besteht aus fünf Komponenten: *Repository*, *Anatomy*, *Metadata*, *Component* und *Landmark*. Der Aufbau und die Rolle dieser Komponenten werden im Folgenden erläutert. Abbildung 5.6 veranschaulicht das Zusammenspiel zudem graphisch.

- **Repository:** Ein *Repository* akkumuliert mehrere Anatomiedatensätze und ist somit ein einfacher Container. Es können mehrere Repositories gleichzeitig existieren. Die Aufgabe eines *Repository* ist es daher, mehrere Patientendatensätze so zu gruppieren, dass eine gezielte Auswahl von Anatomiedatensätzen als Eingabeparameter für eine Analysealgorithmus festgelegt werden kann. Ein *Repository* besitzt zur maschinellen Identifizierung obligatorisch eine eindeutige ID. Zur einfacheren Handhabung durch den menschlichen Benutzer existiert zusätzlich ein obligatorischer Beschreibungstext.

- **Anatomy:** Eine *Anatomy* ist ein einzelner Anatomiedatensatz. Sie kapselt die individuellen Informationen, die einem einzelnen Probanden zugeordnet werden. Eine *Anatomy* besitzt zur maschinellen Identifizierung obligatorisch eine eindeutige ID. Zur einfacheren Handhabung durch den menschlichen Benutzer existiert zusätzlich ein obligatorischer Beschreibungstext. Weiterhin kann in einem optionalen Feld festgehalten werden, welcher Körperseite die enthaltenen anatomischen Strukturen zuzuordnen sind. Eine *Anatomy* kann in mehreren Repositories enthalten sein. Gleichzeitig besitzt eine *Anatomy* exakt ein Objekt vom Typ *Metadata* sowie beliebig viele Objekte vom Typ *Component* und *Landmark*.

- **Metadata:** In einem *Metadata*-Objekt werden Informationen über die zu Grunde liegende tomographische Aufnahme abgelegt. Dies sind Details über den Ursprung und die Auflösung des Datensatzes. Sie werden zur korrekten geometrischen Rekonstruktion von 3D-Modellen aus den segmentierten Bilddaten benötigt. Die Größenangaben werden in Millimetern angegeben. Eine *Metadata* kann nur einem Anatomiedatensatz zugeordnet sein.

- **Component:** Eine *Component* repräsentiert eine anatomische Struktur eines Probanden. Enthalten sind Referenzen auf die segmentierten Bilddaten *(ROI)*, eine Referenz auf das berechnete Oberflächenmodell *(Surfacemodel)* und eine Referenz auf die Rohversion des ungeglätteten Oberflächenmodells *(SurfacemodelRaw)*. Die genannten Referenzen sind allesamt optional, da die Daten erst im Laufe der Verarbeitungskette berechnet werden. Eine *Component* besitzt zur maschinellen Identifizierung obligatorisch eine eindeutige ID. Diese ID muss zusätzlich für alle anatomischen Strukturen des gleichen Typs in allen Anatomiedatensätzen einheitlich sein. Zur einfacheren Handhabung durch den menschlichen Benutzer existiert zusätzlich ein obligatorischer Beschreibungstext. Eine *Component* kann nur einem einzigen Anatomiedatensatz zugeordnet sein.

- **Landmark:** Eine *Landmark* repräsentiert eine punktförmige Landmarke. Sie enthält daher kartesische Koordinaten, die in den Datenfeldern *X*, *Y* und *Z* gespeichert werden. Die angegebenen Koordinaten gelten in dem Koordinatensystem des zu Grunde liegenden tomographischen Bilddatensatzes, wie im *Metadata*-Objekt angegeben. Sie sind in Millimetern dimensioniert. Eine *Landmark* besitzt zur maschinellen Identifizierung obligatorisch eine eindeutige ID. Diese ID muss zusätzlich für alle Landmarken des gleichen Typs einheitlich sein. Zur einfacheren Handhabung durch den menschlichen Benutzer existiert zudem ein obligatorischer Beschreibungstext. Eine *Landmark* kann nur einem einzigen Anatomiedatensatz zugeordnet sein.

5.2.2 Datenablage

Zur einfachen Handhabung und Erweiterbarkeit baut die Datenablage der Anatomiedatenbank auf drei grundsätzlichen Paradigmen auf:

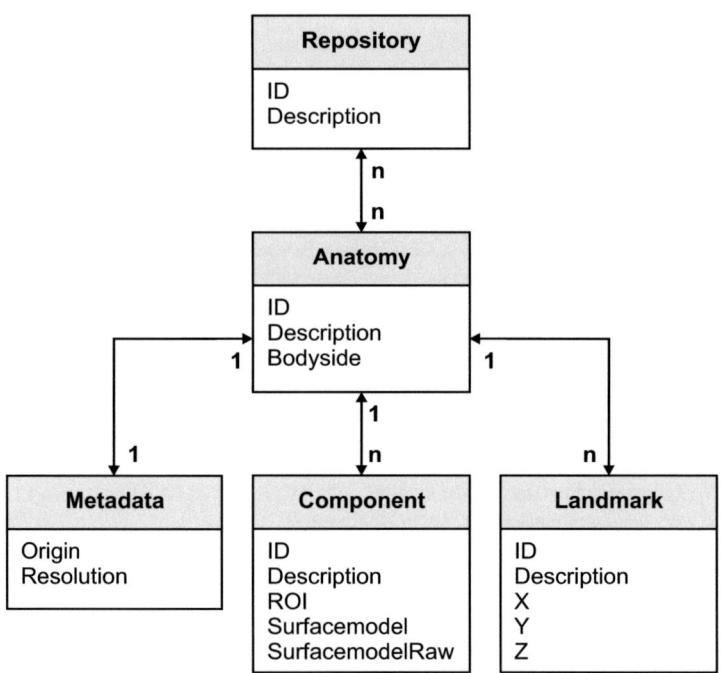

Abbildung 5.6: Schema der Anatomiedatenbank

- Als Speicherort für alle Daten dient eine wohldefinierte Dateisystemstruktur.

- Die Beschreibung der einzelnen Datensätze wird in XML-Dateien abgelegt.

- Geometrische Informationen werden in eigenen Dateien, deren Speicherort in den XML-Dateien als relativer Dateiname eingetragen wird, abgelegt.

Die folgenden Unterabschnitte erläutern die Zusammensetzung der Verzeichnisstruktur, der XML-Dateien sowie die Art und Weise wie Geometrieinformationen in separaten Dateien abgelegt und referenziert werden.

Verzeichnisstruktur

Wie bereits erwähnt, werden die Daten in einer gewöhnlichen Verzeichnisstruktur ohne Zuhilfenahme einer speziellen Datenbanklösung abgelegt. Abbildung 5.7 illustriert die Struktur. Dateinamen innerhalb der Struktur sollten aus dem ASCII-Zeichensatz zusammengesetzt werden. Grund dafür ist die Gewährleistung einer maximalen Interoperabilität auf verschiedenen Plattformen.

Das Wurzelelement der Verzeichnisstruktur ist das Datenbankverzeichnis selbst. In diesem können mehrere Repositories vorhanden sein, die jeweils in einer eigenen XML-Datei mit einem beliebig zu wählendem Namen gespeichert werden. Für jeden Anatomiedatensatz eines Patienten oder eines Präparats wird ein eigenes Unterverzeichnis angelegt, dessen Name beliebig gewählt werden kann. Die Beschreibung der Patientenanatomie erfolgt in einer weiteren XML-Datei mit dem festen Namen "package.xml". Zur geordneten Ablage von Geometriedaten können nach Bedarf die Verzeichnisse "polys" (geglättete Polygonnetze), "polys_raw" (ungeglättete Polygonnetze) und "volumes" (Segmentierungen) angelegt werden.

XML-Dateien

Die Datenbankinformationen werden in zwei verschiedenen Typen von XML-Dateien abgelegt. Dies ist zum einen die *Repositorybeschreibung* "repository.xml", in der alle Anatomiedatensätze aufgelistet sind, die einem Repository zugeordnet sind. Der andere Typ ist die *Paketbeschreibung* "package.xml". Darin sind die gespeicherten Informationen über einen konkreten Patienten beziehungsweise ein konkretes Präparat enthalten.

Abbildung 5.8 zeigt beispielhaft den Aufbau einer Repositorybeschreibung. In diese können beliebig viele Anatomiedatensätze aufgenommen werden. Ein Anatomiedatensatz wird durch Angabe des Dateinamens seiner Paketbeschreibung integriert. Die Dateinamen sollten relativ angegeben werden und gelten von dem Verzeichnis ausgehend, in dem sich die Repositorybeschreibung befindet. Absolute Dateinamen sind auch möglich.

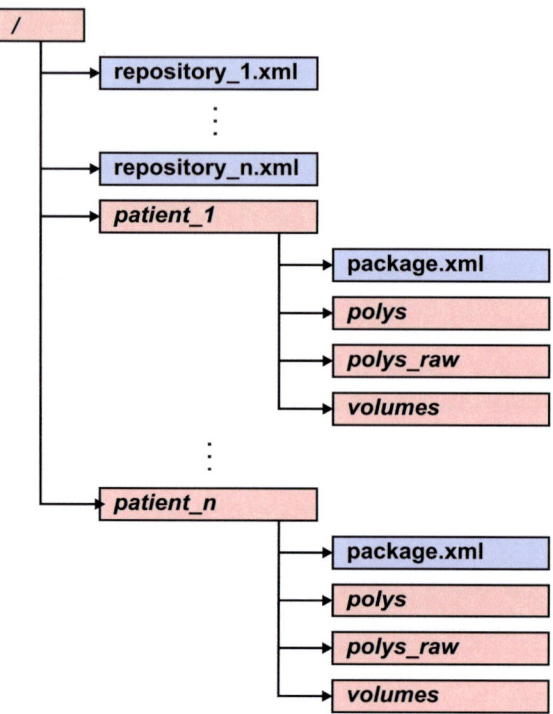

Abbildung 5.7: Ablage der Datenbank im Dateisystem. Rot und kursiv: Verzeichnisse, blau: Dateien

```xml
<?xml version="1.0" encoding="utf-8"?>
<repository>
  <metadata/>

  <anatomies>
    <anatomy filename="anonym rechts/package.xml"/>
    <anatomy filename="Berlin rechts/package.xml"/>
    <anatomy filename="Duisburg rechts/package.xml"/>
    <anatomy filename="Muenchen rechts/package.xml"/>
  </anatomies>
</repository>
```

Abbildung 5.8: Beispiel einer XML-Repositorybeschreibung. Hier werden alle Anatomiedatensätze aufgelistet, die einem Repository zugeordnet sind.

In Abbildung 5.9 ist ein Beispiel einer Paketbeschreibung zu sehen. Der Datensatz entspricht einer *Anatomy* aus dem Datenmodell. Die Komponenten *Metadata*, *Component* und *Landmark* sind darin als XML-Elemente eingebettet, ihre jeweiligen Eigenschaften als XML-Attribute. Die Referenzen auf dreidimensionale Polygonmodelle und segmentierte Daten (*roi*, *surfacemodel*, *surfacemodelraw*) werden als Dateinamen angegeben, über die diese Daten geladen werden können. Erlaubt sind die Dateitypen, die im nachfolgenden Abschnitt 5.2.2 erläutert sind. Auch in der Paketbeschreibung sind bevorzugt relative Dateinamen zu verwenden. Dies ermöglicht ein späteres Umstrukturieren oder Verschieben der Datenbank. Absolute Dateinamen sind prinzipiell auch möglich.

```xml
<?xml version="1.0" encoding="utf-8"?>
<anatomy id="pat_01" description="abc" bodyside="right">
  <metadata>
    <origin x="-91.32" y="-219.32" z="110"/>
    <resolution x="0.3574" y="0.3574" z="2.0000"/>
  </metadata>

  <component id="facialis" description="abc"
    roi="volumes/facialis.roidata.xml"
    surfacemodel="polys/facialis.vtk"
    surfacemodelraw="polys_raw/facialis.vtk"
  <component/>

  <landmark id="crus" description="abc"
    x="-38.56" y="-139.78" z="138.00"/>
  <landmark id="ganglion" description="abc"
    x="-38.36" y="-146.73" z="142.00"/>
  <landmark id="hammerkopf" description="abc"
    x="-45.27" y="-145.83" z="140.00"/>
  <landmark id="iac" description="abc"
    x="-24.90" y="-142.26" z="140.00"/>
  <landmark id="mastoid" description="abc"
    x="-54.66" y="-134.23" z="114.00"/>
  <landmark id="oac" description="abc"
    x="-56.13" y="-143.03" z="132.00"/>
</anatomy>
```

Abbildung 5.9: Beispiel einer XML-Paketbeschreibung. Diese Datei enthält alle Informationen zu einem konkreten Probanden. In diesem Fall sind neben Metainformationen eine Anatomiekomponente (facialis) und sechs Landmarken vorhanden.

Geometrieinformationen

Dreidimensionale Oberflächenmodelle anatomischer Strukturen werden jeweils in eigenen Dateien abgelegt. Erlaubt sind die folgenden Formate:

- Stereo Lithography (.stl, *binary* und *ascii*)

- VTK Polygon Datendateien (.vtk, *binary* und *ascii*)

- Stanford University PLY (.ply)

- Wavefront Dateien (.obj)

Für die dreidimensionalen Segmentierungsdaten musste ein Metaformat definiert werden, da gängige Dateiformate für Pixelgraphiken nur zweidimensionale Bilder aufnehmen und keine dreidimensionalen Informationen über Bildursprung und Auflösung enthalten können. Das Metaformat speichert die binäre Volumengraphik der Segmentierung in einer Serie von Schichtbildern und fasst deren Dateinamen sowie die benötigten Informationen über Bildursprung und Auflösung in einer XML-Datei zusammen. Zur Identifizierung tragen diese XML-Dateien die Endung ".roidata.xml". Abbildung 5.10 Skizziert den Inhalt einer solche Datei. In den Metadaten sind die Informationen über Bildursprung und Auflösung gespeichert, die Auflistung der Schichtbilder, aus denen der Datensatz besteht, befindet sich im XML-Element *slices*. Da sich binäre Bilddaten sehr gut verlustfrei komprimieren lassen, werden alle Dateien im PNG-Format abgelegt.

```xml
<?xml version="1.0" encoding="utf-8"?>
<roi>
  <metadata>
    <size x="207" y="464" z="22">
    <origin x="-67.12" y="-219.78" z="110.00">
    <resolution x="0.35" y="0.35" z="2.00">
  <metadata/>

  <slices>
    <slice number="0" >bone.roidata/0000.png</slice>
    <slice number="1" >bone.roidata/0001.png</slice>
    <slice number="2" >bone.roidata/0002.png</slice>

    <slice number="21">bone.roidata/0021.png</slice>
  </slices>
</roi>
```

Abbildung 5.10: Beispiel einer XML-Datei zur Beschreibung dreidimensionaler segmentierter Daten. Zum Erhalt der Übersicht wurden die Zeilen 3 bis 20 mit Schichtbildbeschreibungen entfernt.

Der XML-Standard garantiert ausdrücklich keine Reihenfolge der Daten. Daher muss jedes Bild mit einer expliziten Seriennummer versehen werden, deren Reihenfolge beim Lesen auszuwerten ist. Die Bilder können beliebig benannt werden. Eine numerisch aufsteigende Benennung ist aber zu empfehlen. Ähnlich verhält es sich mit dem Speicherort der Dateien: Es wird empfohlen, für sie ein Unterverzeichnis anzulegen, dessen Bezeichnung mit dem Namen der XML-Datei korreliert. So sollten beispielsweise die Bilddaten der XML-Datei mit dem Namen "bone.roidata.xml" im Unterverzeichnis "bone.roidata" gespeichert werden.

5.2.3 Softwareschnittstelle

Die Integration der Datenbank in eine Anwendung setzt eine standardisierte Softwareschnittstelle voraus. Dazu wurde die Datenbank auf einfache C++ Datenstrukturen abgebildet und ein Repository mit Funktionen implementiert, die das schnelle Suchen und Iterieren innerhalb der Daten eines Repositories erlauben. Listings 5.1 bis 5.3 definieren die oben genannten Komponenten der Datenbank. Dazu kommen noch zwei weitere Datentypen: Der eine, Coordinate3dDouble, ist eine kartesische Koordinate (Listing 5.4), der andere eine Enumeration zur Angabe der Körperseite des Anatomiedatensatzes (Listing 5.5).

```
struct Anatomy {
        string id, description, comment;
        BodySide bodySide;
        Coordinate3dDouble origin, resolution;
        vector<Component> components;
        vector<Landmark> landmarks;
};
```

Listing 5.1: Grunddatentyp Anatomy

```
struct Component {
        string id, description;
        string surfacemodelFile, surfacemodelFileRaw, roiFile;
};
```

Listing 5.2: Grunddatentyp Component

```
struct Landmark {
        string id, description;
        Coordinate3dDouble position;
};
```

Listing 5.3: Grunddatentyp Landmark

Von der Klasse AnatomyRepository (Listing 5.6) aus erfolgt der Zugriff auf die Datenbank. Mit den Methoden readRepositoryFromXml und writeRepositoryToXml bietet sie die Möglichkeit, ein komplettes Repository aus einer der oben beschriebenen XML-Dateien zu lesen oder darin zu speichern. Es folgen die Methoden appendAnatomy und removeAnatomy zum Hinzufügen neuer und Entfernen alter Anatomieeinträge. Es kann auch eine bereits vordefinierte Anatomie aus einer

```
struct  Coordinate3dDouble {
    double x, y, z;
};
```

Listing 5.4: Grunddatentyp *Coordinate3dDouble*

```
enum BodySide { Right , Left , UnknownBodySide };
```

Listing 5.5: Grunddatentyp *BodySide*

XML-Datei geladen (appendAnatomyFromXml) und auch dahin geschrieben werden (writeAnatomyToXml). Die Anzahl der im Repository angesammelten Anatomiedatensätze wird mit der Methode size angefordert. Ein Anatomiedatensatz kann mit der Methode getAnatomy über seine ID angefordert werden. Welche IDs in der Datenbank vorhanden sind, kann mit der Methode getAnatomyIds in Erfahrung gebracht werden. Ähnlich wird mit anatomischen Strukturen (getComponent und getComponentIDs) und Landmarken (getLandmark und getLandmarkIDs) verfahren. Zusätzlich können auch alle verschiedenen IDs von allen anatomischen Komponenten (getAllComponentIDs) oder Landmarken (getAllLandmarkIDs) aller anatomischen Strukturen angefordert werden.

5.3 Erstellung von Oberflächenmodellen

Abbildung 5.13(a) zeigt das Polygonnetz eines menschlichen Labyrinths, das mit Hilfe des *Marching-Cubes-Algorithmus* auf Grundlage eines ungefilterten Volumendatensatzes erzeugt wurde. Die stufige Oberfläche ist deutlich zu erkennen und wird aus insgesamt 8.792 Punkten und 17.616 Facetten aufgespannt. Einer Verarbeitungskette zur Erstellung von Oberflächenmodellen verfolgt drei Ziele: Erstens sollen die Oberflächen der Objekte geglättet, die Stufenmuster also entfernt werden. Zweitens muss die Zahl der Punkte und Facetten reduziert werden. Drittens darf sich aufgrund der Vrearbeitung die Form der Oberfläche nicht wesentlich von der Originaloberfläche des modellierten Objekts unterscheiden. In Abschnitt 2.2.4 wurde bereits erwähnt, dass der Marching Cubes Algorithmus in der Praxis in eine Verarbeitungskette eingebettet wird, deren Aufbau und Parametrisierung stark anwendungsabhängig ist. Der folgende Abschnitt beschreibt eine Verarbeitungskette, die sich bei der Bewältigung dieser Aufgabe an der lateralen Schädelbasis bewährt hat. Abbildung 5.11 illustriert sie zusätzlich.

Da der *Marching-Cubes-Algorithmus* nicht nur binäre Bilder sondern auch den Gradientenverlauf von Graustufenbildern verarbeiten kann, lässt sich eine vernünftige Glättung bereits durch Anwendung eines einfachen Gaußfilters auf die Volumendaten erzielen. Bei der Festlegung des Ausmaßes der Glättung muss dabei ein tragfähiger Kompromiss zwischen Weichzeichnung und dem Erhalt von

```
class AnatomyRepository {
    bool readRepositoryFromXml(string filename);
    bool writeRepositoryToXml(string filename);

    void appendAnatomy(Anatomy anatomy);
    void removeAnatomy(string id);
    string appendAnatomyFromXml(string filename);
    bool writeAnatomyToXml(string filename, string id);
    bool writeAnatomyToXml(string id);
    int size(void);

    stringList getAnatomyIds(void);
    Anatomy getAnatomy(string id);

    stringList getComponentIDs(string anatomyId);
    Component getComponent(string anatomyid, string compid);

    stringList getLandmarkIDs(string anatomyId);
    Landmark getLandmark(string anatomyid, string landmarkid);

    stringList getAllComponentIDs(bool onlyWithRoiData);
    stringList getAllLandmarkIDs(void);
};
```

Listing 5.6: Basisfunktionalitäten der Softwareschnittstelle der Anatomiedatenbank

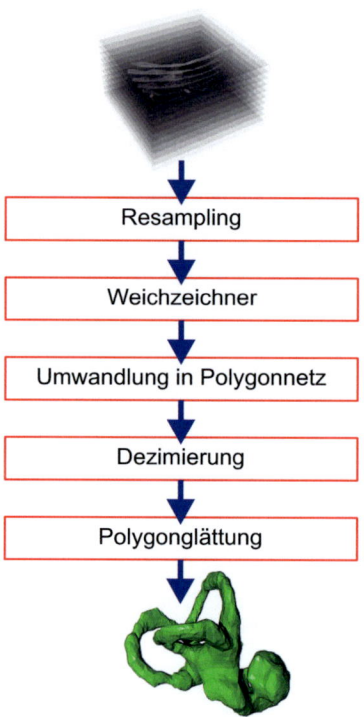

Abbildung 5.11: ITK/VTK-Filterkette zur Erzeugung von Polygonnetzen aus segmentierten volumetrischen Bilddaten.

Details auf der Strukturoberfläche gefunden werden. Abbildung 5.13(b) zeigt das gleiche Modell wie zuvor, jedoch wurde vor Anwendung des Marching-Cubes-Filters eine Glättung wie oben beschrieben durchgeführt. Das Ergebnis sind eine wesentlich weicher gezeichnete Oberfläche und eine geringfügige Reduktion ihrer Komplexität, denn das Polygonnetz besteht jetzt nur noch aus 7.632 Punkten und 15.272 Facetten, was gegenüber der Urpsrungskomplexität einer Reduzierung von 13 % entspricht.

Schroeder et al. beschreiben ein Verfahren[SZL92] zur Reduktion der Komplexität von Polygonnetzen. Dabei wird ausgenutzt, dass Punkte, deren umgebende Dreiecke relativ flach aufeinandertreffen, entfernt werden können, ohne die Form des Polygonnetzes stark zu beeinträchtigen. Das entstehende Loch wird unmittelbar nach der Entfernung des Punktes mit Dreiecken gefüllt. Wie viele Punkte auf diese Weise entfernt werden, kann über ein Qualitätskriterium oder eine Mengenbegrenzung der verbliebenen Punkte festgelegt werden. Abbildung 5.13(c) zeigt das Polygonnetz aus Abbildung 5.13(b) nachdem die Anzahl der Dreiecke mit Hilfe des Verfahrens von Schroeder et al. auf 3.050 Punkte und 6.108 Facetten reduziert wurde, was gegenüber der Urpsrungskomplexität einer Reduzierung von 65 % entspricht. Durch die Prozedur hat die Struktur allerdings einiges an ihrer gewonnenen Gleichmäßigkeit eingebüßt.

Aus diesem Grund wird als abschließender Prozess eine weitere Glättung, dieses Mal aber auf Polygonebene, durchgeführt. Ein einfaches Verfahren ist die Glättung nach Laplace. Dabei wird für jeden Punkt anhand seiner Position und der Position aller seiner Nachbarn durch Durchschnittsbildung eine neue Position berechnet. Durch wiederholte Anwendung lässt sich der Grad der Glättung steuern. Der entscheidende Nachteil dieses Verfahrens ist, dass sich die Punkte durch die Glättung in Richtung des Zentrums des Polygonnetzes verschieben und das geglättete Objekt somit ein verringertes Volumen als das Original aufweist. Abbildung 5.12 verdeutlicht diesen Vorgang, Abbildung 5.13(e) zeigt das Labyrinth aus Abbildung 5.13(b) mit angewendeter Laplace-Glättung. Andere Glättungsalgorithmen bauen auf dem gleichen Prinzip auf wie die Laplace-Glättung, versuchen aber der Bewegung in Richtung des Zentrums entgenzuwirken, indem der im Laplace-Verfahren berechnete Durchschnittspunkt wieder ein Stück zurückverschoben wird. Ein Beispiel dafür ist der HC-Algorithmus[VMM99]. Ein anderes Verfahren von Taubin et al[Tau95, TZG96] wendet Tiefpassfilter aus der Signalverarbeitung zum Erreichen des gleichen Ziels an. Abbildung 5.13(d) zeigt das Labyrinth aus Abbildung 5.13(b) nach einer Behandlung mit dem Filter von Taubin.

5.3.1 Implementierung

Die oben konzipierten Verarbeitungsschritte wurden in einer Filterkette implementiert, die aus Elementen der beiden Softwarebibliotheken *Insight Toolkit (ITK)* und *Visualisation Toolkit (VTK)* zusammengesetzt sind. Das Insight Toolkit ist

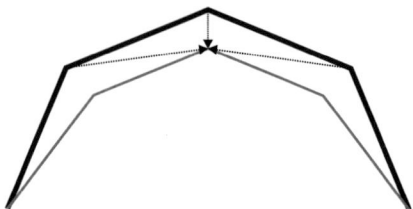

Abbildung 5.12: Schrumpfen von Polygonen bei der Laplace-Glättung. Die äußere blaue Form ist das Originalobjekt, die innere rote Form die geglättete Fassung. Durch die Durchschnittsbildung werden die Punkte in Richtung des Polygonzentrums gezogen (Pfeile).

eine Bibliothek zur Bildverarbeitung mit einem Schwerpunkt auf medizinischer Bildverarbeitung. Es eignet sich daher hervorragend zum Laden von Volumendatensätzen. Das *Visualisation Toolkit (VTK)* enthält ähnliche Funktionalitäten, legt aber seinen Schwerpunkt mehr auf die Verarbeitung von Polygonnetzen und deren Visualisierung. Zwischen beiden Softwarepaketen existiert eine Brücke, die einen beidseitigen Austausch von Daten während der Laufzeit und somit den Aufbau kombinierter Filterketten erlaubt.

Die entwickelte Filterkette ist in Abbildung 5.14 dargestellt. Im Vergleich zum Filterkonzept ist ihr ein Resample-Filter vorangestellt, der die Auflösung der segmentierten Bilddaten vereinheitlicht: Die Schichtabstände sind meist wesentlich größer als die Auflösungen der einzelnen Schichten. Dies führt bei einer Anwendung des Weichzeichners zu ungewünschten Effekten, da dieser in die verschiedenen Raumrichtungen unterschiedlich stark arbeitet und Details zwischen den Schichten verloren gehen können.

Der Rest der Filter entspricht dem oben genannten Konzept: *VtkGaußianSmooth* übernimmt die Weichzeichnung der segmentierten Daten. Die Umwandlung in Polygonnetze erfolgt mit dem *vtkContourFilter*. Dieser stellt eine Abwandlung des Marching Cubes Algorithmus dar, der dahingehend erweitert wurde, dass er auch auf anderen Datentypen arbeiten kann. Dies führt zu geringfügigen Geschwindigkeitseinbußen, ist aber der Originalimplementierung des Marching Cubes Algorithmus im VTK vorzuziehen, da diese in den aktuellen Versionen (derzeitig 5.4.2) fehlerbehaftet ist. Die Dezimierung der Polygonnetze erfolgt mit dem *vtkDecimatePro* Filter, die in großen Teilen auf den Arbeiten von Schröder aufbauen. Die abschließende Glättung erfolgt mit dem *vtkWindowedSincPolyDataFilter*, dessen Konzepte auf dem oben erwähnten Paper von Taubin aufbauen.

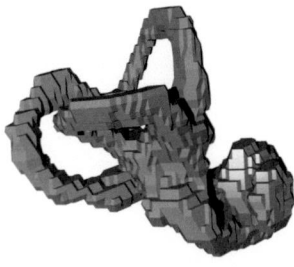

(a) Anwendung des Marching-Cubes-Filters ohne Vorverarbeitung.

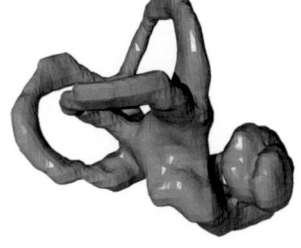

(b) Nach Glättung des Volumendatensatzes durch einen Gauß-Weichzeichner.

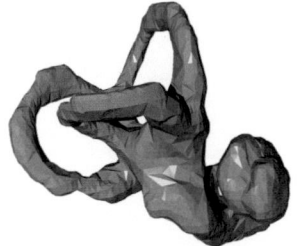

(c) Nach Reduzierung der Polygonanzahl durch Verschmelzung stumpfwinkliger Flächen.

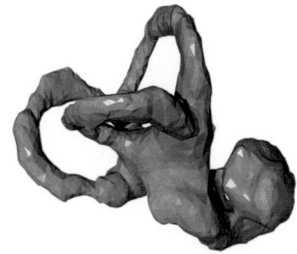

(d) Nach Anwendung eines Polygonweichzeichners mit optimiertem Kernel.

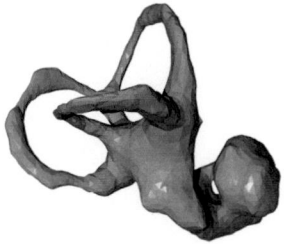

(e) Nach Anwendung eines klassischen Polygonweichzeichners.

Abbildung 5.13: Die verschiedenen Stufen der Umwandlung eines Volumendatensatzes in einen Polygonnetz am Beispiel einer menschlichen Cochlea.

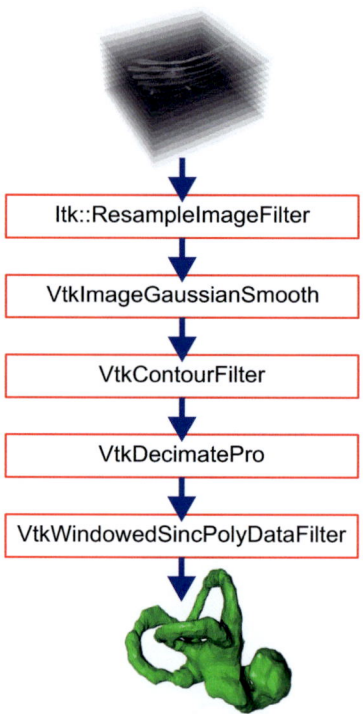

Abbildung 5.14: ITK/VTK-Filterkette zur Erzeugung von Polygonnetzen aus segmentierten volumetrischen Bilddaten.

5.4 Interindividuelle Registrierung

Sollen mehrere Individuen automatisch mit Hilfe mathematischer Modelle geometrisch untersucht werden, müssen diese zunächst in ein einheitliches Koordinatensystem übertragen werden, um über diese Normierung eine Vergleichbarkeit herstellen zu können. Dieser Vorgang wird als interindividuelle Registrierung bezeichnet. Die Anforderungen sind in diesem Fall anders als bei klassischen Registrierungsaufgaben (siehe Abschnitt 2.2.6):

- Fehler bei der Registrierung beruhen nicht nur auf Messfehlern, sondern auch auf individuellen Unterschieden zwischen den einzelnen zu registrierenden Individuen.

- Für die vergleichbare Untersuchung der Zugangswege darf die individuelle Anatomie nicht deformiert werden, da dies unweigerlich zu einer fast vollständigen geometrischen Angleichung zwischen den einzelnen Proben führen und alle interindividuellen Unterschiede eliminieren würde. Zusätzlich kann aber ein isometrischer Skalierungsfaktor bestimmt werden, mit dem Informationen zu den Größenunterschieden zwischen den untersuchten Individuen gewonnen werden können.

Ziel eines interindividuellen Registrierungsverfahrens ist es daher, die Bedingungen zwischen mehreren Probanden soweit zu normieren, dass die Datensätze vergleichbar werden, aber ihre individuelle Geometrie weitgehend beibehalten wird. Das hier vorgestellte Verfahren arbeitet zweistufig. In einem ersten Schritt werden natürliche Landmarken für die Grobregistrierung verwendet. Die Feinregistrierung erfolgt anschließend über die Geometrie des Labyrinths. Gleichzeitig wird auf diese Weise ein einheitliches Koordinatensystem hergestellt. Im folgenden Abschnitt wird zunächst das Ausmaß der interindividuellen Unterschiede untersucht und erläutert.

5.4.1 Individuelle Variabilität

Die Anatomie der lateralen Schädelbasis unterliegt äußerst ausgeprägten Schwankungen. Dieses Phänomen ist bekannt und wurde bereits in der Vergangenheit in der Literatur behandelt[Sob82]. Um das Ausmaß dieser interindividuellen Variationen darzulegen, zeigt Abbildung 5.16 die segmentierten inneren Strukturen der lateralen Schädelbasis sechzehn verschiedener Probanden. Die Registrierung zwischen den einzelnen Datensätzen erfolgte oberflächenbasiert mit Hilfe des Iterative Closest Point Algorithmus mit einer Vorregistrierung über Landmarken. Es kann daher davon auszugegangen werden, dass die Strukturen anhand ihrer Geometrie für eine optimale Überdeckung angeordnet wurden. Dennoch ist eine starke geometrische Individualität sowohl in der Formgebung als auch in der Dimensionierung der einzelnen Strukturen erkennbar. Daher kann, ohne eine gezielte Untersuchung, nicht davon ausgegangen werden, dass eine chirurgische Technik nach einem positiven Test an einem einzelnen Individuum generell auf größere Bevölkerungsgruppen anwendbar ist. Dies gilt insbesondere für hochspezialisierte Verfahren wie die Minimal Traumatische Chirurgie.

5.4.2 Landmarkenbasierte Registrierung

Im Rahmen dieser Arbeit wurde die Landmarkenregistrierung nach Horn[Hor87] zur Registrierung aller Datensätze auf einen einzelnen zufällig ausgewählten Datensatz verwendet. Die Eingangsdaten für dieses Verfahren sind Landmarken, die in beiden zu einander zu registrierenden Koordinatensystemen vorhanden sein müssen. Zudem muss die paarweise Verknüpfung der beiden Koordinaten jeder Landmarke bekannt sein. Aus diesen Informationen wird dann eine homogene 4x4-Matrix bestimmt, die die gesuchte Transformation beschreibt. Die Registrierung nach Horn ist ein rigides Registrierungsverfahren und beschränkt sich auf die Manipulationen Translation, Rotation und Skalierung. In diesem Zusammenhang wurden die Möglichkeiten der Skalierung darüber hinaus eingeschränkt: Sie muss in alle drei Richtungen des Raumes in gleicher Intensität erfolgen, folglich isotrop sein. Auf diese Weise konnten generelle Größenunterschiede, wie sie zwischen humanen Probanden auftreten, kompensiert werden. Die verwendeten Landmarken müssen den folgenden Anforderungen genügen:

- Eine als Landmarke geeignete anatomische Struktur muss möglichst punktförmig sein, oder ein möglichst punktförmiges internes Merkmal aufweisen.

- Eine als Landmarke geeignete anatomische Struktur muss in allen Datensätzen leicht und eindeutig auffindbar sein.

- Die verwendeten Landmarken müssen möglichst weit auseinander liegen. Dies minimiert den Registrierungsfehler.

Die Wahl fiel auf *Hammerkopf, Ductus endolymphaticus am Eintritt in das Labyrinth* und *Facialiskanal am Ganglion geniculi*, da es sich entweder um generell sehr kleine Strukturen oder markante Punkte an größeren Strukturen handelt. In Abschnitt 5.1.2 finden sich genaue Definitionen zur Identifizierung der Landmarken. Eine größere Anzahl von Landmarken wäre sicherlich wünschenswert gewesen, konnte aber aufgrund der anatomischen Gegebenheiten und den zur Verfügung stehenden Probanden nicht bereitgestellt werden. So war es bei einem großen Teil der Probanden während der Segmentierung der Computertomographieaufnahmen nicht möglich eine weitere ausgesprochen punktförmige Landmarke, den *Ductus endolymphaticus* zu identifizieren. Der *Ductus endolymphaticus* kam daher nicht zur Anwendung.

Schnell wurde deutlich, dass die verwendeten Landmarken nicht ausreichend sind, offenbar da sie alle in der Nähe des Labyrinths angeordnet sind. Abbildung 5.15(a) zeigt eine Überlagerung von sechzehn verschiedenen humanen Felsenbeinen, die auf besagter Registrierung mit den drei Landmarken beruht: Die Labyrinthe liegen erwartungsgemäß alle auf der gleichen Position und überdecken sich gut. Was aber auffällt, ist eine mangelhafte Überdeckung der peripheren Strukturen, beispielsweise der beiden Blutgefäße *Sinus sigmoideus* und *Arteria carotis*, aber auch des Gesichtsnervs. Grund dafür ist der geringe Abstand der Landmarken, der zwar keine Auswirkung auf die Translation der Registrierung hat aber zu einem großen Fehler in der Rotation und somit zu großen Registrierungsfehlern in den außen liegenden Bereichen führt.

Zur Korrektur des Rotationsfehlers wurden weitere Landmarken eingeführt, die möglichst weit vom Labyrinth entfernt liegen sollten. Die Wahl fiel auf den *Beginn des äußeren Gehörgangs*, das *Ende des inneren Gehörgangs* und die *Mastoidspitze*. Diese Landmarken lassen sich jedoch nicht so exakt definieren wie die anderen drei. Sie erfordern daher ein spezielles Protokoll, anhand dessen die punktförmigen Landmarken bei jedem Patienten gesetzt werden müssen. Dieses wird in Abschnitt 5.1.2 erläutert. In der Anwendung zeigt sich tatsächlich eine deutliche Verbesserung in der Peripherie gegenüber der Registrierung mit drei Landmarken wie in Abbildung 5.15(b) zu sehen ist.

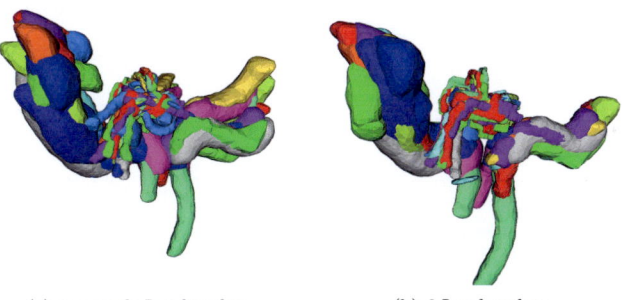

(a) 3 zentrale Landmarken   (b) 6 Landmarken

Abbildung 5.15: Sechzehn zu einander registrierte Felsenbeine. Die Registrierung wurde mit einer rigiden Landmarkenregistrierung durchgeführt. Isotrope Skalierung war zugelassen. Der Vergleich zeigt deutlich den Zugewinn an Deckungsgleichheit bei der Hinzunahme von drei weiteren Landmarken, auch wenn diese nur mit größerer Unsicherheit definiert werden können.

Implementierung

Die Implementierung des vorgestellten Verfahrens stützt sich auf Algorithmen aus dem *Visualisation Toolkit (VTK)*, konkret auf den für die Landmarkenregistrierung vorgesehenen Filter vtkLandmarkTransform. Die Landmarken werden automatisch aus der in Abschnitt 5.2 beschriebenen Anatomiedatenbank entnommen.

5.4.3 Oberflächenbasierte Registrierung

Die Landmarkenbasierte Registrierung arbeitet effektiv und lässt sich leicht anwenden, weil nur einzelne Messpunkte aufgenommen werden müssen. In der Computerassistierten Chirurgie ist sie zumeist die einzige Möglichkeit zur Registrierung, denn die Oberfläche der Zielobjekte kann nicht in ausreichendem Masse erfasst werden. Im Zusammenhang mit rein virtuellen Geometriemodellen, wie sie im Rahmen dieser Arbeit verwendet werden, besteht dagegen zusätzlich die Möglichkeit der Registrierung über die Oberfläche der Objekte. Wichtig sind dabei in erster Linie vier Punkte:

- Es wird eine zuverlässige Vorregistrierung benötigt (Abschnitt 2.2.6).

- Aus jedem Datensatz sollte das gleiche Referenzobjekt entnommen werden, bzw. die jeweils individuelle Ausprägung des Referenzobjektes.

- Das Objekt sollte über eine signifikante Geometrie verfügen, die eine eindeutige Zuordnung der Ausrichtung eines freien Objekts zum gegebenen Referenzobjekt erlaubt. Signifikante Geometrien besitzen keine Symmetrien.

- Entstammt das Objekt der Segmentierung eines Volumendatensatzes so sollte es sich um ein vollständig abgeschlossenes Objekt handeln und nicht um einen Ausschnitt. Auf diese Weise sind die Grenzen des Objekts klar definiert. Eventuelle Probleme von Unter- oder Übersegmentierung wirken sich nicht störend aus, da diese Fehler auf allen Seiten des Objekts gleichmäßig auftreten.

Im Zusammenhang mit der interindividuellen Registrierung der lateralen Schädelbasis ist eine zuverlässige Vorregistrierung bereits durch die funktionierende Landmarkenregistrierung gegeben. Das einzige Objekt an der lateralen Schädelbasis, das den Anforderungen an Referenzobjekte genügt, ist das Labyrinth. Dieses besitzt aufgrund der drei Bogengänge eine äußerst signifikante und symmetriefreie Geometrie. Es ist in sich abgeschlossen, da es auf allen Computertomographiedatensätzen vollständig abgebildet und segmentiert wird. Abbildung 5.16 zeigt die mit Hilfe des Iterative Closest Point Algorithmus und der Geometrie des Labyrinths nachjustierte Registrierung aus Abbildung 5.15(b). Eine leichte

Verbesserung ist zu sehen, jedoch fällt der Unterschied nicht so stark aus wie zwischen der Landmarkenregistrierung mit 3 und 6 Punkten.

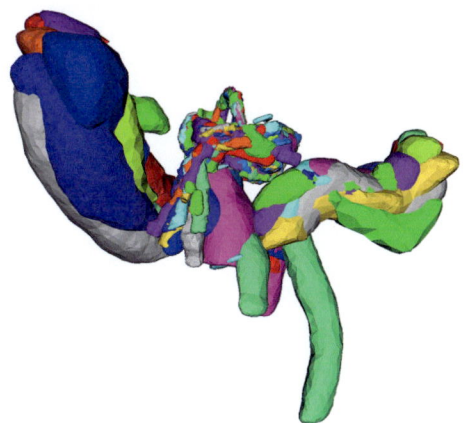

Abbildung 5.16: Sechzehn zu einander registrierte Felsenbeine. Die Registrierung wurde zusätzlich zu den verwendeten Landmarken oberflächenbasiert mit Hilfe des Iterative Closest Point Algorithmus über die Geometrie des Labyrinths verfeinert. Eine isotrope Skalierung wurde zugelassen.

Im Laufe der Untersuchung zeigte sich, dass das vorgestellte Verfahren mit geringfügig verminderter Genauigkeit auch ohne Landmarken möglich ist. Dazu werden die Schwerpunkte der segmentierten anatomischen Strukturen als Landmarken eingesetzt und zur Vorregistrierung verwendet. Da die Landmarken aber bereits markiert und in die Datenbank eingetragen waren und durch das landmarkenlose Verfahren keine Verbesserung der Genauigkeit erzielen liess, kam dieser neue Ansatz nicht zum Tragen.

Implementierung

Implementiert wurde das vorgestellte Verfahren mit Hilfe von Algorithmen aus dem *Visualisation Toolkit (VTK)*. Verwendet wurde der für die Oberflächenregistrierung vorgesehene Filter vtkIterativeClosestPointTransform. Die Landmarken und die Polygonnetze der anatomischen Strukturen werden automatisch der in Abschnitt 5.2 beschriebenen Anatomiedatenbank entnommen.

5.5 Probabilistisches Modell

Ein Probabilistisches Anatomiemodell nach [RLR$^+$07] besteht aus einem dreidimensionalen Volumendatensatz, in dem jedes Datenelement ein räumliches Voxel innerhalb der Probanden repräsentiert. Der gespeicherte Skalarwert gibt die Wahrscheinlichkeit an, mit der dieses Volumen zu einer gegebenen anatomischen Struktur gehört. Erzeugt man für jede anatomische Struktur eine solche Matrix, so kann die Wahrscheinlichkeit berechnet werden, mit der eine bestimmte Zone im Raum, die durch eine Menge der genannten Voxel definiert wird, von dieser Struktur (partiell) belegt ist. Im Gegenzug kann die Wahrscheinlichkeit berechnet werden, mit der dieser Raum frei von Kollisionen ist. Die Anwendungen eines solchen Modells sind vielfältig:

- **Quantifizierung der Variabilität:** Die Werteverteilungen in den Voxeln lassen Rückschlüsse auf die Ausgeprägtheit der Variabilität zu: Herrschen Werte mit besonders hoher Auftretenswahrscheinlichkeit vor, so ist die Variabilität gering, bei einer Häufung von mittleren bis niedrigen Werten ist die Variabilität hoch. Diese Untersuchungen müssen nicht unbedingt global auf einen gesamten Datensatz angewendet werden, sie können auch lokal eingeschränkt werden.

- **Erstellung anatomischer Durchschnittsmodelle:** Das Probabilistische Modell ist auch zur Berechnung von Durchschnittsmodellen aus der Vereinigung mehrerer Einzelexemplare geeignet. Voraussetzung dafür ist, dass die modellierte Struktur vollständig erfasst und somit nicht abgeschnitten wurde. Die Vorgehensweise erfolgt analog zur in Abschnitt 5.3 vorgestellten Methode. Ein Anwendungsbeispiel findet sich am Ende von Abschnitt 5.6.

- **Evaluation interindividueller Registrierung:** Ziel der interindividuellen Registrierung ist es, die Varianz zwischen den Datensätzen so gering wie möglich zu halten, da sich die gemessene Varianz aus der Summe der tatsächlichen Varianz und der durch Registrierfehler bedingten Varianz zusammensetzt. Das Probabilistische Modell erlaubt beispielsweise durch Histogrammanalysen eine quantifizierende Abschätzung der Variabilität. Damit können verschiedene Registrierungsverfahren gegeneinander abgewägt werden.

- **Generische Planung von Zugangswegen:** Anstelle mehrerer Individuen jeweils einzeln zu untersuchen, wie es in Abschnitt 5.7 getan wird, könnte dieser Prozess auch in einer einzigen Untersuchung am Probabilistischen Modell vollzogen werden. Dafür müssen für einen exemplarischen Bohrkanal alle Voxel, die von ihm geschnitten werden, erfasst und daraus die Wahrscheinlichkeit berechnet werden, mit der in diesem Verlauf mit einer Kollision zu rechnen ist. Problematisch bei dieser Anwendung sind die relativen

Größenunterschiede, da die Einzelmodelle im Rahmen der Registrierung skaliert wurden.

Generiert wird das Probabilistische Modell aus den Segmentierungsdaten, das heißt aus binären Volumenmodellen verschiedener Felsenbeine. Sie wurden zuvor mit den in Abschnitt 5.4 beschriebenen Verfahren zueinander registriert. Die eigentliche Überlagerung bzw. Fusion der Datensätze erfolgt in zwei Schritten: In einem ersten Schritt werden die Datensätze in eine neue gemeinsame Gitterstruktur, die den von allen Einzeldatensätzen eingenommenen Raum abdeckt, transformiert (Abbildung 5.17). Dieser Zustand wird über ein Resampling hergestellt (Abbildung 5.18). Dabei werden die Voxel des Zieldatensatzes mit neuen Werten besetzt, indem benachbarte Voxel des Ursprungsdatensatzes herangezogen werden. Um Artefakte zu vermeiden, werden die neuen Werte dabei interpoliert.

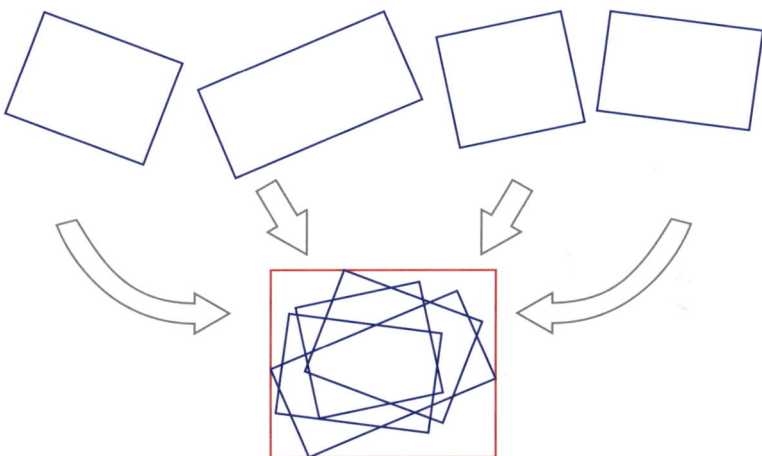

Abbildung 5.17: Die verschiedenen Volumendatensätze (blau) werden zuerst überlagert, dann wird ein neuer gemeinsamer Datensatz angelegt, der den von allen Einzeldatensätzen eingenommenen Raum abdeckt (rot). Zur Vereinfachung wird nur das zweidimensionale Problem dargestellt.

In einem zweiten Schritt werden die nun einheitlich strukturierten Einzeldatensätze in einen neuen gemeinsamen Datensatz aufaddiert (Abbildung 5.19). In diesem lässt sich dann für jedes Voxel die oben geforderte Auftretenswahrscheinlichkeit der anatomischen Struktur ableiten.

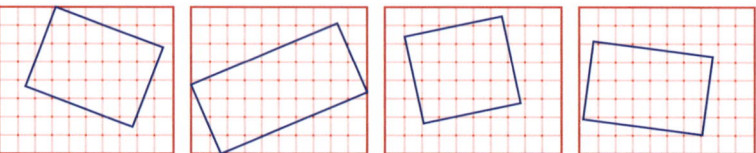

Abbildung 5.18: Beim Resampling werden die Voxel (Kreuzungspunkte der Rasterlinien) der Zieldatensätze (rote Kästen) mit neuen Werten aus den Ursprungsdatensätzen (blaue Kästen) interpoliert. Zur Vereinfachung wird nur das zweidimensionale Problem dargestellt.

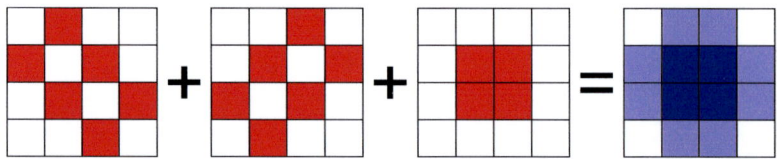

Abbildung 5.19: Addition mehrerer binärer Volumenmodelle (rot) zu einem Probabilistischen Modell (blau). Zur Vereinfachung wird nur das zweidimensionale Problem dargestellt.

Implementierung

Implementiert wurde das Probabilistische Modell mit Hilfe von Algorithmen aus dem *Insight Toolkit (ITK)*. Die binären Volumendaten der anatomischen Strukturen werden automatisch aus der in Abschnitt 5.2 beschriebenen Anatomiedatenbank entnommen. Gespeichert wird das Probabilistische Modell mit Hilfe einer beschreibenden XML-Datei, die alle Informationen über Auflösung, enthaltene Datensätze, Statistiken über die Registrierung, den Registrierungstyp, die verwendeten Landmarken des Referenzdatensatzes, berechnete Mittel der Landmarken und Referenzen auf Dateien, die die einzelnen Schichtbilder darstellen, enthält. Die Schichtbilder selbst werden in PNG-Dateien abgelegt. Abbildung 5.20 zeigt beispielhaft eine XML-Datei des Probabilistischen Modells.

5.6 Standardisiertes Koordinatensystem

Anstelle alle zu untersuchenden Felsenbeine mit Hilfe eines Registrierungsverfahrens in Deckung zu bringen, kann alternativ auch ein standardisiertes Koordinatensystem eingesetzt werden. Der Vorteil dieser Herangehensweise liegt darin, dass die Ausrichtungen der einzelnen Achsen in einer für die Anwendung sinnvollen Art erfolgen kann, anstelle sich am mehr oder weniger beliebig ausgerich-

```xml
<?xml version="1.0" encoding="utf-8"?>
<probabilisticmodel>
  <metadata>
    <size x="55" y="69" z="5">
    <origin x="-67.12" y="-219.78" z="110.00">
    <spacing x="0.35" y="0.35" z="2.00">
    <orientation>
      <row number="0" column0="1" column1="0" column2="0"/>
      <row number="1" column0="0" column1="1" column2="0"/>
      <row number="2" column0="0" column1="0" column2="1"/>
    <orientation/>
    <hitvalue>100<hitvalue/>
    <referencespeciman>anatomy1_rechts<referencespeciman/>
    <specimen>
      <speciman tre="2.3" scaling="1">anatomy1_rechts<speciman/>
      <speciman tre="2.4" scaling="0.8">anatomy2_rechts<speciman/>
    <specimen/>
    <registration>components-icp<registration/>
  <metadata/>
  <landmarks>
    <landmark x="-38.5" y="-139.7" z="138" id="crus"/>
    <landmark x="-45.2" y="-145.8" z="140" id="hammerkopf"/>
  <landmarks/>
  <averagelandmarks>
    <landmark x="-39.2" y="-139.2" z="138" id="crus"/>
    <landmark x="-45.0" y="-145.2" z="140" id="hammerkopf"/>
  <averagelandmarks/>
  <slices>
    <slice number="0">cochlea.probmodel/slice-0000.png</slice>
    <slice number="1">cochlea.probmodel/slice-0001.png</slice>
    <slice number="2">cochlea.probmodel/slice-0002.png</slice>
    <slice number="3">cochlea.probmodel/slice-0003.png</slice>
    <slice number="4">cochlea.probmodel/slice-0004.png</slice>
    <slice number="5">cochlea.probmodel/slice-0005.png</slice>
  </slices>
</probabilisticmodel>
```

Abbildung 5.20: Beispiel XML-Datei eines Probabilistischen Modells.

teten Koordinatensystem einer Computertomographieaufnahme zu orientieren. Der folgende Ansatz[RLR+09b] beschreibt wie die Geometrie des Labyrinths zur Definition eines Koordinatensystems für die laterale Schädelbasis genutzt werden kann.

5.6.1 Definition anhand anatomischer Merkmale

Betrachtet man das humane Labyrinth (Abbildung 5.21) so fallen zunächst die drei Bogengänge auf, die annähernd senkrecht aufeinander stehen. Der Grund für diese Anordnung ist, dass dieses Sinnesorgan Beschleunigungen des Kopfes in alle Richtungen des Raumes über die Bewegung von Flüssigkeit innerhalb der bogenförmigen Hohlkörper wahrnimmt und eine gleichmäßige Empfindlichkeit in alle drei Richtungen des Raumes gewährleistet werden soll. Bei der Definition eines Koordinatensystems für die laterale Schädelbasis lässt sich diese Konfiguration sehr gut ausnutzen, um drei senkrecht aufeinander stehende Ebenen zu erhalten, die zusammen ein kartesisches Koordinatensystem aufspannen. Das eigentliche Problem besteht darin, die Ebenen der Bogengänge aus dem geometrischen Modell, z.B. einem Polygonnetz, zu gewinnen. Das hier vorgestellte Verfahren bedient sich dabei eines modellbasierten Ansatzes, dessen Grundlage ein generisches Geometriemodell eines Labyrinths ist. Dieses ist bereits innerhalb des standardisierten Koordinatensystems definiert. Das Modell wird mit Hilfe von Landmarken vorregistriert und über eine Oberflächenregistrierung optimal in das echte Labyrinth eingepasst, womit automatisch auch das standardisierte Koordinatensystem übertragen wird.

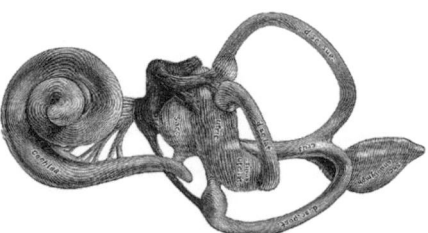

Abbildung 5.21: Das humane Labyrinth. Deutlich zu erkennen sind die drei fast senkrecht auf einander stehenden Bogengänge auf der rechten Seite. Links befindet sich die Cochlea.

5.6.2 Geometrische Repräsentierung

Das generische Modell des Labyrinths besteht aus einer Reihe geometrischer Grundprimitive (siehe Abbildung 5.22(a)). Dies sind zum einen drei Tori, die

die drei Bogengänge nachbilden, zum anderen eine leicht deformierte Kugel, die die Cochlea repräsentiert. Die Dimensionen der geometrischen Grundprimitive entstammen Erfahrungswerten und besitzen deshalb prototypischen Charakter. Abbildung 5.22(b) zeigt die exakten Bemaßungen und die Anordnung der einzelnen Elemente.

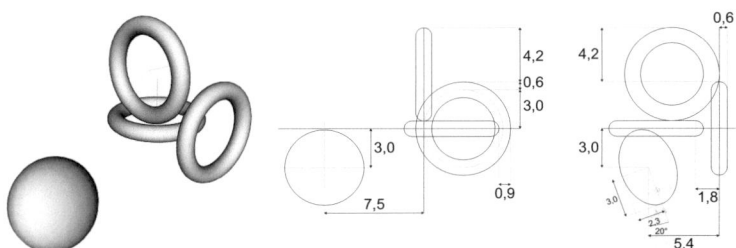

(a) Anordnung der drei Tori und der Kugel

(b) Bemessungen des synthetischen Labyrinthmodells. Alle Masse in Millimetern.

Abbildung 5.22: Synthetisches geometrisches Modell des humanen Labyrinths: Bogengänge und Cochlea wurden aus einfachen geometrischen Grundprimitiven (3 Tori, eine deformierte Kugel) angenähert.

Das Koordinatensystem des Modells ist so definiert, dass jede der drei Ebenen (XY, XZ, YZ) die Mittelebene des korrespondierenden Torus darstellt (siehe Abbildung 5.23). Der Ursprung des Koordinatensystems liegt daher in der Nähe des Teils des Labyrinths, an dem sich die drei Bogengänge treffen, dem *Crus communis*. Die XY-Ebene ist so festgelegt, dass sie in etwa einer Transversalebene entspricht, die XZ-Ebene verläuft parallel zur Sagittalebene und die YZ-Ebene entspricht einer Frontalebene. Die genaue Verlaufsrichtung der Achsen ist Abbildung 5.24 zu entnehmen. Da die Mittelpunkte der einzelnen Tori bekannt sind, werden diese Koordinaten zusätzlich im Modell abgelegt. Mit Hilfe des Modells ist es daher ohne aufwändige Suchalgorithmen möglich, die Mittelpunkte der Öffnungen der Bogengänge zu identifizieren, falls dies die jeweilige Anwendung erfordert.

5.6.3 Registrierungsprozess

Wie bereits erwähnt, wird die Vorregistrierung des Modells, die eine Voraussetzung für eine Oberflächenregistrierung ist, auf das reale Labyrinth mit Hilfe der im Anatomiedatensatz des Felsenbeins vorhandenen Landmarken bewerkstelligt. Da im Modell keine Standardpositionen für die Landmarken vorhanden sind, muss versucht werden, das Koordinatensystem des Modells über die vorhandenen Landmarken anzunähern. In einem ersten Schritt werden Verbindungsgera-

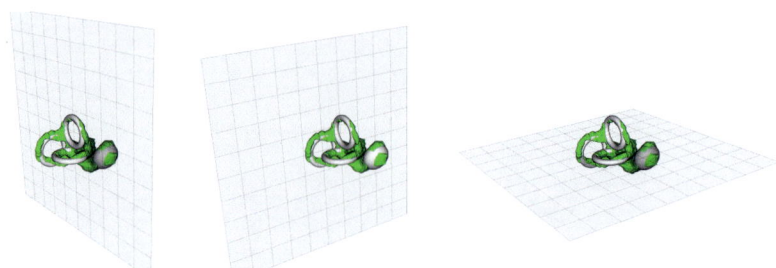

Abbildung 5.23: Die drei Bogengänge des Labyrinths definieren jeweils eine Ebene des kartesischen Koordinatensystems (vlnr: YZ-Ebene, XZ-Ebene, XY-Ebene).

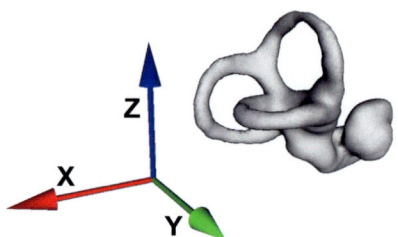

Abbildung 5.24: Der Verlauf der Achsen des kartesischen Koordinatensystems

den zwischen Hammerkopf $\vec{v}_{Hammerkopf}$, Crus communics $\vec{v}_{Crus}$, dem Anfang des äußeren Gehörgangs $\vec{v}_{OAC}$ und dem Ende des inneren Gehörgangs $\vec{v}_{IAC}$ gezogen und, wie die Formeln 5.1 bis 5.5 zeigen, über Kreuzprodukte eine Orthonormalbasis $(\vec{v}_X, \vec{v}_Y, \vec{v}_Z)$ und ein Ursprung für das Koordinatensystem $\vec{v}_O$ bestimmt:

$$\vec{v}'_Y = \frac{\vec{v}_{Hammerkopf} - \vec{v}_{Crus}}{|\vec{v}_{Hammerkopf} - \vec{v}_{Crus}|} \tag{5.1}$$

$$\vec{v}_O = \vec{v}_{IAC} \tag{5.2}$$

$$\vec{v}_X = \frac{\vec{v}_{OAC} - \vec{v}_{IAC}}{|\vec{v}_{OAC} - \vec{v}_{IAC}|} \tag{5.3}$$

$$\vec{v}_Z = \frac{\vec{v}_X \times vecv'_Y}{|\vec{v}_X \times vecv'_Y|} \tag{5.4}$$

$$\vec{v}_Y = \frac{\vec{v}_Z \times vecv_X}{|\vec{v}_Z \times vecv_X|} \tag{5.5}$$

Aus der Orthonormalbasis und dem Ursprung kann anschließend die Transformationsmatrix für eine Transformation aus dem Landmarkenkoordinatensystem in das globale Koordinatensystem des anatomischen Datensatzes T_{LG} und umgekehrt T_{GL} zusammengesetzt werden, wie die Formeln 5.6 und 5.7 zeigen:

$$T_{LG} = \begin{pmatrix} \vec{v}_{Xx} & \vec{v}_{Yx} & \vec{v}_{Zx} & \vec{v}_{Ox} \\ \vec{v}_{Xy} & \vec{v}_{Yy} & \vec{v}_{Zy} & \vec{v}_{Oy} \\ \vec{v}_{Xz} & \vec{v}_{Yz} & \vec{v}_{Zz} & \vec{v}_{Oz} \\ 0 & 0 & 0 & 1 \end{pmatrix} \tag{5.6}$$

$$T_{GL} = T_{LG}^{-1} \tag{5.7}$$

Das berechnete Koordinatensystem hat seinen Ursprung am Ende des inneren Gehörgangs und besitzt noch nicht die korrekte Ausrichtung. Um die endgültige Transformation der Vorregistrierung T'_{CG} zu erhalten, muss T_{LG} zuerst noch drei statische Transformationsschritte durchlaufen wie in Formel 5.8 zu sehen ist:

$$T'_{CG} = Trans(12,0\,\text{mm}; 6,6\,\text{mm}; -2,4\,\text{mm}) \times Rot_y(-25^\circ) \times Rot_z(-45^\circ) \times T_{LG} \tag{5.8}$$

Die verwendeten Werte wurden experimentell bestimmt. Mit Hilfe der vollständigen Vorregistrierung T'_{CG} können über eine *Iterative Closest Point Registrierung* die Transformation aus dem Modellkoordinatensystem in das globale Koordinatensystem des anatomischen Datensatzes T_{CG} und die Transformation aus dem globalen Koordinatensystem in das Modellkoordinatensystem $T_{GC} = T_{CG}^{-1}$ bestimmt werden. Im Unterschied zu bisherigen Anwendungen von Oberflächenregistrierungen wird in diesem Fall das Modell als starrer Körper betrachtet. Damit werden maßstäbliche Verzerrungen vermieden: Der Abstand zweier Punkte soll durch die Transformation nicht verändert werden. Abbildung 5.25 zeigt noch einmal das Modell des Labyrinths in den zwei Phasen seiner Registrierung.

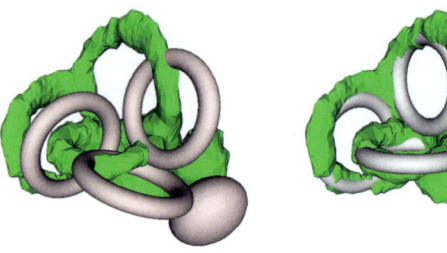

(a) Vorregistriertes Modell   (b) Fertig registriertes Modell

Abbildung 5.25: Die zwei Phasen der Registrierung des Labyrinthmodells.

5.6.4 Alternatives Modell

Ein alternatives Referenzobjekt kann aus dem Probabilistischen Modell eines Labyrinths berechnet werden: Durch Festlegung eines Schwellwertes entsteht eine Iso-Oberfläche über alle Voxel, deren Auftretenswahrscheinlichkeit größer als der Schwellwert ist. Die Erstellung eines Polygonnetzes aus diesen Daten erfolgt analog zur Vorgehensweise aus Abschnitt 5.3. Der eingesetzte Schwellwert muss dabei nur so gewählt werden, dass ein augenscheinlich in seiner Form gut ausgeprägtes Labyrinth entsteht, denn Effekte wie Über- oder Untersegmentierung werden durch die Verwendung des vollständigen Labyrinths ausgeglichen. Abbildung 6.1 zeigt ein auf diesem Weg erzeugtes Durchschnittslabyrinth.

5.6.5 Implementierung

Implementiert wurde die Registrierung des standardisierten Koordinatensystems mit Hilfe von Algorithmen aus dem *Visualisation Toolkit (VTK)*. Zur Berechnung der für das synthetische Modell benötigten Tori und der deformierten Kugel wurden parametrische Funktionen für die entsprechenden geometrischen Grundkörper verwendet. Bei der Registrierung des Modells auf einen Datensatz kam erneut der Filter vtkIterativeClosestPointTransform zum Einsatz. Die Landmarken und die Polygonnetze der anatomischen Strukturen werden automatisch aus der in Abschnitt 5.2 beschriebenen Anatomiedatenbank entnommen.

5.7 Qualitative Analyse

Die qualitative Analyse der lateralen Schädelbasis in bezug auf minimal traumatische Eingriffe diente der Analyse der interindividuellen Variationen an der lateralen Schädelbasis, der Feststellung der prinzipiellen Erreichbarkeit der Zielstruktur und der ersten Bestimmung möglicher Durchmesser der Borkanäle. Die Evaluation fand in zwei Phasen statt: In der ersten wurde das Probabilistische Modell zur reinen Darstellung der interindividuellen Variationen genutzt. In einer zweiten Phase wurden dann konkrete Anatomien aus der Datenbank zur Ermittlung sinnvoller Zugangswege zum inneren Gehörgang über lineare Bohrkanäle untersucht.

5.7.1 Probabilistisches Modell

Das in Abschnitt 5.5 vorgestellte Probabilistische Modell wurde im Rahmen einer Studie[RLR+07] zur Quantifizierung der interindividuellen Variationen der Anatomie der lateralen Schädelbasis verwendet. Die ursprüngliche Intension dieser Studie war es, das Probabilistische Modell in späteren Prozessschritten der Minimal Traumatischen Chirurgie zu Planung von Eingriffen zu verwenden, jedoch erwiesen sich die anatomischen Variationen als zu stark. Bewähren konnte sich das Verfahren allerdings zur Visualisierung des Ausmaßes der Variationen.

Zur Analyse des Probabilistischen Modells wurde eine eigene Analysesoftware entwickelt, mit deren Hilfe das Modell sowohl als Volumen als auch schichtweise visualisiert werden kann. Als zusätzliches Hilfsmittel kann bei der Volumendarstellung ein Schwellwert gesetzt werden, der alle Voxel, die einen geringeren Wahrscheinlichkeitswert aufweisen, transparent und die übrigen deckend erscheinen lässt. Auf diese Weise kann der von einer anatomischen Struktur mit einer vorgegebenen Mindestwahrscheinlichkeit eingenommene Raum visualisiert werden. Die Schichtbilder des Probabilistischen Modells können sowohl in axialer, in sagittaler als auch in coronaler Ebene betrachtet werden. Für jeden Punkt auf den Schichtbildern kann die Software die ermittelte Auftretenswahrscheinlichkeit der im Modell abgelegten anatomischen Struktur ausgeben. Das Modell kann zusätzlich mit Hilfe eines Weichzeichners zur Vermeidung von Stufenbildung geglättet werden. Abbildung 5.26 zeigt die Benutzeroberfläche des Analysewerkzeugs. Deutlich zu erkennen sind die vier erwähnten Ansichten. Auf der rechten Seite können Metadaten des Probabilistischen Modells dargestellt werden. In diesem Teil der Benutzeroberfläche werden zudem der Gaußfilter kontrolliert und die Wahrscheinlichkeitswerte abgelesen.

Neben der reinen Betrachtung des Probabilistischen Modells verfügt die Analysesoftware auch über ein spezialisiertes Statistikmodul (Abbildung 5.27): Mit diesem können Histogramme berechnet und somit die Verteilung der Wahrscheinlichkeitswerte dargestellt werden. Zusätzlich werden Maximalwert und das einfache sowie das quadratisches Mittel angegeben. Über einen Schieberegler kann zudem das Volumen berechnet werden, dessen Auftretenswahrscheinlichkeit oberhalb eines gegebenen Schwellwertes liegt.

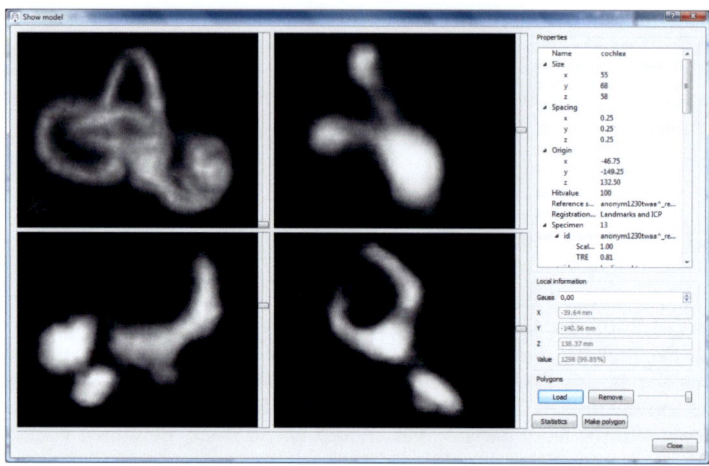

Abbildung 5.26: Ansicht des Probabilistischen Modells eines Labyrinths in der Analysesoftware.

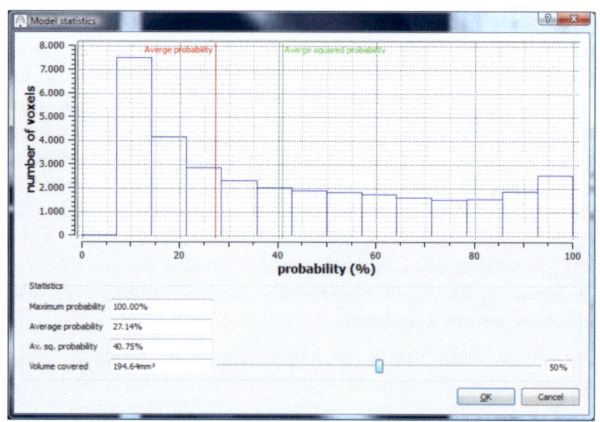

Abbildung 5.27: Statistikansicht der Analysesoftware des Probabilistischen Modells.

5.7.2 Manuelles Setzen von Bohrkanälen

In einer zweiten Studie[RLR+08a] wurden erstmals die in der Anatomiedatenbank gesammelten Daten zur patientenindividuellen Planung von Zugangswegen zum inneren Gehörgang genutzt. Dazu wurde eigens eine Planungssoftware für Bohrkanäle an der lateralen Schädelbasis entwickelt[LRK+09], der *MitraPlanner* (Abbildung 5.28). Der *MitraPlanner* wurde, auch aufgrund des benötigten Funktionsumfangs, so konzipiert, dass er eine Basis für die virtuelle Operationsplanung für Interventionen an der lateralen Schädelbasis liefert und zu einer präoperativen Planungssoftware erweitert werden kann. Aufgabe des *MitraPlanners* ist es, anatomische Datensätze zu laden und dem Benutzer Hilfestellung bei der manuellen Platzierung von virtuellen Bohrkanälen (Abbildung 5.29) zu geben.

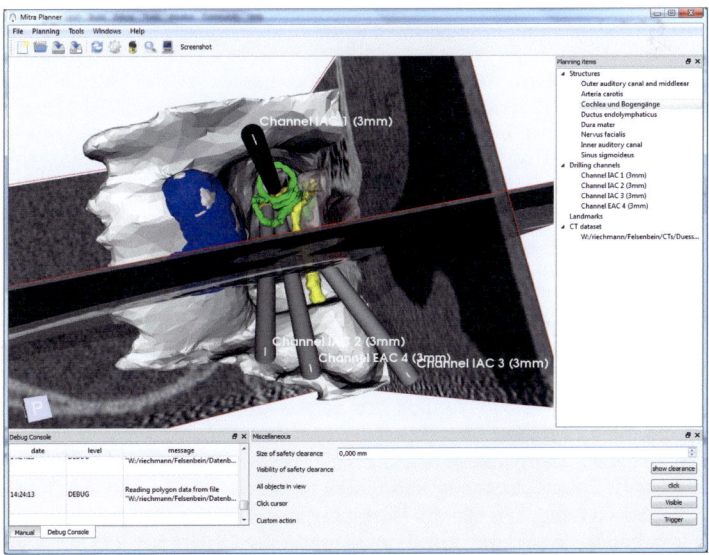

Abbildung 5.28: Benutzeroberfläche des *MitraPlanners*. Den Hauptteil bildet das Planungsfenster, das den aktuellen anatomischen Datensatz darstellt und dem Benutzer eine manuelle Planung von Bohrkanälen erlaubt. Auf der rechten Seite sind die geladenen Elemente noch einmal übersichtlich aufgelistet, Benutzerkommandos werden entweder über die Werkzeugleiste oben oder über die Toolbox im unteren Bereich der Benutzerschnittstelle abgesetzt.

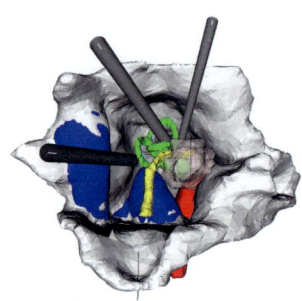

Abbildung 5.29: Kollisionsfrei zu den vorhandenen kritischen Strukturen geplante Bohrkanäle an der lateralen Schädelbasis.

Bei den verwendeten Anatomiedatensätzen handelt es sich um Oberflächenmodelle der in Abschnitt 4.2 genannten kritischen Strukturen. Diese können entweder einzeln oder als kompletter Patientendatensatz aus der in Abschnitt 5.2 beschriebenen Datenbank zusammen mit definierten Landmarken importiert und dargestellt werden. Die Farben der einzelnen Objekte und ihre Deckkraft können individuell festgelegt werden. Bei Bedarf ist es zudem möglich, einzelne Objekte auszublenden. Zur Kontrolle kann auch der CT-Datensatz, aus dem die Oberfläche gewonnen wurde, geladen und in einer dreidimensionalen triplanaren Ansicht zusammen mit den Oberflächenmodellen dargestellt werden (Abbildung 5.28).

Der Planungsprozess läuft folgendermaßen ab: Der Benutzer passt die Ansicht auf die Zielstruktur so an, dass die Zielregion nicht verdeckt ist. Anschließend kann er mit der Maus einen neuen Bohrkanal mit einem gewünschten Radius setzen. Der Kanal verläuft entlang der Sichtachse bis unmittelbar vor den gewünschten Zielpunkt. Der virtuelle Bohrkanal kann mit Hilfe von zwei Manipulatoren an seinen Endpunkten beliebig verschoben werden. Eine im Hintergrund arbeitende Kollisionserkennung verhindert dabei das Eindringen des Kanals in umliegendes Gewebe. Der für die Bewegung des äußeren Manipulators zur Verfügung stehende Raum kann annäherungsweise visualisiert werden: Dazu werden die kritischen Strukturen von der innen liegenden Spitze des Bohrkanals auf eine Kugeloberfläche projiziert. Aus der Richtung der Öffnungen in der Kugeloberfläche ist ein Zugang möglich. Die Visualisierung des Manipulationsraums ist in Abbildung 5.30 dargestellt.

Zur abschließenden Kontrolle des Verlaufs der geplanten Bohrkanäle kann die triplanare Darstellung des Computertomographiedatensatzes herangezogen werden (Abbildung 5.31): Als Rohdaten sind sie frei von sämtlichen Fehlern, die aus der Verarbeitungskette zu Oberflächennetzen resultieren. Durchläuft der Bohrkanal auch in dieser Sicht keine der kritischen Strukturen, so kann ein kollisionsfreier Verlauf angenommen werden. Zur Erhöhung des Sicherheitsniveaus kann

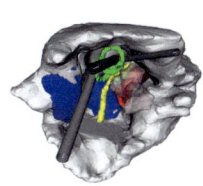 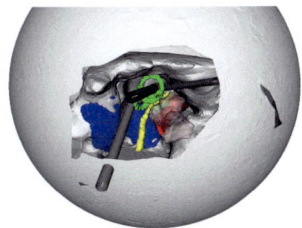

Abbildung 5.30: Einblendung des zur Verfügung stehenden Manipulationsraums bei der Positionierung von Bohrkanälen. Die Kugel visualisiert den Manipulationsraum des mittleren Kanals.

im *MitraPlanner* für die Kollisionserkennung ein zusätzlicher pauschaler Sicherheitsabstand definiert werden. Bei Manipulationen werden die Bohrkanäle dann
bereits gestoppt sobald sie in die Sicherheitszone eindringen. Da noch keine sinnvollen Dimensionierungen für Sicherheitsabstände in der Minimal Traumatischen
Chirurgie bekannt sind, wurden diese in der Untersuchung vernachlässigt.

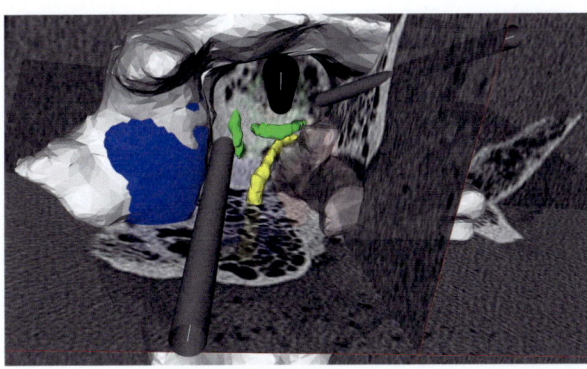

Abbildung 5.31: Kontrolle des Verlaufs der Bohrkanäle mit Hilfe der triplanaren CT-Ansicht.

Implementierung

Der *MitraPlanner* ist eine wesentlich komplexere Anwendung als die bisher vorgestellten Softwaremodule und basiert nicht auf einzelnen Filtern von Visualisierungs-
oder Bildverarbeitungsbibliotheken. Die Benutzerschnittstelle wurde mit Hilfe
der Klassenbibliothek *Qt* realisiert, die dreidimensionale Visualisierung basiert

auf dem *Visualisation Toolkit*, während für die Darstellung der triplanaren Computertomographiedatensätze zusätzlich das *Insight Toolkit* zur Bildverarbeitung zum Einsatz kommt. Aus Performancegründen wurden die Kollisionstests bei der Bohrkanalmanipulation nicht mit Filtern aus dem *Visualisation Toolkit* durchgeführt, sondern mit Hilfe des *Proximity Query Package*, kurz *PQP*.

Durch seine Konzeption als Basis für eine zukünftige präoperative Planungsanwendung für die Minimal Traumatische Chirurgie musste die interne Architektur strukturierter erfolgen als es für ein auf die manuelle Planung von Bohrkanälen spezialisiertes Werkzeug notwendig gewesen wäre:

- Sämtliche Operationen zur 3D-Visualisierung sind in einer eigene Klasse, dem RenderManager, konsolidiert.

- Es existiert ein hierarchisches System von Planungsobjekten.

- Über ein leicht verständliches Framework können Zusatzmodule integriert werden.

- Die Anwendung ist konfigurierbar, die Einstellungen können vor und während der Laufzeit angepasst und persistent gehalten werden.

- Fertige Konfigurationen von Bohrkanälen können zusammen mit der Patientenanatomie als „Operationsplan" gespeichert werden.

5.8 Quantitative Analyse

Nachdem die prinzipielle Erreichbarkeit der Zielstruktur, der inneren Gehörgang, belegt werden konnte, musste in einem nächsten Schritt festgestellt werden, welche Bereiche der Zielstruktur genau erreicht werden können. Darüber hinaus musste untersucht werden wie die dafür eingesetzten Bohrkanäle dimensioniert sein müssen bzw. maximal sein können. Eine weiterführende Aufgabenstellung befasste sich mit dem am Situs vorhandenen Freiraum. Dieser ist von Interesse, wenn der Bohrkanal in der Nähe des Situs zu einer Kavität erweitert werden soll, um den Manipulationsraum für Werkzeuge zu vergrößern. Ziel war es, die Größe des Freiraumes abzuschätzen. Diese Problemstellung war mit einem rein manuellen Ansatz nicht mehr zu bewältigen. Daher musste eine automatisierbare Lösung gefunden werden.

5.8.1 Ortsaufgelöste Erreichbarkeit der Zielstrukturen

Der verfolgte Lösungsansatz[RLR+08b] beschreibt sich wie folgt: Ein Algorithmus tastet bei allen Probanden den inneren Gehörgang nach einem definierten Muster ab und bestimmt durch ein kollisionserkennungsgestütztes Suchverfahren die Erreichbarkeit eines jeden dieser Messpunkte. Das Ergebnis dieses Prozesses sind patientenindividuelle Erreichbarkeitskarten der Zielstruktur, die mit Hilfe interindividueller Registrierungsverfahren zu patientenübergreifenden Erreichbarkeitskarten zusammengefasst werden können. Aus diesen kann für jeden Punkt auf der Zielstruktur die Wahrscheinlichkeit, mit der dieser Punkt durch einen Bohrkanal mit einem gegebenen Durchmesser erreicht werden kann, bestimmt werden. Abbildung 5.32 zeigt eine solche Erreichbarkeitskarte. Die geometrisch korrekte Anbringung am inneren Gehörgang ist in Abbildung 5.33 zu sehen.

Die beabsichtigten Erkenntnisse aus dieser Untersuchung sind, neben Aussagen über die Erreichbarkeit bestimmter Areale auf der Oberfläche des inneren Gehörgangs, Anforderungen an Werkzeuge, die für die Minimal Traumatische Chirurgie entwickelt werden müssen.

 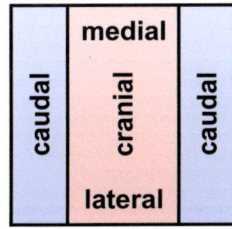

Abbildung 5.32: Zweidimensionale Ansicht der Erreichbarkeit des inneren Gehörgangs (links). Die gelben Bereiche sind erreichbar, die schwarzen Bereiche deuten auf mangelnde Erreichbarkeit hin. Die genaue räumliche Aufteilung der Erreichbarkeitskarte ist auf der rechten Seite zu sehen.

Abbildung 5.33: Dreidimensionale Ansicht der Erreichbarkeit des inneren Gehörgangs. Die gelben Bereiche sind erreichbar, die schwarzen Bereiche deuten auf mangelnde Erreichbarkeit hin.

Definition von Abtastmustern des inneren Gehörgangs

Bei der Vorgehensweise der Berechnung zweidimensionaler Erreichbarkeitskarten des inneren Gehörgangs anhand von Datensätzen mehrerer Probanden kommt erneut die Frage nach einer Vereinheitlichung der Messverhältnisse unter geometrischen Gesichtspunkten auf: Wie können Messpunkte, deren Erreichbarkeit überprüft werden soll, eindeutig, reproduzierbar und auf andere Individuen übertragbar definiert werden?

Um diese Problematik zu lösen wurde die folgende Vorgehensweise gewählt: Der innere Gehörgang ist Kanal, der das Labyrinth mit dem Gehirn verbindet und in dieser Funktion zahlreiche Nervenfasern führt. Daher ist er sehr röhrenförmig ausgeprägt und lässt sich in seiner Form ausgesprochen gut mit einem Zylinder annähern, wie Abbildung 5.34 zeigt.

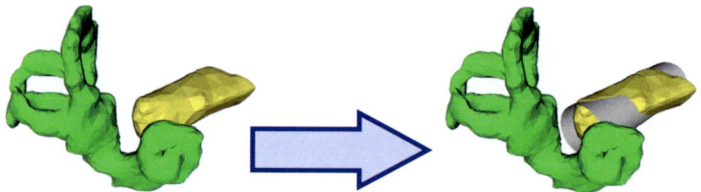

Abbildung 5.34: Annäherung der Form des inneren Gehörgangs über einen Zylinder.

Der Algorithmus zum Fitting des Zylinders in die Form des inneren Gehörgang läuft in zwei Schritten ab: Zuerst wird die Hauptachse des inneren Gehörgangs bestimmt. Die Hauptachse ist die Gerade, die durch den Mittelpunkt des inneren Gehörgangs verläuft und einen minimalen mittleren Abstand zu den einzelnen Punkten des Polygonnetzes einnimmt. Der genaue Ablauf der Ermittlung ist in Algorithmus 1 beschrieben. Anschließend wird diese Achse so lange seitlich verschoben, bis sie optimal in der Mitte des inneren Gehörgangs liegt. In diesem Schritt werden zudem Anfangs- und Endpunkt des inneren Gehörgangs ermittelt. Wie die Verschiebung im Einzelnen abläuft, ist im Algorithmus 2 beschrieben.

Die Ausrichtungen der Koordinatenachsen des inneren Gehörgangs, die sich aus dieser Vorgehensweise ergeben, sind folgendermaßen definiert:

- **Z-Achse ($\vec{z}_{IAC}$):** Die Hauptachse des inneren Gehörgangs. Sie verläuft von außen in Richtung Dura.

- **Y-Achse ($\vec{y}_{IAC}$):** Steht senkrecht zur Z-Achse des inneren Gehörgangs und zur Z-Achse des Koordinatensystems der lateralen Schädelbasis ($\vec{z}_{temp}$) (siehe Abbildung 5.24): $\vec{y}_{IAC} = \vec{z}_{IAC} \times \vec{z}_{temp}$

Algorithm 1 Bestimmung der Hauptachse des inneren Gehörgangs. Die Punkte des Oberflächennetzes des inneren Gehörgangs werden in der Variable *points* übergeben, die gefundene optimale Achse befindet sich anschließend in der Variable *bestaxis*. Der Algorithmus durchsucht den Raum aller möglichen Achsen und bewertet jede einzelne Konfiguration mit dem Median der Oberflächenpunktabstände zur gefundenen Achse. Die Achse mit der geringsten Bewertung ist die optimale Achse.

---

center := average(points);
size := numberofpoints(points);
bestaxis;
bestdistance := -1.0;
for ϕ := 0.0 to 360.0 **do**
  for θ := 0.0 to 180.0 **do**
    axis := calculateaxis(center, ϕ, θ);
    clear(distances);
    for all point $\in$ points **do**
      dist := distance(point, axis);
      append(distances, dist);
    end for
    sort(distances);
    if bestdistance > centralelement(distances) **then**
      bestdistance := centralelement(distances);
      bestaxis := axis;
    end if
  end for
end for

Algorithm 2 Verschiebung der Hauptachse des inneren Gehörgangs in seine Mitte und Bestimmung von Anfangs- und Endpunkt. Die Hauptachse ist in der Variablen *bestaxis* gegeben, die Punkte des Polygonnetzes des inneren Gehörgangs in der Variable *points*. Die neue Achse wird in der Variable *bestaxis2* gespeichert, die beiden äußeren Punkte des inneren Gerhörgangs in den Variablen *p1* und *p2*. Der Algorithmus transformiert alle Oberflächenpunkte in ein lokales Koordinatensystem der gegebenen Achse, extrahiert die zweidimensionale Koordinate auf einer Ebene, auf der die Achse senkrecht steht und verschiebt anschließend die Achse in den Schwerpunkt der zweidimensionalen Koordinaten.

```
vec1 := direction(bestaxis);
vec2 := perpendicular(vec1);
vec3 := perpendicular(vec1, vec2);
p0 := pointonaxis(bestaxis);
transformfromaxis := matrix(vec1, vec2, vec3, p0);
transformtoaxis := inverse(transformfromaxis);
transformedpoints;
p1, p2;
p1min = ∞;
p1max = −∞;
for all point ∈ points do
    point2 := transformtoaxis × point;
    append(transformedpoints, {point2.y, point2.z});
    if point2.x > p1min then
        p1min := point;
    end if
    if point2.x < p2max then
        p2max := point;
    end if
end for
p1 := transformfromaxis × { p1min, 0, 0 };
p2 := transformfromaxis × { p2max, 0, 0 };
center := average(transformedpoints);
bestaxis2 := translate(bestaxis, vec2 * center.x + vec3 * center.y);
```

- **X-Achse** ($\vec{x}_{IAC}$): Steht senkrecht zur Y-Achse und zur Z-Achse des inneren Gehörgangs: $\vec{x}_{IAC} = \vec{y}_{IAC} \times \vec{z}_{IAC}$

Ein Zylinder besitzt ein wohldefiniertes zweidimensionales Koordinatensystem, über das die Positionen aller Messpunkte systematisch über den gesamten Körper verteilt werden können. Durch die leichte Übertragbarkeit in ein zweidimensionales Bild sind die Ergebnisse für den menschlichen Betrachter leicht verständlich und können ohne aufwändige Werkzeuge analysiert werden. Abbildung 5.35 veranschaulicht die Repräsentation des inneren Gehörgangs als Zylinder und die Transformation dessen Oberfläche in eine zweidimensionale Ebene. Das Gitternetz symbolisiert bereits die Messpunkte für die Erreichbarkeitsberechnung: Für jeden Kreuzungspunkt wird die Erreichbarkeit ermittelt. Die Umrechnung zwischen dem Zylinderkoordinatensystem mit axialer Koordinate h, Winkelkoordinate ϕ und Radialkoordinate r erfolgt entsprechend der Formeln 5.9 bis 5.11. Zu beachten ist, dass h als normierte Distanz ($0{,}0 \leq h \leq 1{,}0$) auf der Hauptachse des inneren Gehörgangs angegeben wird und r in dieser Studie immer exakt dem Radius bis zur Oberfläche des inneren Gehörgangs entspricht.

$$x_{IAC} = r * cos(\phi) \tag{5.9}$$
$$y_{IAC} = r * sin(\phi) \tag{5.10}$$
$$z_{IAC} = h \tag{5.11}$$

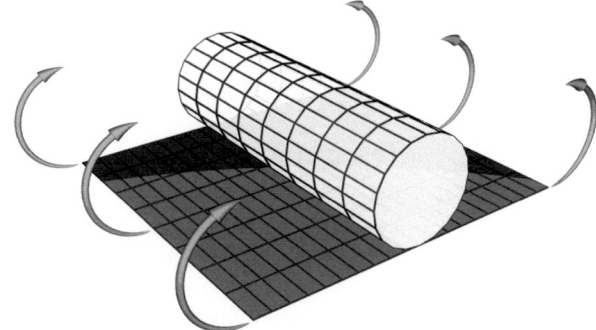

Abbildung 5.35: Gewinnung zweidimensionaler Oberflächenkarten des zum Zylinder angenäherten inneren Gehörgangs durch sein zylindrisches Koordinatensystem.

Abtastung des Raumes aller möglichen Zugangsrichtungen

Um die Erreichbarkeit eines Punktes auf der Oberfläche des inneren Gehörgangs sicherstellen zu können, muss von diesem Punkt ausgehend eine Möglichkeit gefunden werden, einen Weg an den kritischen Strukturen vorbei aus dem Schädel heraus zu finden. Da bei der Minimal Traumatischen Chirurgie lineare Zugangswege verwendet werden sollen und mit dem Zielpunkt bereits ein Punkt auf dem Verlauf des Zugangswegs feststeht, ist der Suchraum lediglich zweidimensional (siehe Abbildung 5.36): Die Variablen sind der Winkel der Annäherungsrichtung an den gewünschten Zielpunkt und der Auftreffwinkel. Ein Suchaufwand dieser Größenordnung kann bereits durch bloße Abtastung des Suchraums und Testen aller möglichen Lösungen bewältigt werden.

Über jedem Messpunkt $p_{channel}$ wird ein Kugelkoordinatensystem definiert, dessen Ausrichtung durch das Koordinatensystem des inneren Gehörgangs vorgegeben wird:

- **Y-Achse ($\vec{z}_{sample}$):** Die Normale des inneren Gehörgangs an der Stelle des Messpunkts.

- **Z-Achse ($\vec{y}_{sample}$):** Die Hauptachse des inneren Gehörgangs. Sie entspricht z_{IAC}.

- **X-Achse ($\vec{x}_{sample}$):** Steht senkrecht zur X- und zur Y-Achse: $\vec{x}_{sample} = \vec{z}_{sample} \times \vec{y}_{sample}$

Der Winkel θ bestimmt somit die Zugangsrichtung, der Winkel ϕ den Auftreffwinkel zum Messpunkt. Wertebereiche für θ und ϕ sind:

$$\theta \quad : \quad 0{,}0° \leq \theta \leq 360{,}0° \tag{5.12}$$
$$\phi \quad : \quad 0{,}0° \leq \phi \leq 90{,}0° \tag{5.13}$$

Unter Zuhilfenahme der 3x3 Transformationsmatrix $T_{sample-global}$ kann die Verlaufsrichtung $d_{channel}$ des virtuellen Bohrkanals im globalen Koordinatensystem aus den sphärischen Koordinaten θ, ϕ und einem Radius von 1,0 berechnet werden:

$$T_{sample-global} \quad = \quad (\vec{x}, \vec{y}, \vec{z}) \tag{5.14}$$
$$d_{channel} \quad = \quad T_{sample-global} \times fromsphere(\theta, \phi, 1{,}0) \tag{5.15}$$

Mit dem Messpunkt $p_{channel}$ und dem Richtungsvektor $d_{channel}$ stehen nun die notwendigen Transformationsdaten zur Positionierung eines Bohrkanals aus einer gewünschten Richtung zur Verfügung.

Abbildung 5.36: Überprüfung der Erreichbarkeit eines Messpunktes durch Abtastung des Raumes aller möglichen Zugangsrichtungen.

Erzeugung statistischer Erreichbarkeitskarten

Mit der Definition der Abtastmuster des inneren Gehörgangs und der möglichen Zugangsrichtungen zum gewählten Zielpunkt stehen die notwendigen Werkzeuge zur Bestimmung von Erreichbarkeitskarten zur Verfügung. Die Berechnung eines patientenindividuellen Modells beinhaltet die ortsaufgelöste Erreichbarkeit in Abhängigkeit zum Durchmesser der Bohrkanäle und besteht aus den folgenden Einzelschritten:

- Festlegung der Schrittweiten für alle Abtastungen von innerem Gehörgang und Zugangsrichtungen

- Laden der Geometriedaten der kritischen Strukturen und Berechnung eines gemeinsamen hierarchischen Kollisionsmodells zur effizienten Kollisionsverarbeitung

- Erstellung zylindrischer Kollisionskörper für alle zu untersuchenden Durchmesser von Bohrkanälen. Diese Körper müssen lang genug sein, damit sie aus dem Schädel herausragen können.

- Festlegen der Messpunkte auf der Oberfläche des inneren Gehörgangs anhand der vordefinierten Abtastschrittweiten. Die Vorgehensweise entspricht der aus Abschnitt 5.8.1.

Für jeden Messpunkt dieser definierten Messpunkte werden im Anschluss die folgenden Schritte durchlaufen:

- Für alle zu untersuchenden Durchmesser von Bohrkanälen werden die folgenden Schritte durchlaufen. Dabei werden zuerst dünne Bohrkanäle zur Vermeidung unnötiger Berechnungen untersucht:

  - Berechnung der Erreichbarkeit durch Abtastung aller Zugangsrichtungen. Die Vorgehensweise entspricht der aus Abschnitt 5.8.1. Der Kollisionstest zwischen kritischen Strukturen und zylinderförmigem Bohrkanal wird jeweils über den Messpunkt $p_{channel}$ und den Richtungsvektor $d_{channel}$ parametrisiert durchgeführt. Um eine Kollision mit der Zielstruktur selbst zu vermeiden, wird der Messpunkt um den Radius des Kanals entlang der Normalen am Messpunkt vom inneren Gehörgang weg verschoben.

  - Sobald ein gültiger Zugang gefunden wurde gilt die Erreichbarkeit mit dem aktuellen Durchmesser als bestätigt. Die Untersuchung des Punktes kann abgebrochen werden.

- Konnte die Erreichbarkeit des Punktes mit dem aktuellen Durchmesser nicht nachgewiesen werden, wird die Untersuchung des Messpunktes abgebrochen, da aufgrund der vorweggegangenen Sortierung alle nachfolgenden Untersuchungskanäle größer sind und somit nicht ohne Kollision platzierbar sind.

Anhand der gewonnenen Daten wird im Anschluss für jeden Probanden s für jeden Kanaldurchmesser d eine separate zweidimensionale Erreichbarkeitskarte $R(s, d, y, x) \in \{0, 1\}$ erstellt. Da die erreichbaren Flächen für große Durchmesser Teilmengen der Flächen von kleinen Durchmessern sind, können diese bei der Darstellung auch in eine einzige farbkodierte Erreichbarkeitskarte überführt werden, wie in Abbildung 5.37 zu sehen ist.

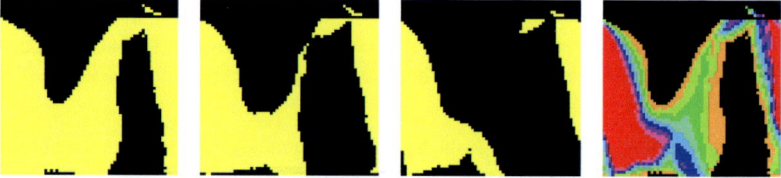

Abbildung 5.37: Erreichbarkeitskarten eines Probanden für verschiedene Bohrkanaldurchmesser. Die Karten können auch zu einer farbkodierten Darstellung zusammengefasst werden (rechts).

Die Erreichbarkeitskarten wurden bei allen Probanden S in einem vergleichbaren Koordinatensystem erstellt. Daher können die individuellen Daten der Probanden durch einfache Überlagerung fusioniert und zu einem Modell $R'(d, y, x) \in$

$\{w \mid w \in \mathbb{R},\ 0{,}0 \le w \le 1{,}0\}$ zusammengefasst werden, das die Erfolgswahrscheinlichkeit wiedergibt, mit der eine bestimmte Zone (y, x) des inneren Gehörgangs mit einem Kanal gegebenen Durchmessers d erreicht werden kann. Dieser Vorgang ist in Abbildung 5.38 illustriert und wird im Algorithmus 3 beschrieben.

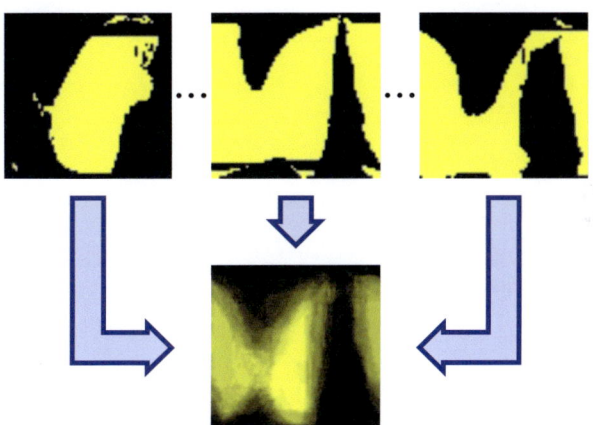

Abbildung 5.38: Fusionierung verschiedener patientenindividueller Modelle zu einem patientenübergreifenden Modell.

Implementierung

Die Implementierung der Erreichbarkeitsanalyse erfolgte weitgehend unter Verwendung der Softwarebibliothek *Visualisation Toolkit* und des *Proximity Query Package*. Die Anatomiedatenbank aus Abschnitt 5.2 ermöglichte das automatische Laden und Verarbeiten des Archives anatomischer Geometriedaten anhand vorher festgelegter Parameter. Dadurch konnte die Modellberechnung vollständig autonom erfolgen, und es waren keine Benutzerinteraktionen während dieses Prozesses notwendig. Sämtliche Kollisionstests wurden über das *Proximity Query Package* abgewickelt, das eine höhere Performanz bietet als die im *Visualisation Toolkit* vorhandenen Kollisionserkennungsverfahren.

Vor der Berechnung der Erreichbarkeitskarten können die gewünschten Anatomiedatensätze und die kritischen Strukturen individuell festgelegt werden, ebenso alle Parameter wie Schrittweiten, die sich erheblich auf die Berechnungsdauer des Modells auswirken (Abbildung 5.39). Das fertige Modell kann nach der Berechnung patientenindividuell und patientenübergreifend sowie zweidimensional als

Algorithm 3 Vereinigung der Erreichbarkeitskarten $R(s, d, y, x)$ mehrerer Probanden S zu einem patientenübergreifenden Modell $R(d, y, x)$. Die Variablen max_x und max_y geben jeweils die Größe der Erreichbarkeitskarten in X- und Y-Richtung an.

---

n := size(S);
for all s ∈ S **do**
  value := 0.0;
  for y := 0 to max_y - 1 **do**
    for x := 0 to max_x - 1 **do**
      value := value + R(s, d, y, x);
    end for
  end for R'(d, y, x) := value / n;
end for

Erreichbarkeitskarte analysiert werden. Auch eine dreidimensionale Darstellung ist möglich (Abbildung 5.40).

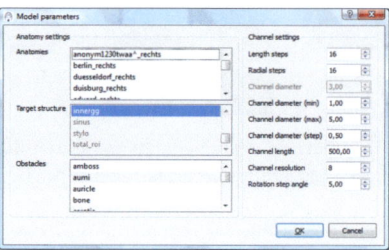

Abbildung 5.39: Einstellungsdialog zur Festlegung der Parameter für die Berechnung des Erreichbarkeitsmodells.

Die Ergebnisse der Kollisionstests, die patientenindividuellen Erreichbarkeitsmodelle, werden in einer XML-Datei abgelegt. Weiterhin wird hier auch das patientenübergreifende Erreichbarkeitsmodell gespeichert. Zum Betrachten und zur Analyse können die gespeicherten Daten wieder in die Berechnungssoftware zur Vermeidung einer zeitaufwändigen Neuberechnung geladen werden. Auch ein Export der Erreichbarkeitskarten in externe Bildformate ist möglich.

5.8.2 Ortsaufgelöste maximale Größe von Kavitäten

Der Ansatz aus dem letzten Abschnitt wurde dahingehend erweitert[RLR⁺09a], dass über jedem Messpunkt eine Kugel bis zur Grenze der kritischen Strukturen expandiert wird, wie es in Abbildung 5.41 zu sehen ist. Über die Angabe minimaler, maximaler und durchschnittlicher Radien können so Aussagen über die

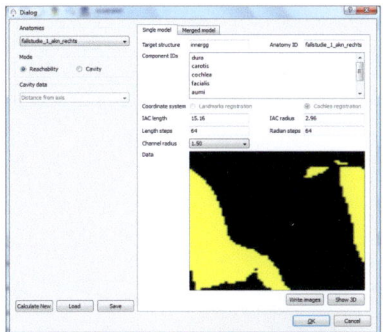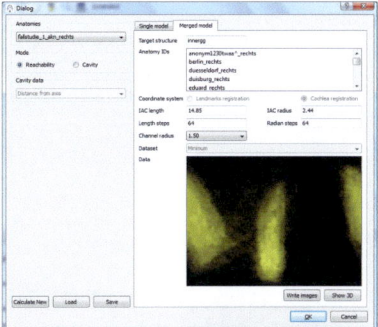

Abbildung 5.40: Dialoge zur Betrachtung und Analyse des Erreichbarkeitsmodells.

Größe einer Kavität an dieser Stelle getroffen werden. Aus den daraus gewonnen Daten können Anforderungen für Werkzeuge abgeleitet werden.

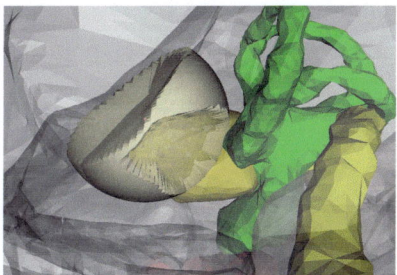

Abbildung 5.41: Expandierte Kugel über dem inneren Gehörgang zur Abschätzung der Größe möglicher Kavitäten.

Bestimmung der Größe einer möglichen Kavität

Über jedem Messpunkt wird in der Mitte zwischen dem inneren Gehörgang und der nächsten gegenüberliegenden kritischen Struktur eine Kugel expandiert. Stoßen Teile der Kugeloberfläche an eine der kritischen Strukturen oder an den inneren Gehörgang, wird die Expansion an dieser Stelle gestoppt. Der Rest der Oberfläche bewegt sich ungehindert weiter. Abbildung 5.42 verdeutlicht diesen Vorgang schematisch.

Zur Bestimmung des Saatpunktes der Kugelexpansion wird vom Messpunkt ausgehend eine Linie entlang der dort vorherrschenden Oberflächennormalen des

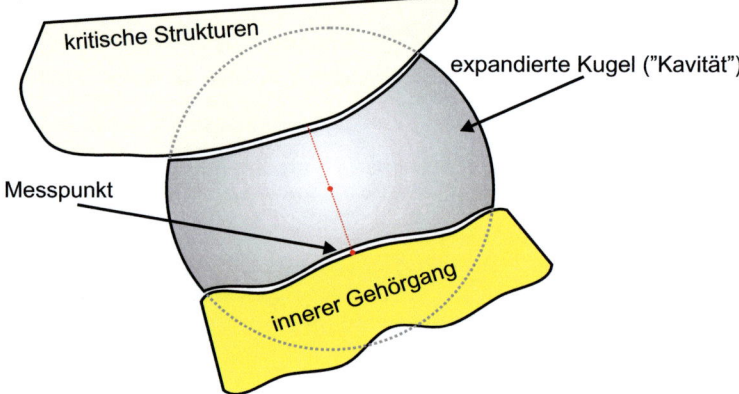

Abbildung 5.42: Expansion des kugelförmigen Kavitätenkörpers bis an die Grenzen der kritischen Strukturen und des inneren Gehörgangs. Das Zentrum der Kugel liegt auf der Oberflächennormalen des inneren Gehörgangs über dem jeweiligen Messpunkt. Entlang der Normalen erfolgt eine Positionierung in der Mitte zwischen innerem Gehörgang und der nächsten die Normalengerade schneidenden kritischen Struktur.

inneren Gehörgangs gelegt und ihre erste Kollision mit einer kritischen Struktur bestimmt. Der Saatpunkt wird genau in die Mitte zwischen den zwei Punkten, Ursprungspunkt und Kollisionspunkt, platziert. Davon ausgehend werden Halbgeraden durch die Stützpunkte der Kugeloberfläche ausgerichtet und deren jeweils nächster Schnittpunkt mit dem inneren Gehörgang oder der nächsten kritischen Struktur bestimmt. Werden die Stützpunkte anschließend auf die neuen Schnittpunkte verschoben, entsteht die gesuchte deformierte Kugel, die das Volumen der Kavität über dem Messpunkt annähert. Abbildung 5.43 verdeutlicht diesen Vorgang.

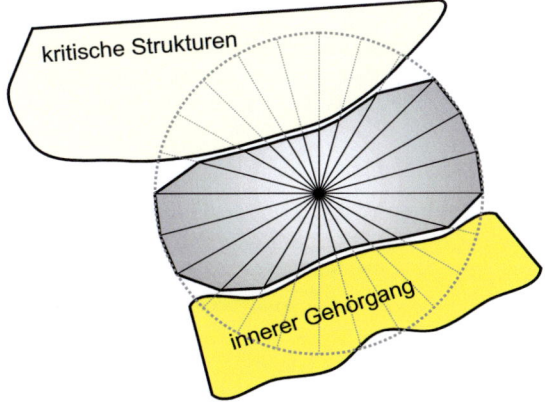

Abbildung 5.43: Schnittberechnung der vom Saatpunkt ausgehenden Halbgeraden (gestrichelte Linien) mit den kritischen Strukturen. Die Schnittpunkte ergeben die neuen Stützpunkte der deformierten Kugel, die das Volumen der Kavität über dem Messpunkt annähert.

Erweiterung des Algorithmus

Da es sich bei der Untersuchung des für Kavitäten zur Verfügung stehenden Raumes um die Untersuchung eines weiteren Aspektes der lateralen Schädelbasis mit den gleichen Rahmenbedingungen wie in Abschnitt 5.8.1 handelt, werden der Kern des dort angewandten Algorithmus beibehalten und bereits gewonnene Daten wiederverwendet: Es werden die gleichen Registrierungs- und Navigationsmechanismen verwendet, das Abtastmuster des inneren Gehörgangs wird übernommen und vorhandene Erreichbarkeitskarten zur Reduzierung des Rechenaufwands hinzugezogen. Was sich ändert, ist die Art der Untersuchung, die auf der Grundlage der einzelnen Messpunkte auf der Oberfläche des inneren Gehörgangs durchgeführt wird und im vorherigen Abschnitt beschrieben wurde. Zur Extraktion der gesuchten Daten aus den Geometriemodellen werden die folgenden Einzelschritte durchlaufen:

- Festlegung der Schrittweiten für alle Abtastungen von innerem Gehörgang und initialer kugelförmiger Kavität. Die Parameter zum inneren Gehörgang müssen denen aus der Erreichbarkeitsanalyse entsprechen.

- Laden der Geometriedaten der kritischen Strukturen und Berechnung eines gemeinsamen hierarchischen Kollisionsmodells zur effizienten Kollisionsbestimmung

- Laden der Erreichbarkeitskarte für den kleinsten vermessenen Bohrkanaldurchmesser, da über Bereichen des inneren Gehörgangs, deren Erreichbarkeit bereits widerlegt werden konnte, keine Berechnung von Kavitäten erforderlich ist.

- Instantiierung einer Standardkugel zur Definition initialer Stützpunkte.

- Festlegen der Messpunkte auf der Oberfläche des inneren Gehörgangs anhand der vordefinierten Abtastschrittweiten. Die Vorgehensweise entspricht der in Abschnitt 5.8.1 beschriebenen.

Für jeden Messpunkt werden anschließend die folgenden Schritte der Reihe nach durchgeführt:

- Berechnung der Position des Saatpunktes, Positionierung und Expansion der Kugel. Die Vorgehensweise entspricht der in Abschnitt 5.8.2 beschriebenen.

- Statistische Berechnung über die Abstände der verschobenen Kugelstützpunkte zum Saatpunkt: Bestimmung von Minimum, Maximum, Durchschnitt und Median. Zusätzlich wird der Abstand des Saatpunktes zum inneren Gehörgang gespeichert.

Die errechneten Daten der individuellen Kavitäten werden anschließend zu einem patientenübergreifenden Modell fusioniert. Im Vergleich zur Erreichbarkeitsanalyse ist die Datenbasis allerdings komplexer, da die statistischen Daten Minimum, Maximum, Durchschnitt und Median des patientenindividuellen Modells gebildet werden müssen. In der abschließenden Analyse wird nur der Median eine Rolle spielen.

Bei der Visualisierung der Daten wird das Ampel-Prinzip angewendet: Anhand vorgegebener Grenzwerte wird der Wertebereich in die Bereiche *kritisch*, *akzeptabel* und *gut* eingeteilt und entsprechend in den Farben rot, gelb und grün dargestellt. Abbildung 5.44 zeigt die verschiedenen statistischen Kavitätenkarten für einen einzelnen Probanden, Abbildung 5.45 die Kavitätenkarten eines patientenübergreifenden Datensatzes.

   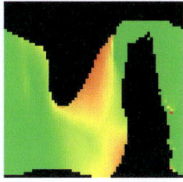

Abbildung 5.44: Ortsaufgelöste Karten zu verschiedenen statistischen Aspekten der Radien der Kavitäten (vlnr): Minimaler Radius, maximaler Radius, mittlerer Radius, Median des Radius. Die Werte können nach dem Ampel-Prinzip anhand vorgegebener Grenzwerte farblich kodiert dargestellt werden.

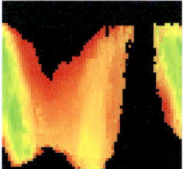  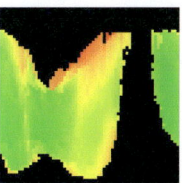

Abbildung 5.45: Ortsaufgelöste Karten zu verschiedenen statistischen Aspekten der fusionierten Daten über Radien der Kavitäten (vlnr): Median aller minimalen Radien, Median aller maximalen Radien, Median aller Mediane des Radius. Die Werte können nach dem Ampel-Prinzip anhand vorgegebener Grenzwerte farblich kodiert dargestellt werden.

Implementierung

Auch bei der Implementierung versteht sich die Analyse der Kavitäten als Erweiterung der Erreichbarkeitsanalyse und wurde aufgrund dieses Umstandes darin integriert. In der Folge werden beide Modelle im gleichen Berechnungsdurchlauf erzeugt und die Abhängigkeiten von Anatomiedatenbank und *Visualisation Toolkit* sind die gleichen. Lediglich bei der Berechnung der Kollisionen wird auf die Algorithmen des *Visualisation Toolkit* zurückgegriffen, da dieses über einen effizienteren Mechanismus zur Berechnung von Kollisionen zwischen Polygonnetzen und Linien verfügt.

Die Benutzerschnittstelle der Anwendung zur Betrachtung des Erreichbarkeitsmodells wurde dahingehend erweitert, dass auch das Kavitätenmodell betrachtet und analysiert werden kann, wie in Abbildung 5.46 zu sehen ist.

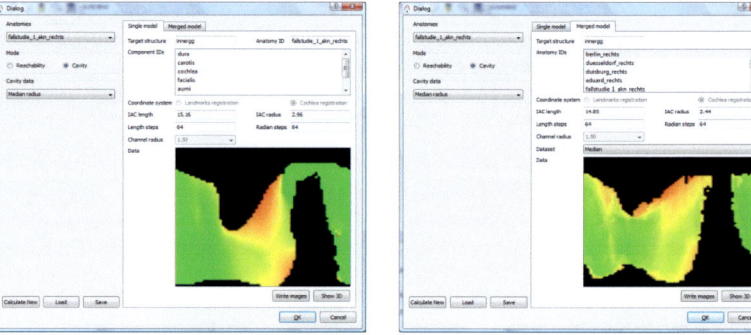

Abbildung 5.46: Dialog zur Betrachtung und Analyse des Kavitätenmodells.

6 Ergebnisse

Die folgenden Abschnitte fassen die Ergebnisse der modellbasierten interindividuellen Machbarkeitsstudie für die Minimal Traumatische Chirurgie zusammen. Diese gliedern sich in drei Teile: Im ersten Teil, der *Evaluation der Registrierungsverfahren* werden die entwickelten Registrierungsverfahren, die die Basis für die Untersuchungen bilden, einander gegenübergestellt und bewertet. Im zweiten Teil, der *Qualitativen Analyse der Zugangswege* wird die interindividuelle Variabilität der lateralen Schädelbasis untermauert, und es werden mögliche Konfigurationen für Zugangswege zum inneren Gehörgang über lineare Bohrkanäle genannt. Der dritte Teil, die *Quantitative Analyse der Zugangswege*, beschreibt die erreichbaren Gebiete des inneren Gehörgangs und die dort maximal möglichen Dimensionen des Arbeitsraums für mikrochirurgische Werkzeuge. Das Kapitel schließt mit einer Skizzierung von *Anforderungen für mikrochirurgische Werkzeuge* ab.

6.1 Evaluation der Registrierungsverfahren

Die entwickelten Registrierungsverfahren wurden evaluiert und einander gegenübergestellt. Da es sich bei der interindividuellen Registrierung um ein noch sehr unbegangenes Gebiet der Wissenschaft handelt, gab es keinen Goldstandard, mit dem die Verfahren verglichen werden konnten. Mit dem Probabilistischen Modell stand aber ein Werkzeug zur Verfügung, das eine Beurteilung der Verfahren erlaubte.

6.1.1 Interindividuelle Registrierung

Die Evaluierung interindividueller Registrierungsverfahren gestaltet sich aufwändig, da es sich per Definition um einen Prozess handelt, der für zwei oder mehrere nicht identischer Körper eine optimale Überdeckung herstellen soll, das heißt Körper, die im Grunde genommen nicht mit einander kompatibel sind. Gängige Bewertungskriterien für Registrierungsverfahren wie der *Fiducial Registration Error* können daher zwar angewendet werden, liefern aber wegen eines fehlenden Goldstandards nur im relativen Vergleich Aussagen. Ein weiteres Manko dieser Verfahren ist der reine Bezug auf Landmarken ohne eine Betrachtung der tatsächlichen Oberfläche der Objekte. In Tabelle 6.1 ist zu sehen, dass über den TRE keine signifikanten Unterschiede zwischen den Registrierungen mit Landmarken und über die Geometrie des Labyrinths festzustellen sind. Interessanterweise liegt die Registrierung über die Geometrie sogar leicht vor der Landmarkenregistrierung, obwohl der TRE dort ein Minimierungskriterium darstellt. Daher musste zur Evaluation der zwei Registrierungsverfahren mit Landmarken und der Geometrie des Labyrinths ein neues Verfahren entwickelt werden.

Name	TRE ICP	SKAL ICP	TRE LM	SKAL LM
anonym1230twaa	0,81 mm	111 %	1,50 mm	121 %
berlin	1,42 mm	113 %	1,34 mm	118 %
duesseldorf	1,40 mm	107 %	0,98 mm	103 %
duisburg	0,52 mm	103 %	0,66 mm	121 %
eduard	1,83 mm	107 %	1,30 mm	129 %
fallstudie_1_akn	1,34 mm	107 %	1,53 mm	106 %
formalin1	1,20 mm	111 %	1,31 mm	126 %
hamburg	2,57 mm	115 %	1,72 mm	125 %
kromayer_02_05	1,55 mm	103 %	2,24 mm	116 %
kromayer_03_05	2,35 mm	113 %	2,05 mm	121 %
kunigunde	0,71 mm	104 %	2,07 mm	100 %
muenchen	1,05 mm	115 %	1,16 mm	112 %
rudolf	0,58 mm	100 %	1,34 mm	106 %
Min	0,52 mm	100 %	0,66 mm	100 %
Max	2,57 mm	115 %	2,24 mm	129 %
Median	1,34 mm	107 %	1,34 mm	118 %
Mittel	1,33 mm	108 %	1,48 mm	116 %

Tabelle 6.1: Abschätzung der Registrierungsgenauigkeit von Landmarken- und Oberflächenregistrierung für 13 verschiedene Datensätze (TRE=Target Registration Error, SKAL=Normierter relativer Skalierungsfaktor, ICP=Oberflächenregistrierung, LM=Landmarkenregistrierung).

Mit dem Probabilistischen Modell steht ein Verfahren zu Verfügung, das eine Bestimmung der Güte der registrierten Überlagerung mehrerer geometrischer Körper, die dem gleichen „Bauplan" entstammen, sich aber durch geringe individuelle Variationen voneinander unterscheiden, erlaubt. Unter der Annahme, dass sich die gemessene Varianz zweier Körper durch die Summe der tatsächlichen Varianz und der des Registrierungsfehlers gebildet wird, kann die relative Güte zweier interindividueller Registrierungsverfahren unabhängig von Landmarken über die Geometrie der registrierten Körper bestimmt werden. Grund dafür ist, dass die Varianzen bei beiden Verfahren gleich groß sind und sich daher aufheben, so lange beide Verfahren auf den gleichen Referenzdatensatz angewendet werden. Die gemessene Varianz kann dem Probabilistischen Modell über das Histogramm der Voxelintensitäten entnommen werden: Hohe Intensitäten bedeuten starke Überdeckungen, geringe Intensitäten lassen auf geringe Überdeckungen schließen. Je weiter der Schwerpunkt des Histogramms also in Richtung der hohen Intensitäten verschoben liegt, desto erfolgreicher war die Registrierung der einzelnen Datensätze zueinander. Diese Verschiebung lässt sich über den durchschnittlichen Intensitätswert und das Volumen, dessen Auftretenswahrscheinlichkeit über einem gegebenen Schwellwert liegt, abschätzen.

Tabelle 6.2 zeigt die Ergebnisse der Histogrammanalyse des Probabilistischen Modells. Die betrachteten Parameter sind die durchschnittliche Wahrscheinlichkeit (Intensität) und das Volumen, das eine Auftretenswahrscheinlichkeit von über 90 % besitzt. Anhand der Zahlen liegt die Registrierung über die Geometrie leicht vor der Registrierung über Landmarken. Bei den Werten zum Labyrinth liegt sie erwartungsgemäß weit vorne, dies ist aber nicht weiter verwunderlich, da es sich hier um den Referenzkörper handelt, über den die Registrierung durchgeführt wurde. Am Sinus sigmoideus und am inneren Gehörgang ist ein leichter Vorteil der Landmarkenregistrierung erkennbar, bei den restlichen Strukturen zeigt sich aber, dass das Histogramm bei der Registrierung über die Geometrie der Cochlea stärker in Richtung der hohen Werte verschoben ist als bei der Landmarkenregistrierung.

Struktur	Vol 90 %$^+$ LM	$\varnothing$ LM	Vol 90 %$^+$ GEO	$\varnothing$ GEO
Labyrinth	41,9 mm^3	20,0 %	87,8 mm^3	27,1 %
Gesichtsnerv	0,0 mm^3	12,9 %	1,17 mm^3	13,9 %
Arteria carotis	91,8 mm^3	18,7 %	116,5 mm^3	18,7 %
Innerer Gehörgang	56,5 mm^3	28,2 %	55,8 mm^3	27,3 %
Sinus sigmoideos	0,0 mm^3	17,4 %	0,0 mm^3	16,5 %

Tabelle 6.2: Abschätzung der Registrierungsgenauigkeit von Landmarken- und Oberflächenregistrierung für 12 verschiedene Datensätze mit Hilfe einer Histogrammanalyse des Probabilistischen Modells (LM=Landmarkenregistrierung, GEO=Registrierung über die Geometrie des Labyrinths).

Eine interessante Nebenerkenntnis aus Tabelle 6.1 sind Informationen über die interindividuellen Größenunterschiede der untersuchten Anatomien: Durch die Extraktion des Skalierungsfaktors wird deutlich, dass die Größe der Strukturen innerhalb der untersuchten Probanden um bis zu 15 % (über Landmarken bis zu 29 %) variiert.

6.1.2 Standardisiertes Koordinatensystem

Zu Herstellung eines Standardisierten Koordinatensystems wurden zwei Ansätze vorgestellt: Die Verwendung eines synthetischen Cochleamodells bestehend aus drei Tori und einer deformierten Kugel und, als Erweiterung dessen, das mit Hilfe des Probabilistischen Modells berechnete Durchschnittsmodell einer Cochlea (siehe Abbildung 6.1). In der Anwendung konnten zwischen beiden Modellen allerdings keine bedeutenden Unterschiede bei ihrer Registrierung beobachtet werden. Beide Verfahren sind deterministisch, liefern also jeweils eindeutig bestimmte Koordinatensysteme für jeden beliebigen Probanden. Abbildung 6.2 zeigt die Koordinatensysteme beider Ansätze im Vergleich nach der Registrierung auf vier exemplarische Labyrinthe. In Abbildung 6.3 sind die gleichen Registrierungen noch einmal zusammen mit umgebenden anatomischen Strukturen zu sehen.

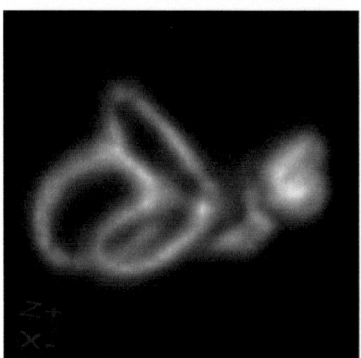 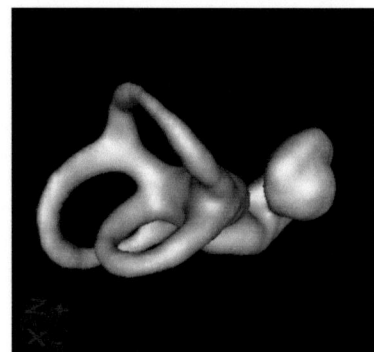

Abbildung 6.1: Probabilistisches Modell aus sechzehn Labyrinthen (links) und daraus durch Schwellwertbildung berechnetes Durchschnittslabyrinth (rechts).

6.2 Qualitative Analyse der Zugangswege

Im Zuge der qualitativen Analyse der Zugangswege konnte die starke interindividuelle Variabilität der lateralen Schädelbasis bestätigt und Zugangswege zur Zielstruktur, dem inneren Gehörgang, gefunden und klassifiziert werden. Als Analysewerkzeuge kamen das Probabilistische Modell und die Planungssoftware *MitraPlanner* zum Einsatz.

6.2.1 Analyse mit Hilfe des Probabilistischen Modells

Die qualitative Analyse der Anatomie der lateralen Schädelbasis mit Hilfe des Probabilistischen Modells konnte die Vermutung bestätigen, dass die interindividuellen Variationen ausgesprochen ausgeprägt sind. Die Abbildungen 6.4 und 6.5 zeigen exemplarische Darstellungen des Labyrinths: Es handelt sich dabei um eine Oberflächenansicht nach Grenzwertbildungen von 10 %, 30 % und 50 %, das

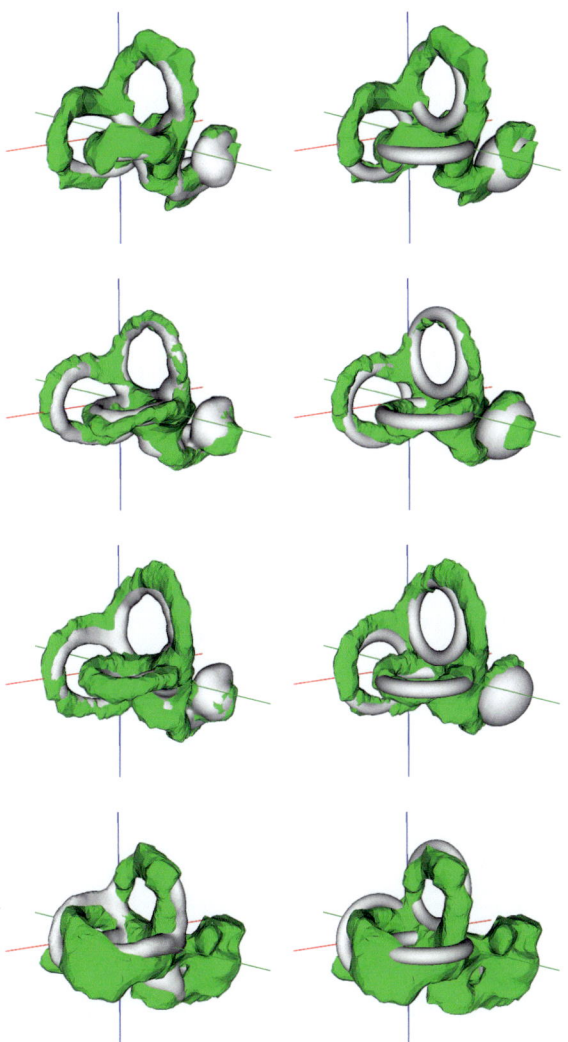

Abbildung 6.2: Vergleich der Registrierung zwischen Durchschnittslabyrinth-
modell (links) und synthetischem Labyrinthmodell (rechts) anhand vier exemplarischer Labyrinthe.

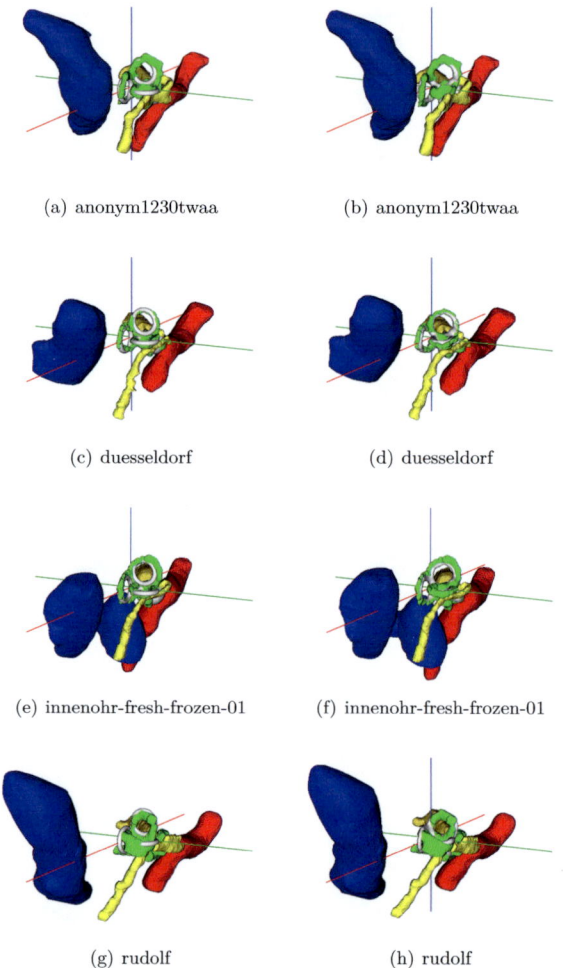

(a) anonym1230twaa

(b) anonym1230twaa

(c) duesseldorf

(d) duesseldorf

(e) innenohr-fresh-frozen-01

(f) innenohr-fresh-frozen-01

(g) rudolf

(h) rudolf

Abbildung 6.3: Vergleich der Registrierung zwischen Durchschnittslabyrinth-modell (links) und synthetischem Labyrinthmodell (rechts) anhand vier exemplarischer Labyrinthe mit umgebenden anatomischen Strukturen.

dargestellte Volumen entspricht dem Volumen der Voxel eines Labyrinths, die mit einer Wahrscheinlichkeit von mehr als 10 %, 30 % oder 50 % vorhanden sind.

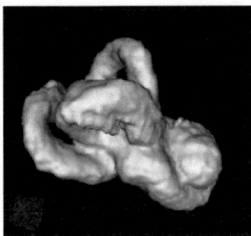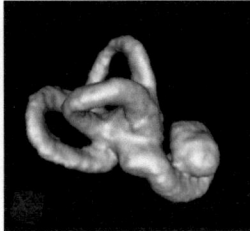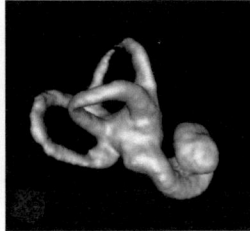

Abbildung 6.4: Oberflächenansicht des Probabilistischen Modells des Labyrinths für verschiedene Wahrscheinlichkeitswerte (vlnr): >10 %, >30 %, >50 %

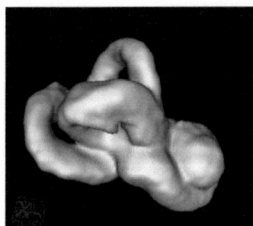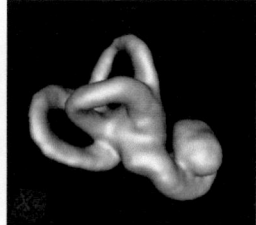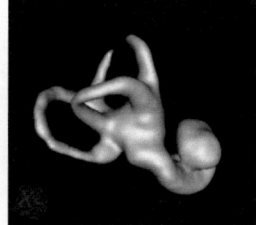

Abbildung 6.5: Oberflächenansicht des Probabilistischen Modells des Labyrinths für verschiedene Wahrscheinlichkeitswerte nach Anwendung des Gaußfilters mit einem Glättungsradius von einem Pixel (vlnr): >10%, >30%, >50%

6.2.2 Manuelle Analyse der Zugangswege

Die bei der manuellen Analyse der lateralen Schädelbasis mit Hilfe der entwickelten Planungssoftware *MitraPlanner* gefundenen Bohrtrajektorien sind in den Abbildungen 6.6 und 6.7 zu sehen. Es wurden 16 Probanden untersucht. Ziel dieser Untersuchungen war es, Zugangswege zu identifizieren. Welche Bereiche der Zielstruktur genau erreicht werden können, wird später im Rahmen der quantitativen Analyse erläutert.

Die platzierten Kanäle hatten einen Durchmesser von 3 mm. Diese Größe wurde bereits in der frühen Konzeptionsphase der Minimal Traumatischen Chirurgie als sinnvolle Größe postuliert, da es unwahrscheinlich erschien, Werkzeuge zum

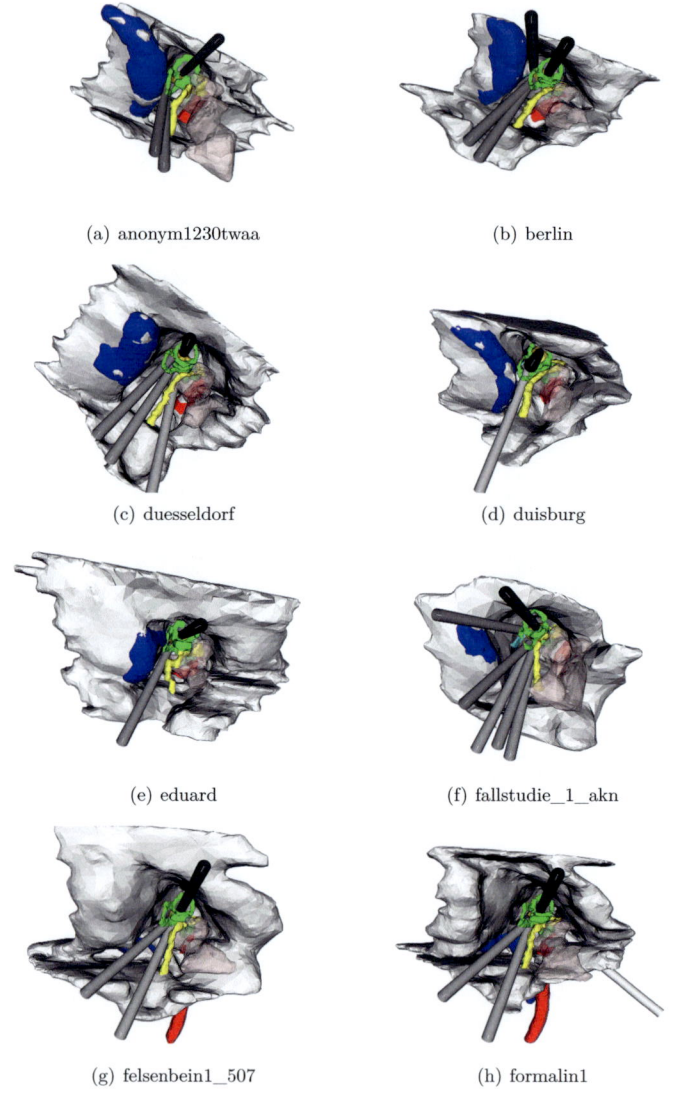

(a) anonym1230twaa

(b) berlin

(c) duesseldorf

(d) duisburg

(e) eduard

(f) fallstudie_1_akn

(g) felsenbein1_507

(h) formalin1

Abbildung 6.6: Manuell platzierte Zugangswege für acht verschiedene humane Probanden.

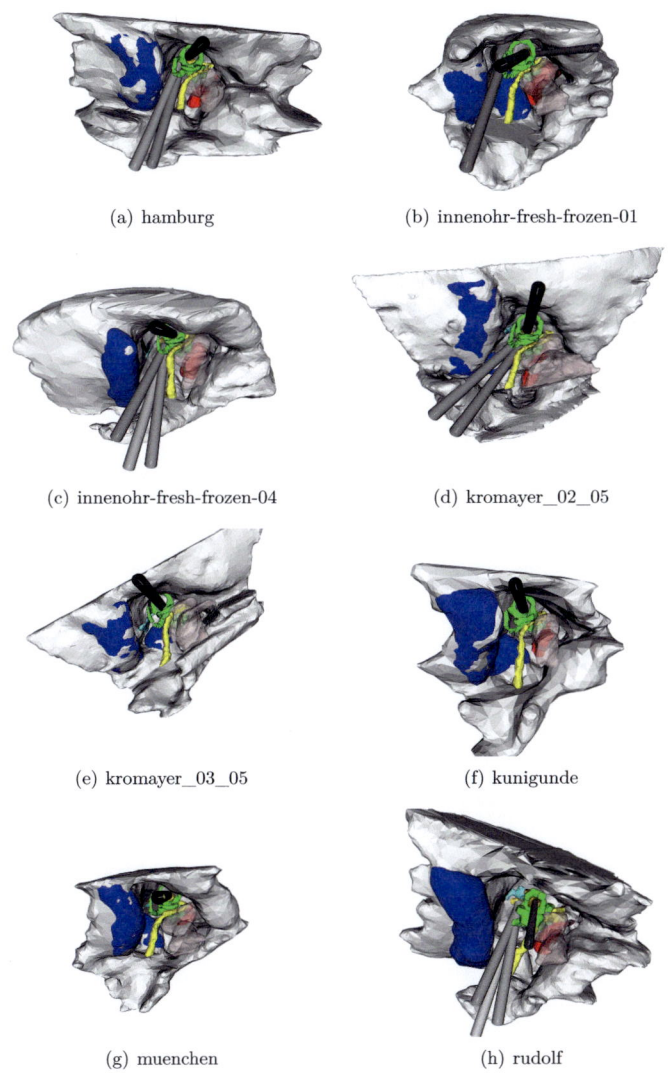

(a) hamburg

(b) innenohr-fresh-frozen-01

(c) innenohr-fresh-frozen-04

(d) kromayer_02_05

(e) kromayer_03_05

(f) kunigunde

(g) muenchen

(h) rudolf

Abbildung 6.7: Manuell platzierte Zugangswege für acht weitere humane Probanden.

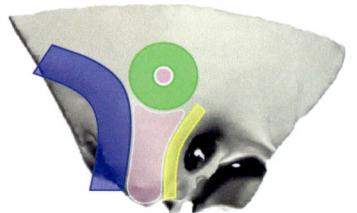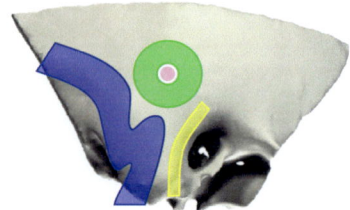

Abbildung 6.8: Mögliche Eintrittsbereiche für Bohrkanäle auf der Oberfläche des Schläfenbeins (pink). Links bei geradlinigem Verlauf des Sinus sigmoideus, rechts bei Patienten mit einem gekrümmten Sinus sigmoideus („Bulbus"). Die dargestellten kritischen Strukturen sind *Sinus sigmoideus* (blau), *Labyrinth* (grün) und *Nervus facialis* (gelb).

Manipulieren innerhalb der Kanäle wesentlich kleiner konstruieren zu können. Durch die qualitative Analyse konnte gezeigt werden, dass die anvisierten Bohrkanäle für die anatomischen Gegebenheiten der lateralen Schädelbasis nicht zu groß dimensioniert worden sind. Es ist genügend Freiraum neben den kritischen Strukturen vorhanden, um sie anlegen zu können. Allerdings wurden bei diesen Untersuchungen noch keine Sicherheitsabstände berücksichtigt, da ohne erfolgte Bohrexperimente keinerlei Aussagen über deren notwendige Ausmaße gemacht werden können. Die entscheidenden Kriterien, die die Sicherheitsabstände beeinflussen, sind die Nekrotisierung des den Bohrkanal umgebenden Gewebes durch Hitzeeinwirkung und feine Risse im Knochengewebe, die durch mechanische Spannungen beim Bohren hervorgerufen werden können.

6.3 Quantitative Analyse der Zugangswege

In der quantitativen Analyse der Zugangswege konnten erstmals die über lineare Bohrkanäle erreichbaren Areale des inneren Gehörgangs mit Hilfe eines automatischen Verfahrens interindividuell identifiziert und der vorhandene Freiraum neben dem inneren Gehörgang innerhalb der Pyramide vermessen werden. Die gewonnenen Ergebnisse weisen deutlich darauf hin, dass die Minimal Traumatische Chirurgie in ihrer bisherigen konzeptionellen Form in keinem Widerspruch zu den anatomischen Gegebenheiten an der lateralen Schädelbasis stehen.

6.3.1 Ortsaufgelöste Erreichbarkeit der Zielstrukturen

Die Ortsaufgelöste Erreichbarkeit des inneren Gehörgangs wurde mit Hilfe des in Abschnitt 5.8.1 vorgestellten Algorithmus untersucht. Die Abbildungen 6.9 und 6.10 stellen die Ergebnisse als zweidimensionale patientenindividuelle Erreichbarkeitskarten mit farblich kodierten maximalem Kanaldurchmesser dar. Es zeichnet sich bei den meisten Patienten eine verhältnismäßig gute Erreichbarkeit am cranialen und caudalen Bereich ab, Bohrkanäle mit Durchmessern von 3 mm sind in einigen Bereichen bei bis zu 75 % der Probanden möglich, allerdings nimmt der Raum im cranialen Bereich zur Dura hin auf bis zu 50 % ab. Dies hängt vermutlich mit dem beschränkten Einfallwinkel der Bohrkanäle, die durch den oberen Bogengang verlaufen, zusammen. Der caudale Bereich ist dagegen großflächig mit einer Wahrscheinlichkeit von 65-75 % erreichbar, er bietet sogar genug Raum für stärkere Bohrkanäle: 4 mm sind mit einer Wahrscheinlichkeit von 40-60 % möglich, 5 mm dicke Kanäle können dagegen nur noch bei rund einem Drittel der Probanden platziert werden. Aber auch bei dieser Untersuchung wird deutlich, wie stark ein ausgeprägter Bulbus des Sinus sigmoideus die Erreichbarkeit des inneren Gehörgangs einschränkt.

Abbildung 6.11 zeigt interindividuelle Erreichbarkeitskarten des inneren Gehörgangs. Darauf werden die Schwächen im frontalen und okzipitalen Bereich besonders deutlich: eine Erreichbarkeit des okzipitalen Viertels ist nur in der Mitte zwischen Labyrinth und Dura gegeben, und dort müsste der Durchmesser der Bohrkanäle auf 1-2 mm reduziert werden um wenigstens noch bei 30 % der Probanden ans Ziel gelangen zu können. Das Problem ist an dieser Stelle der seitliche Bogengang, der den Zugang versperrt. Das rostrale Viertel ist vom Mastoid aus gar nicht zugänglich, da es vom inneren Gehörgang selbst verdeckt wird.

6.3.2 Ortsaufgelöste maximale Größe von Kavitäten

Die mit Hilfe des Verfahrens zur ortsaufgelösten maximalen Größe von Kavitäten bestimmten interindividuellen, zweidimensionalen Karten des inneren Gehörgangs finden sich in Abbildung 6.12. Aus ihrer Analyse geht hervor, dass der vorhandene Freiraum um den inneren Gehörgang herum zwar stark eingeschränkt ist, dort aber durchaus zusätzlicher Arbeitsraum durch eine Erweiterung der Bohrkanäle gewonnen werden kann.

Der meiste Raum steht auch hier wieder in den cranialen und caudalen Arealen zur Verfügung. Dort können in den meisten Bereichen Kavitäten mit einem mittleren Radius vom 7-8 mm angelegt werden, allerdings steht nicht in alle Raumrichtungen gleich viel Platz zur Verfügung, so gibt es auf einer Seite durchaus Beschränkungen des Radius auf bis unter 2 mm. Der Raum nimmt stark mit der Annäherung an Dura oder Labyrinth ab. Interessanterweise steht im okzipitalen Viertel des inneren Gehörgangs, also dem Teil, der mit lineare Bohrkanälen nur schlecht erreicht werden kann, mit mittleren 7-8 mm Radius verhältnismäßig viel

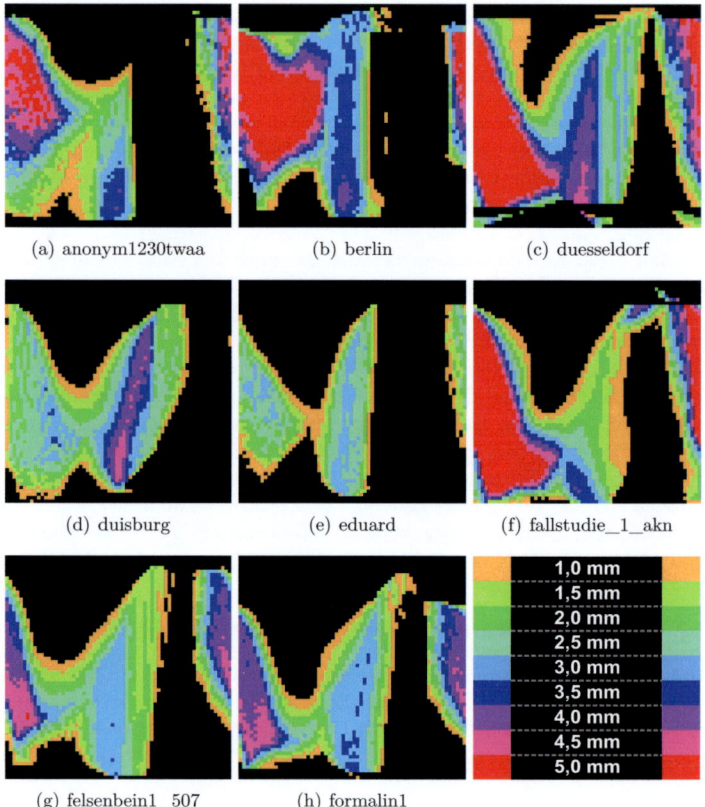

(a) anonym1230twaa   (b) berlin   (c) duesseldorf

(d) duisburg   (e) eduard   (f) fallstudie_1_akn

(g) felsenbein1_507   (h) formalin1

Abbildung 6.9: Erreichbarkeitskarten des inneren Gehörgangs von acht Probanden mit einer Auflösung von 64x64 Messpunkten. Die maximalen Durchmesser der Bohrkanäle sind farblich kodiert.

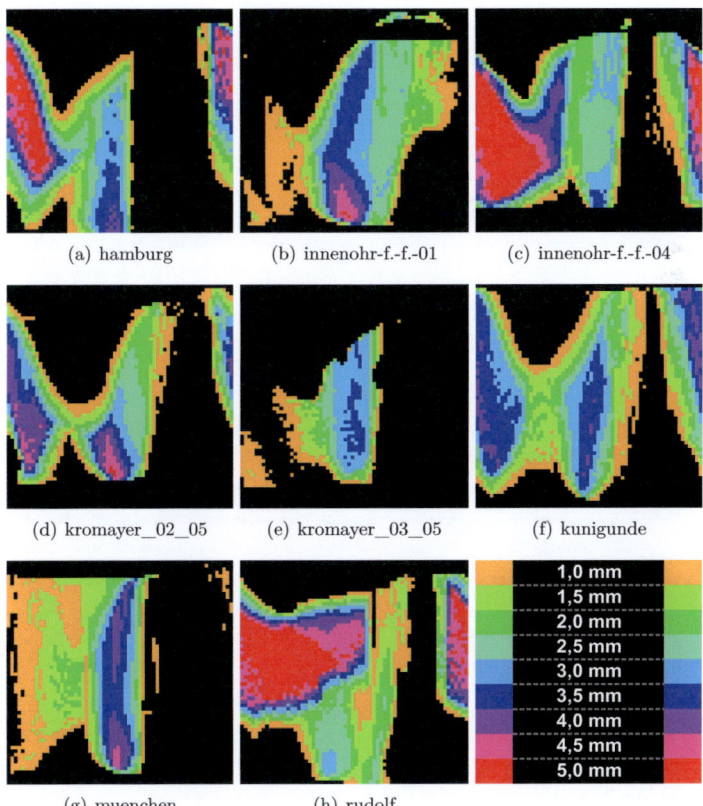

Abbildung 6.10: Erreichbarkeitskarten des inneren Gehörgangs von acht weiteren Probanden mit einer Auflösung von 64x64 Messpunkten. Die maximalen Durchmesser der Bohrkanäle sind farblich kodiert.

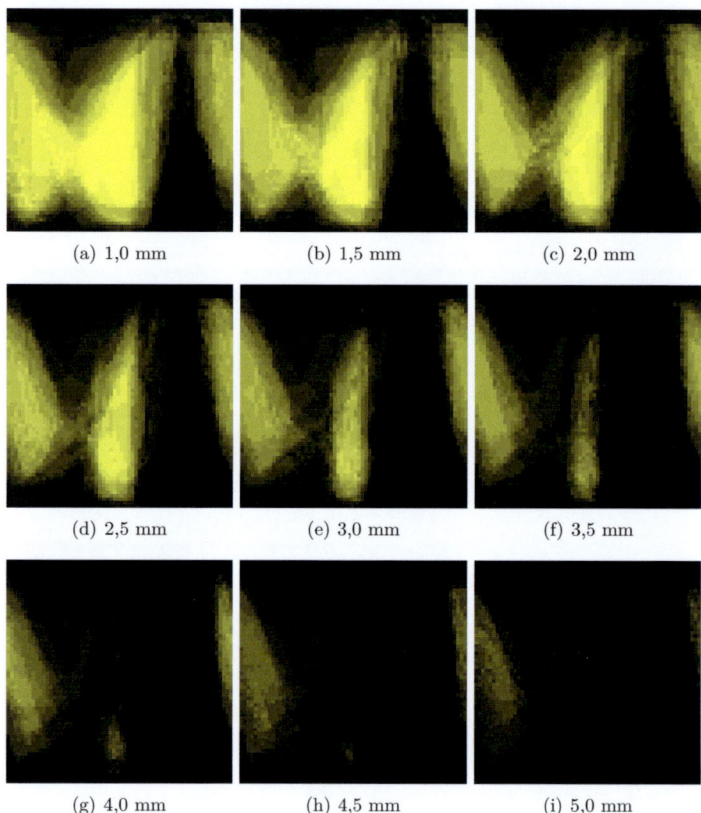

(a) 1,0 mm   (b) 1,5 mm   (c) 2,0 mm

(d) 2,5 mm   (e) 3,0 mm   (f) 3,5 mm

(g) 4,0 mm   (h) 4,5 mm   (i) 5,0 mm

Abbildung 6.11: Interindividuelle Erreichbarkeitskarten des inneren Gehör-gangs in Abhängigkeit vom Durchmesser der Bohrkanäle mit einer Auflösung von 64x64 Messpunkten.

Raum zur Verfügung, der kleinste Radius liegt hier aber auch leicht unter einem Millimeter. Das rostrale Viertel bietet beinahe überhaupt keinen Raum für Kavitäten, hier ist der Freiraum auf unter einem Millimeter Radius limitiert.

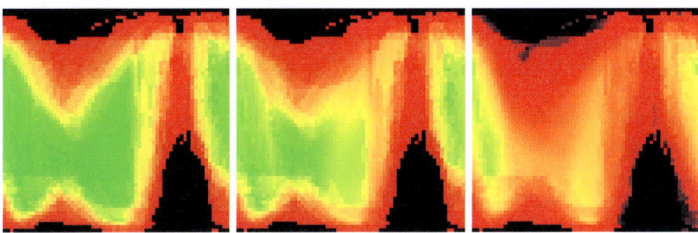

(a) Durchschnittlicher Radius (rot: 0,1 mm, grün: 10 mm)

(b) Median des Radius (rot: 0,1 mm, grün: 10 mm)

(c) Minimaler Radius (rot: 0,1 mm, grün: 5 mm)

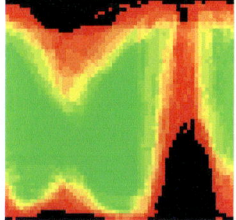

(d) Maximaler Radius (rot: 0,1 mm, grün: 20 mm)

Abbildung 6.12: Interindividuelle Karten zur Größe möglicher Kavitäten in der Nähe des inneren Gehörgangs mit einer Auflösung von 64x64 Messpunkten.

6.4 Anforderungen für mikrochirurgische Werkzeuge

Anhand des gewonnenen Wissens über Zugangswege, erreichbare Punkte auf dem inneren Gehörgang und zur Verfügung stehendem Manipulationsraum können erste Anforderungen an Werkzeuge für die Minimal Traumatische Chirurgie formuliert werden:

- **Form und Material:** Ein Werkzeug muss eine längliche Form besitzen, damit es durch ein lineares Bohrloch eingeführt werden kann und von außen bedienbar bleibt. Das Material darf steif sein, da die Kanäle keine Kurven aufweisen. Eine hohe Steifigkeit ist zudem im Sinne einer präzisen Bewegungssteuerung wünschenswert.

- **Durchmesser:** Der Durchmesser eines Werkzeuges sollte unter 3 mm liegen, da größere Kanäle nicht ohne Schädigung kritischer Strukturen angelegt werden können. Werkzeuge dürfen die Bohrkanäle ausfüllen.

- **Beweglichkeit:** Das Werkzeug muss an der Spitze über mehrere Gelenke verfügen, da der Chirurg Punkte auf der Zielstruktur aus leicht verschiedenen Richtungen angehen können möchte. Derartige Drehbewegungen des Werkzeugschafts sind durch einen langen linearen Bohrkanal nicht möglich, daher müssen sie über mehrere Gelenke an der Werkzeugspitze hergestellt werden. Insertionsbewegungen und Drehungen um die Achse des Instruments werden durch den Kanal dagegen nicht behindert und es sollte sichergestellt werden, dass die Mechanik des Werkzeugs dies auch erlaubt.

- **Spezialisierung:** Gegebenenfalls ist es sinnvoll eine Werkzeugplattform zu entwerfen, auf deren Spitze einfache mechanische Apparate wie Schere, Zange oder Häkchen befestigt und auf diesem Wege benutzt werden können. In diesem Fall sollte die Führung der Werkzeugplattform einen schnellen Wechsel von Werkzeugen erlauben, was durch einen automatischen Entfernungs- und Repositionierungsprozess unterstützt werden kann.

- **Manipulationsraum:** Das Werkzeug sollte in Kavitäten operieren können, die einen Radius von 5 mm aufweisen und in verschiedene Richtungen ungleichmäßig stark beschränkt sind. Entlang der Achse des Werkzeuges sind die Kavitäten größer. Sie haben in diese Richtung eine Länge von bis zu 1-2 cm.

- **Steuerung:** Die komplizierte Mechanik wird es mit hoher Wahrscheinlichkeit notwendig machen, das Werkzeug als Telemanipulationssystem zu betreiben, da die vom Chirurgen vorgegebenen Bewegungen der Werkzeugspitze aufwändig in Gelenkwinkelanpassungen der kinematischen Kette umgesetzt werden müssen.

Innerhalb dieser Arbeit wurde eine Designstudie eines Werkzeugs erstellt, die den oben genannten Anforderungen gerecht wird (siehe Abbildung 6.13). Es ist als langer Schaft von 2 mm Durchmesser konzipiert, der an seiner Spitze durch zwei gegenläufige Gelenke unterbrochen wird. Die Spitze selbst ist um die Werkzeugachse drehbar, so dass unter Zuhilfenahme der zwei vom Bohrkanal unbehinderten Freiheitsgrade der Rotation und Translation des Schaftes, insgesamt fünf kinematische Freiheitsgrade zur Verfügung stehen. Die zwei gegenläufigen Gelenke ermöglichen es der Werkzeugspitze Zielpunkte aus leicht unterschiedlichen

Richtungen anzuvisieren. Die Bewegungsmöglichkeiten werden in den Abbildungen 6.13(a) bis 6.13(c) demonstriert. Das lange Basiselement des Werkzeugs darf auch einen Durchmesser von 3 mm aufweisen, da kein Freiraum zwischen ihm und der Innenseite des Bohrkanals benötigt wird und die Steifigkeit durch die zusätzliche Stärke positiv beeinflusst wird.

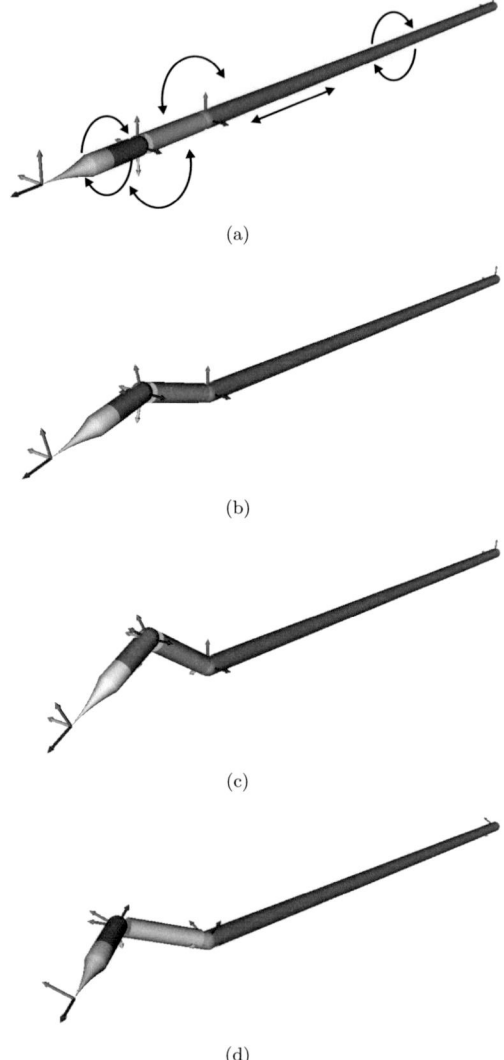

(a)

(b)

(c)

(d)

Abbildung 6.13: Werkzeugstudie für die Minimal Traumatische Chirurgie. Die einzelnen Bilder zeigen verschiedene Bewegungsstufen der Spitze und des Schafts. In 6.13(a) sind zusätzlich die verschiedenen Freiheitsgrade des Werkzeugs eingezeichnet.

7 Zusammenfassung und Ausblick

Dieses Kapitel fasst die Ergebnisse und Erkenntnisse der Arbeit zur Untersuchung der Erreichbarkeit des inneren Gehörgangs durch lineare Bohrkanäle abschließend zusammen. Weiterhin gibt es einen Ausblick auf alle neuen wissenschaftlichen Fragestellungen, die sich aus der Beantwortung der anfangs gestellten wissenschaftlichen Fragen ergeben. Teilweise flossen die Ergebnisse bereits in neue wissenschaftliche Experimente und Studien ein. Auch diese finden in den folgenden Abschnitten die ihnen zustehende Erwähnung.

7.1 Zusammenfassung

In dieser Arbeit wurde eine neuartige Methode zur interindividuellen geometrischen Untersuchung anatomischer Gegebenheiten entwickelt und an der lateralen Schädelbasis zur Bestimmung der Durchführbarkeit Minimal Traumatischer Eingriffe angewendet. Das Konzept der Minimal Traumatischen Chirurgie wurde erstmals umfangreich aus sowohl medizinischer als auch technischer Sicht beschrieben, und es wurden neue Erkenntnisse zu anatomischen und werkzeugtechnischen Aspekten gewonnen, die für eine Umsetzung der Minimal Traumatischen Chirurgie von fundamentaler Bedeutung sind.

So wurden Verfahren zur interindividuellen Registrierung anatomischer Datensätze verschiedener Patienten entwickelt und mit Hilfe eines Probabilistischen Modells, das auch im Rahmen dieser Arbeit entwickelt worden ist, verglichen. Es zeigte sich, dass es für diese Art der Untersuchungen nicht zwingenderweise notwendig ist, anatomische Landmarken zu verwenden. Stattdessen kann die interindividuelle Registrierung auch über die Geometrie besonders signifikanter anatomischer Strukturen, im Falle der lateralen Schädelbasis das Labyrinth, mit ähnlicher, teilweise sogar höherer Genauigkeit erfolgen.

Weiterhin wurden ein Archivierungsschema für die aus manueller Segmentierung gewonnenen Anatomiedaten definiert und eine Datenbank entwickelt, die diese Informationen anhand der aufgestellten Konventionen aufnehmen und standardisiert an verschiedene Analysealgorithmen weiterleiten kann. Durch die Standardisierung und die oben beschriebene interindividuelle Registrierung kann ein Algorithmus bei der Analyse, ohne Benutzerinteraktion zur Laufzeit, eine einheitliche Untersuchung auf allen individuellen anatomischen Geometriedaten durchführen und die gewonnenen Informationen zu einem patientenübergreifenden Modell zusammenführen.

Zwei solcher Algorithmen wurden implementiert: Der erste untersuchte die Erreichbarkeit des inneren Gehörgangs durch lineare Bohrkanäle. Auf diesem Weg konnten wertvolle Informationen für die Minimal Traumatische Chirurgie gewonnen werden: Aus den generierten zweidimensionalen Erreichbarkeitskarten des inneren Gehörgangs ging exakt hervor, welche Areale des inneren Gehörgangs über lineare Bohrkanäle bei welchem Anteil der Bevölkerung zugänglich sind. Der zweite Algorithmus verfolgte eine ähnliche Methodik zur Bestimmung der Größe möglicher Kavitäten zur Manipulation in der Nähe des inneren Gehörgangs während minimal traumatischer Eingriffe. Auch hier sind das Ergebnis zweidimensionale Erreichbarkeitskarten, die eine patientenübergreifende Abschätzung der Größe der Kavitäten ermöglichen.

Aus medizinischer Sicht konnte mit Hilfe der entwickelten technischen Verfahren die Erreichbarkeit des inneren Gehörgangs über lineare Bohrkanäle erstmals systematisch für eine große Menge von Probanden nachgewiesen und räumlich differenziert aufgezeigt werden. Weiterhin wurden die Ausmasse der vorhanden Freiräume im Knochen, die als Arbeitsraum für chirurgische Manipulationen in der Minimal Traumatischen Chirurgie in Frage kommen, ebenfalls ortsaufgelöst analysiert und quantifiziert. Zusammenfassend bilden die gewonnenen Erkenntnisse eine stabile Argumentationsgrundlage zur Weiterentwicklung des minimal traumatischen Ansatzes.

7.2 Bohren an der lateralen Schädelbasis

Erste Experimente zum Bohren linearer Kanäle mit Hilfe eines robotergestützten Bohrsystems wurden bereits durchgeführt. Die Basis bildete ein Roboter vom Typ RX-90 der Firma Stäubli. Der Bohrer, ein Low-Speed-Bohrer der Firma Aesculap, wurde über einen Kraft-Momenten-Sensor am Endeffektor des Roboters befestigt. Die Steuerung des Systems erfolgte anhand der gemessenen Vorschubkraft des Bohrers, als weiterer Eingabeparameter stand der Motorstrom des Bohrers zur Verfügung. Darüber konnte die Wärme, die während des Bohrvorgangs auf das Gewebe übertragen wird, abgeschätzt werden.

Das System wurde an Phantomen aus verschiedenen Materialien und an echten Knochenproben getestet: Dabei zeigte sich, dass die Roboterbewegungen präzise genug gehalten werden konnten, so dass der Vorschub des Bohrers auch ohne eine spezielle Linearachse am Endeffektor in rein axialer Richtung erfolgte. Störende seitliche Abweichungen konnten nicht festgestellt werden. Mit der richtigen Wahl von Drehzahl und Vorschubkraft konnten sowohl massive homogene (Beton) als auch inhomogene Materialen (Beton mit Styroporeinschlüssen) durchbohrt werden, ohne dass es zu nennenswerten Abweichungen von der geplanten Bohrtrajektorie kam.

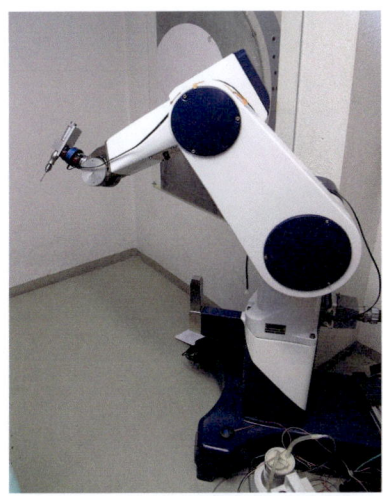 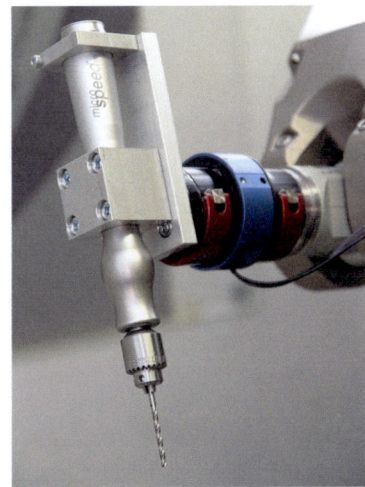

Abbildung 7.1: Robotersystem zum präzisen Anlegen linearer Bohrkanäle. Auf der linken Seite ist der RX-90 Roboter mit angeflanschtem Bohrkopf zu sehen. Die rechte Seite zeigt den Bohrkopf in einer Vergrößerung. Zu sehen ist der Kraft-Momenten-Sensor zwischen Roboter und Bohrkopf.

7.3 Fallstudie zur Operationsplanung

In einer aktuellen Studie über die Modifizierung des klassischen retrolabyrinthären Zugangswegs[SLS+09] wurde der *MitraPlanner* erfolgreich als ergänzendes Werkzeug zum derzeitigen Standard der Operationsplanung, der Auswertung radiologischer Schichtbildaufnahmen, eingesetzt, zur Identifizierung neuer Zugangswege zu Kleinhirnbrückenwinkeltumoren. Abbildung 7.2 zeigt die Anatomie eines der in der Studie enthaltenen Probanden mit und ohne eingezeichnete Bohrkanäle. In Abbildung 7.3 sind die Austrittpunkte der gleichen Bohrkanäle aus dem Kopf des Patienten zu sehen.

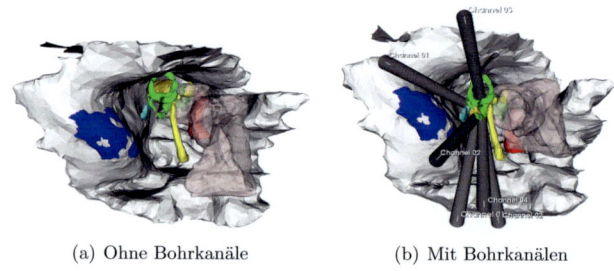

(a) Ohne Bohrkanäle   (b) Mit Bohrkanälen

Abbildung 7.2: Anatomie des Patienten der Fallstudie.

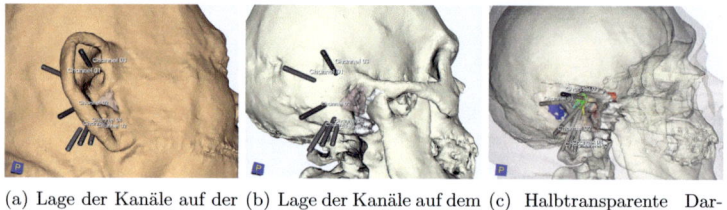

(a) Lage der Kanäle auf der Haut   (b) Lage der Kanäle auf dem Knochen   (c) Halbtransparente Darstellung von Haut, Knochen und kritischen Strukturen

Abbildung 7.3: Darstellung des gesamten Schädels mit möglichen geplanten Bohrkanälen.

7.4 Ausblick

Mit dieser Arbeit wurde der Grundstein für die Minimal Traumatische Chirurgie gelegt, indem die prinzipielle Eignung der lateralen Schädelbasis für diesen Typus chirurgischer Eingriffe nachgewiesen wurde. Dadurch steht nun der Weg frei, sich den unmittelbar folgenden multi- und interdisziplinären Herausforderungen der praktischen Umsetzung des Konzepts zu widmen. Diese lassen sich in den folgenden vier Punkten zusammenfassen:

7.4.1 Bohren der Zugangswege

Das aus Abschnitt 7.2 bekannte robotergestützte Bohrsystem ist als prototypische Arbeitsplatzform zu verstehen und muss zunächst einmal auf hohe Genauigkeit optimiert werden. Dazu ist eine systematische Minimierung sämtlicher Fehlerquellen in der Prozesskette von der Bildakquise über die Planung bis hin zur Registrierung durchzuführen. Der verbleibende Fehler muss quantifiziert werden und bildet somit einen ersten Faktor für einzuhaltende Sicherheitsabstände bei der Planung minimal traumatischer Interventionen.

Alternativ ist auch die Entwicklung eines Bohrsystems denkbar, das direkt am Kopf des Patienten befestigt wird (Abbildung 7.4). Solche Systeme sind robuster gegenüber versehentlichen Bewegungen des Patienten. Die stabile Befestigung eines Bohrers auf dem Kopf des Patienten stellt aber zusammen mit der notwendigen Miniaturisierung trotz hoher Steifigkeitsanforderungen eine Reihe nicht zu unterschätzender Herausforderungen dar.

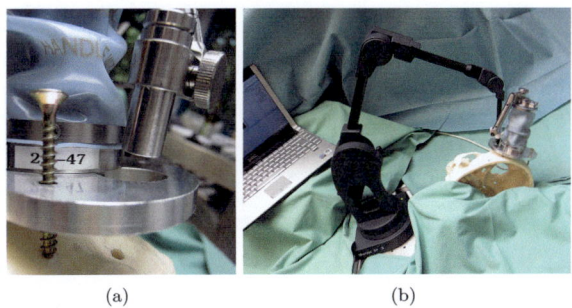

(a)   (b)

Abbildung 7.4: Stellprobe eines direkt am Kopf befestigten Minihexapoden, der eine Führung für manuelle Bohrungen präzise ausrichten kann.

Die Bohrkanäle müssen auch nicht zwangsläufig mit einem mechanischen Bohrsystem angelegt werden. Alternativ ist auch ein Knochenabtrag mittels Laser möglich. Diese Technologie kämpft aber derzeitig noch mit Problemen bei der Fokussierung des Strahls durch den dünnen Bohrkanal.

7.4.2 Anlegen von Kavitäten am Situs

Eine besondere Herausforderung stellt das Anlegen von Kavitäten in der Nähe des Situs dar: Dazu muss eine Vorrichtung entwickelt werden, die in der Lage ist, den Bohrkanal um einen Punkt, der mehrere Zentimeter in der Tiefe liegt, lateral zu erweitern. Auch an dieser Stelle sind sowohl eine mechanische als auch eine laserbasierte Lösung denkbar. In beiden Fällen muss der Fokus auf der Miniaturisierung liegen, beim Laser zusätzlich auf dem effektiven Abtransport ablatierten Materials, da eine Verschmutzung der Optik während des Ablationsvorgangs den Knochenabtrag unterbindet und daher unbedingt zu vermeiden ist.

Über die physikalische Umsetzung der Kavitäten hinaus wird eine Planungssoftware gefordert, mit deren Hilfe die Kavitäten im zur Verfügung stehenden Freiraum am Situs individuell für jede Anwendung definiert werden können.

7.4.3 Werkzeuge zur Manipulation am Situs

Die in Abschnitt 6.4 vorgestellte Anforderungsstudie für eine Werkzeugplattform stellt natürlich noch keinen vollwertigen Entwurf eines Werkzeugs zur Manipulation am Situs dar, sondern vielmehr einen virtuellen Entwurf. Durch Einbringung von Konstruktionswissen läßt sich das entwickelte Konzept in einen funktionsfähigen Prototypen weiterentwickeln. Es wird notwendig sein, zahlreiche funktionsfähige Prototypen solcher Werkzeuge zu konstruieren und zu implementieren, damit diese in einer geeigneten Trainingsumgebung von Chirurgen auf ihre Handhabbarkeit evaluiert werden können. Eine solche Trainingsumgebung muss reproduzierbare und realistische Bedingungen für die Minimal Traumatische Chirurgie bieten. Auch hierzu gibt es bereits einen ersten Entwurf, der es ermöglicht, beliebige Konfigurationen von Bohrkanalanordnungen mit Hilfe kleiner Metallrohre zu simulieren (Abbildung 7.5). Auch die Modellierung der nahen Umgebung des Situs birgt großes Verbesserungspotential und kann als Ausgangspunkt für weitere Forschungen dienen.

Da die Gestaltung des Werkzeugsystems als Telemanipulationssystem eine ernst zu nehmende Alternative darstellt, besteht über die Werkzeuge hinaus ein zusätzlicher Bedarf nach einer Steuerkonsole für ein Telemanipulationssystem. Gelingt es an dieser Stelle einen flexiblen oder modularen Entwurf umzusetzen, kann diese Konsole als Steuergerät für alle Werkzeuge dienen oder an ein chirurgisches Simulationssystem zur Evaluierung rein virtueller Werkzeuge angeschlossen werden. Auf dem Wege der Simulation ist eine wesentlich höhere Entwicklungsgeschwindigkeit bei der Anpassung der Werkzeuge möglich.

7.4.4 Operationsplanung

Sind die drei genannten Herausforderungsfelder der Minimal Traumatischen Chirurgie gelöst, steht ersten klinischen Tests nur noch das Fehlen einer Planungs-

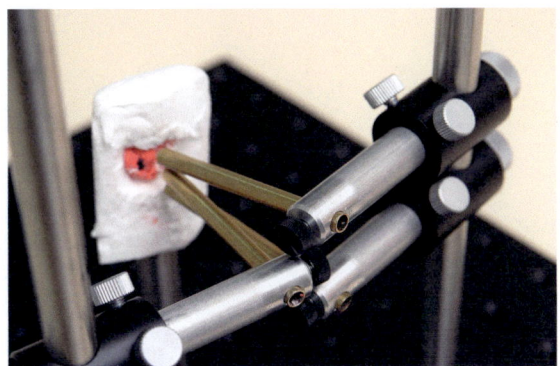

Abbildung 7.5: Schulungssystem zur Simulation ähnlicher Bedingungen, wie sie in der Minimal Traumatischen Chirurgie vorzufinden sein werden. Die Bohrkanäle werden durch drei frei arrangierbare Rohre nachgebildet.

software entgegen. Diese muss aber stark an die verwendeten Werkzeuge und Verfahren angepasst werden, so dass empfohlen wird, sie als letztes Arbeitspaket in die Entwicklungskette der Minimal Traumatischen Chirurgie einzufügen. Auf diese Weise wird sichergestellt, dass die notwendigen Rahmenbedingungen präzise genug feststehen und definiert werden können. Neben den technischen Rahmenbedingungen muss an dieser Stelle auch ein Formalismus entwickelt worden sein, der Arbeitstechniken mit den Werkzeugen beschreiben kann. Werden diese in der Planung berücksichtigt, kann die Platzierung der Bohrtrajektorien zusätzlich hinsichtlich des Arbeitsraums der Werkzeuge optimiert werden.

7 Zusammenfassung und Ausblick

Literaturverzeichnis

[acc]   UNIVERSITÄT   KARLSRUHE   (TH):   AccuRobAs   Projekt.
             http://www.accurobas.org,   . – Forschungsbericht. – Online-
             Ressource, Abruf: 12.08.2009

[ACM03]   ADHAMI, L. ; COSTE-MANIÈRE, E.: Optimal Planning for Mini-
             mally Invasive Surgical Robots. In: *IEEE Transactions on Robotics
             and Automation: Special Issue on Medical Robotics* 19 (2003), Oc-
             tober, Nr. 5, S. 854–863

[AFH80]   ARTZY, E. ; FRIEDER, G. ; HERMAN, G. T.: The theory, design,
             implementation and evaluation of a three-dimensional surface de-
             tection algorithm. In: *Proceedings of the 7th annual conference on
             Computer graphics and interactive techniques*, 1980

[AGS+02]   AIONO, S. ; GILBERT, J. M. ; SOIN, B. ; FINLAY, P. A. ; GORDAN,
             A.: Controlled trial of the introduction of a robotic camera assi-
             stant (Endo Assist) for laparoscopic cholecystectomy. In: *Surgical
             Endoscopy* 16(9) (2002), S. 1267–1270

[AMNW+07]   AL-MARZOUQI, H. ; NOBLE, J. H. ; WARREN, F. M. ; LABADIE,
             R. F. ; FITZPATRICK, M. J. ; DAWANT, B.: Planning a safe dril-
             ling path for cochlear implantation surgery using image registrati-
             on techniques. In: *Progress in biomedical optics and imaging* 8 (2)
             (2007)

[BEH+06]   BARON, S. ; EILERS, H. ; HORNUNG, D. ; HEIMANN, B. ; LEINUNG,
             M. ; BARTLING, S. ; LENARZ, Th. ; MAJDANI, O.: Conception of
             a Robot Assisted Cochleostomy: First Experimental Results. In:
             *Proceedings of the 7th International Workshop on Research and
             Education in Mechatronics*, 2006

[Bel30]   BELL, C. ; ADAM (Hrsg.) ; BLACK, Charles (Hrsg.): *The Nervous
             System of the Human Body: As Explained in a Series of Papers
             Read Before the Royal Society of London with an Appendix of Cases
             and Consultations on Nervous Diseases.* Longman & Co London,
             1830

[Ber04]   BERGEN, G. v. d.: *Collision detection in interactive 3D environments*. San Francisco, Calif., Diplomarbeit, 2004. – ; : £36.95 : CIP entry (Jul.)

[BKK+09]   BURGNER, J. ; KNAPP, F. B. ; KAHRS, L. A. ; RACZKOWSKY, J. ; WÖRN, H. ; SCHIPPER, J. ; KLENZNER, T.: Setup and experimental trial for robot-assisted laser cochleostomy. In: *International Journal of Computer Assisted Radiology and Surgery* (2009), S. 1864–1865

[BKRW09]   BURGNER, J. ; KAHRS, L. A. ; RACZKOWSKY, J. ; WÖRN, H.: Including Parameterization of the Discrete Ablation Process into a Planning and Simulation Environment for Robot-Assisted Laser Osteotomy. In: *Medicine meets Virtual Reality 17, NextMed: Design for/the Well Being* (2009), S. 43–48

[BL79]   BEUCHER, S. ; LANTUÉJOUL, C.: Use of watersheds in contour detection. In: *International workshop on image processing, real-time edge and motion detection*, 1979

[BM93]   BEUCHER, S. ; MEYER, F.: The morphological approach to segmentation: the watershed transformation. In: DOUGHERTY, E.R. (Hrsg.): *Mathematical Morphology in Image Processing*, 1993, S. 433–481

[BMRW09]   BURGNER, J. ; MÜLLER, M. ; RACZKOWSKY, J. ; WÖRN, H.: Robot assisted laser bone processing: Marking and cutting experiments. In: *Proceedings of the 14th International Conference on Advanced Robotics (ICAR)*, 2009

[Bra86]   BRACEWELL, R. N.: *The Fourier Transform and Its Applications*. McGraw-Hill Publishing Company, 1986 http://www.scribd.com/doc/11536952/ The-Fourier-Transform-And-Its-Applications

[Bri82]   BRIGHAM, E. O.: *FFT Schnelle Fourier-Transformation*. R. Oldenburg Verlag München Wien, 1982

[BRR+98]   BURGHART, C. ; RACZKOWSKY, J. ; REMBOLD, U. ; WÖRN, H. ; HASSFELD, S.: A surgical robotic system for maxillofacial surgery. In: *In: Computer Assisted Radiology and Surgery (CARS'98), Tokyo, Jun. 1998* (1998)

[BS02]   BOOTZ, F. ; STRAUSS, G.: *Die Chirurgie der lateralen Schädelbasis*. Springer, Berlin, 2002 http://books.google.com/books?id= GhnynswmDcUC&pg=PP1&dq=chirurgie+der+lateralen+sch%C3% A4delbasis&hl=de

[BSM+02]   BEHR, R. ; SCHLAKE, H. P. ; MICHEL, O. ; WEDEKIND, C. ;
            HELMS, J. ; STENNERT, E. ; ROOSEN, K. ; KLUG, N.: Funktionser-
            haltende Chirurgie des Akustikusneurinoms - Ergebnisse interdis-
            ziplinärer Kooperation. Version: 2002. http://books.google.de/
            books?id=GhnynswmDcUC&dq=isbn:3540426981. In: *Die Chrirur-
            gie der lateralen Schädelbasis*. Springer Berlin Heidelberg, 2002

[BTP+07]   BRETT, P. N. ; TAYLOR, R. P. ; PROOPS, D. ; COULSON, C. ;
            REID, A. ; GRIFFITHS, M. V.: A surgical robot for cochleostomy.
            In: *Engineering in Medicine and Biology Society* 29 (2007), S. 1229–
            1232

[BTV+07]   BURGNER, J. ; TOMA, M. ; VIEIRA, V. ; EGGERS, G. ; RACZKOW-
            SKY, J. ; MÜHLING, J ; MARMULLA, R. ; H.WÖRN: System for
            robot assisted orthognathic surgery. In: *International Journal of
            Computer Assisted Radiology and Surgery, Proceedings of the 21st
            International Congress and Exhibition* (2007), S. 419–421

[Cor63]   CORMACK, A. M.: Representation of a function by its line integrals,
            with some radiological applications. In: *Journal of Applied Physics*
            34 (1963), S. 2722–2727

[CT04]   COOTES, T.F. ; TAYLOR, C.J.: *Statistical Models of Appearance
            for Computer Vision*. Version: October 2004. www.isbe.man.ac.
            uk. Wolfson Image Analysis Unit Imaging Science and Biomedical
            Engineering University of Manchester

[dav]   INTUITIVE   SURGICAL: Da   Vinci   Robot.
            http://www.intuitivesurgical.com/products/faq/index.aspx,   .
            – Forschungsbericht. – Online-Ressource, Abruf: 11.08.2009

[Dav99]   DAVIES, B. L.: A review of robotics in surgery. In: *Proceedings of
            the Institution of Mechanical Engineers* 214 (1999), S. 129–140

[DGSS02]   DICKENS, Molly M. ; GLEASON, Shaun S. ; SARI-SARRAF, Hamed:
            Volumetric segmentation via 3D Active Shape Models. In: *Fifth
            IEEE Southwest Symposium on Image Analysis and Interpretation
            (SSIAI'02)* Texas Tech University, Oak Ridge National Laboratory,
            2002, S. 1–5

[DHN+91]   DAVIES, B. ; HIBBERD, R. D. ; NG, W. S. ; TIMONEY, A. G. ;
            WICKHAM, J. E. A.: A surgeon robot for prostatectomies. In:
            Fifth International Conference on Advanced Robotics 5(1) (1991),
            S. 871 – 875

Literaturverzeichnis

[Dös99]   DÖSSEL, O: *Bildgebende Verfahren in der Medizin. Von der Technik zur medizinischen Anwendung.* Springer Verlag Berlin, 1999

[Edw07]   EDWARDS, C. G.: *Exposure to loud noise and risk of acoustic neuroma,* School of The Ohio State University, Diss., 2007

[EHB+07]   EILERS, H. ; HUSSONG, A. ; BARON, S. ; HEIMANN, D. ; RAU, Th. ; LEINUNG, M. ; LENARZ, Th. ; MAJDANI, O.: Optimierung der Trajektorienplanung für eine minimalinvasive Cochleostomie. In: *Tagungsband der 6. Jahrestagung der Gesellschaft für Computer- und Roboterassistierte Chirurgie e.V,* 2007

[Eri06]   ERICSON, C.: *Real-time collision detection.* [reprint.]. Amsterdam [u.a.] : Elsevier, 2006 (Morgan Kaufmann series in interactive 3D technology). – ISBN 1–55860–732–3 ; 978–1–55860–732–3. – Includes bibliographical references and index

[Fau07]   FAUST, R. A.: *Robotics in Surgery: History, Current And Future Applications.* 1. http://books.google.de/books?id=p70afWyqcrMC : Nova Science Publishers Inc, 2007

[FDR+07]   FUENTE, S. G. l. ; DEMARIA, E. J. ; REYNOLDS, J . D. ; PORTENIER, D. D. ; PRYOR, A. D.: New developments in surgery: Natural Orifice Transluminal Endoscopic Surgery (NOTES). In: *Archives of surgery* 142 (3) (2007), S. 218

[FKN+05]   FITZPATRICK, J. M. ; KONRAD, P. E. ; NICKELE, C. ; CETINKAYA, E. ; KAO, C.: Accuracy of customized miniature stereotactic platforms. In: *Stereotactic and Functional Neurosurgery* 83 (2005), S. 25–31

[FKU77]   FUCHS, H. ; KEDEM, Z. M. ; USELTON, S. P.: Optimal surface reconstruction from planar contours. In: *Commun. ACM* 20 (1977), Nr. 10, S. 693–702. http://dx.doi.org/http://doi.acm.org/10.1145/359842.359846. – DOI http://doi.acm.org/10.1145/359842.359846. – ISSN 0001–0782

[FM03]   FINLAY, P. A. ; MORGAN, P.: PathFinder image guided robot for neurosurgery. In: *Industrial Robot: An International Journal* 30 (1) (2003), S. 30–34

[Fou22]   FOURIER, J. B. J.: *Théorie analytique de la chaleur.* Firmin Didot Paris, 1822

[FSP01]   FEDERSPIL, P.A. ; STALLKAMP, J. ; PLINKERT, P.K.: Robotik - Eine neue DImension in der HNO-Heilkunde? In: *HNO* 49 (2001), S. 506–513

[GCB+08]   GUPTA, R. ; CHEUNG, A. C. ; BARTLING, S. H. ; LISAUSKAS, J.
            ; GRASRUCK, M. ; LEIDECKER, C. ; SCHMIDT, B. ; FLOHR, T.
            ; BRADY, T. J.: Flat-Panel Volume CT: Fundamental Princip-
            les, Technology, and Applications. In: *Tomography RadioGraphics
            2008*, 2008

[GD03]   GUIGUE, P. ; DEVILLERS, O.: Fast and Robust Triangle-Triangle
            Overlap Test using Orientation Predicates. In: *journal of graphics
            tools* 8 (2003), Nr. 1, S. 25–42

[GGS+06]   GUPTA, R. ; GRASRUCK, M. ; SUESS, C. ; BARTLING, S. H. ;
            SCHMIDT, B. ; STIERSTORFER, K. ; POPESCU, S. ; BRADY, T. ;
            FLOHR, T.: Ultra-high resolution flat-panel volume CT: fundamen-
            tal principles, design architecture, and system characterization. In:
            European Radiology 16(6) (2006), S. 1191–1205

[GP02]   GRANGER, S. ; PENNEC, X.: Multi-scale EM-ICP: A Fast and
            Robust Approach for Surface Registration. In: *Lecture Notes In
            Computer Science* 2353 (2002), S. 418–432

[GS00]   GUTHART, G. S. ; SALISBURY, J. K.: The Intuitive TM telesurgery
            system: overview and application. In: *Proceedings. ICRA '00. IEEE
            International Conference on Robotics and Automation* 1 (2000), S.
            618–621

[Hö87]   HÖHNE, K. H.: 3D-Bildverarbeitung und Computer-Graphik in der
            Medizin. In: *Informatik-Spektrum* 10(4) (1987), S. 192–204

[Han00]   HANDELS, H.: *Medizinische Bildverarbeitung.* Teubner Verlag, 2000

[HC36]   HARDY, M. ; CROWE, S. J.: Early asymptomatic acoustic tumor.
            In: *Archives of Surgery* 32 (1936), S. 292–301

[HGD+06]   HOFER, M. ; GRUNERT, R. ; DITTRICH, E. ; MÜLLER, E. ;
            MÖCKEL, H. ; KOULECHOV, K. ; STRAUSS, M. ; KORB, W. ;
            SCHULZ, T. ; DIETZ, A. ; LÜTH, T. ; STRAUSS, G.: Die Mastoidek-
            tomie mit Navigated Control - Erste technische Studie. In: *CURAC
            - 5. Jahrestagung der Gesellschaft für Computer- und Roboterassi-
            stierte Chirurgie*, 2006

[HHN88]   HORN, Berthold K. P. ; HILDEN, Hugh M. ; NEGAHDARIPOUR,
            Shahriar: Closed-Form Solution of Absolute Orientation Using Or-
            thonormal Matrices. In: *JOSA A Journal of the Optical Society of
            America A* 5 (1988), Nr. 7, S. 1127–1135

[Hil06]   HILDMANN, H.: Vestibular Neurectomy - Transtemporal Approach. In: *Middle Ear Surgery*. Springer Berlin Heidelberg, 2006, S. 162–166

[HM99]   HOWE, R. D. ; MATSUOKA, Y.: Robotics for Surgery. In: *Annual Review of Biomedical Engineering* 1 (1999), S. 211–240

[HNJ+08a]   HAGN, U. ; NICKL, M. ; JÖRG, S. ; PASSIG, G. ; BAHLS, T. ; NOTHHELFER, A. ; HACKER, F. ; LE-TIEN, L. ; ALBU-SCHÄFFER, A. ; KONIETSCHKE, R. ; GREBENSTEIN, M. ; WARPUP, R. ; HASLINGER, R. ; FROMMBERGER, M. ; G. ; HIRZINGER: The DLR MIRO: a versatile lightweight robot for surgical applications. In: *Industrial Robot* 4 (2008), S. 324–336

[HNJ+08b]   HAGN, U. ; NICKL, M. ; JÖRG, S. ; TOBERGTE, A. ; KÜBLER, B. ; PASSIG, G. ; GRÖGER, M. ; FRÖHLICH, F. ; SEIBOLD, U. ; KONIETSCHKE, R. ; LE-TIEN, L. ; ALBU-SCHÄFFER, A. ; GREBENSTEIN, M. ; ORTMAIER, T. ; HIRZINGER, G.: DLR MiroSurge - towards versatility in surgical robotics. In: *Proceedings of CURAC* (2008), 09, 143-146. http://elib.dlr.de/55719. ISBN 978–3–00–025798–8

[Hor87]   HORN, Berthold K. P.: Closed-form solution of absolute orientation using unit quaternions. In: *JOSA A* 4 (1987), S. 629–642

[Hou80]   HOUNSFIELD, G. N.: Nobel Award address. Computed medical imaging. In: *Med Phys* 7 (1980), Nr. 4, S. 283–290

[ISN+03]   IBÁÑEZ, L. ; SCHROEDER, W. ; NG, L. ; CATES, J. ; CONSORTIUM t. ; HAMMING, R.: The ITK Software Guide / Insight Software Consortium. Kitware, Inc., 2003. – Forschungsbericht

[itk]   KITWARE, INC.: Insight Toolkit (ITK). http://www.itk.org, . – Forschungsbericht. – Online-Ressource, Abruf: 12.07.2009

[Jeg86]   JEGGLE, U.: *Der Kopf des Körpers - Eine volkskundliche Anatomie*. Quadriga Verlag, 1986

[JSS+05]   JOSKOWICZ, L. ; SHOHAM, M. ; SHAMIRA, R. ; FREIMANA, M. ; ZEHAVIC, E. ; SHOSHAN, Y.: Miniature robot-based precise targeting system for keyhole neurosurgery: Concept and preliminary results. In: *Computer Assisted Radiology and Surgery*, 2005

[JWC65]   J. W. COOLEY, J. W. T.: An algorithm for the machine calculation of complex Fourier series. In: *Mathematics of Computation* 19(90) (1965), S. 297–301

[KBK+09]   KAHRS, L. A. ; BURGNER, J. ; KLENZNER, T. ; RACZKOWSKY, J. ; SCHIPPER, J. ; WÖRN, H.: Planning and simulation of microsurgical laser bone ablation. In: *International Journal of Computer Assisted Radiology and Surgery* (2009), S. 1861–6410 (Print) 1861–6429 (Online)

[KHJH88]   KWOH, Y. S. ; HOU, J. ; JONCKHEERE, E. A. ; HAYATI, S.: A robot with improved absolute positioning accuracy for CT guided stereotactic brain surgery. In: *IEEE Transactions on Biomedical Engineering* 35(2) (1988), S. 153 – 160

[Kit06]   KITWARE, Inc.: *VTK User's Guide.* Kitware, Inc., 2006

[KNDH85]   KRMPOTIC-NEMANIC, J. ; DRAF, W. ; HELMS, J.: *Chirurgische Anatomie des Kopf-Hals-Bereiches.* Springer-Verlag, 1985

[Lau73]   LAUTERBUR, P. C.: Image Formation by Induced Local Interactions: Examples Employing Nuclear Magnetic Resonance. In: *Nature* 242 (1973), S. 190–191

[Lav95]   LAVALLÉE, S.: Registration for CIS: Methodology and State of the Art. In: *Computer-Integrated Surgery.* MIT Press, 1995

[LC87]   LORENSEN, W. E. ; CLINE, H. E.: Marching cubes: A high resolution 3D surface construction algorithm. In: *SIGGRAPH Comput. Graph.* 21 (1987), Nr. 4, S. 163–169. http://dx.doi.org/http://doi.acm.org/10.1145/37402.37422. – DOI http://doi.acm.org/10.1145/37402.37422. – ISSN 0097–8930

[LCC+05]   LABADIE, R. F. ; CHODHURY, P. ; CETINKAYA, E. ; BALACHANDRAN, R. ; HAYNES, D. S. ; FENLON, M. R. ; JUSCZYZCK, A. S. ; FITZPATRICK, M. M.: Minimally Invasive, Image-Guided, Facial-Recess Approach to the Middle Ear: Demonstration of the Concept of Percutaneous Cochlear Access In Vitro. In: *Otology & Neurotology* 26(4) (2005), S. 557–562

[LCDM04]   LANFRANCO, A. R. ; CASTELLANOS, A. E. ; DESAI, J. P. ; MEYERS, W. C.: Robotic Surgery - A Current Perspective. In: *Annals of Surgery* 239(1) (2004), S. 14–21

[Lin93]   LIN, M. C.: *Efficient Collision Detection for Animation and Robotics*, University of California, Berkely, Diss., 1993. ftp://ftp.cs.unc.edu/pub/users/manocha/PAPERS/COLLISION/thesis.pdf

[LND+08]   LABADIE, R. F. ; NOBLE, J. H. ; DAWANT, B. M. ; BELACHANDRAN, R. ; MAJDANI, O. ; FITZPATRICK, J. M.: Clinical validation of percutaneous cochlear implant surgery: initial report. In: *The Laryngoscope* 118(6) (2008), S. 1031–1039

[LOPR97]　LEHMANN, T. ; OBERSCHELP, W. ; PELIKAN, E. ; REPGES, R.: *Bildverarbeitung für die Medizin,*. Springer Verlag Heidelberg, 1997

[LRK⁺09]　LOHNSTEIN, P. ; RIECHMANN, M. ; KLENZNER Th. ; RACZKOWSKY, J. ; WÖRN, J. ; SCHIPPER, J.: A planning system for drilling bone channels into the lateral skull base. In: *CURAC 2009*, 2009

[LT70]　LEONARD, J. R. ; TALBOT, M. L.: Asymptomatic acoustic neurilemoma. In: *Archives of Otolaryngology* 91 (1970), S. 117–124

[Mö97]　MÖLLER, T.: A Fast Triangle-Triangle Intersection Test. In: *journal of graphics tools* 2 (1997), Nr. 2, S. 25–30

[Mal98]　MALIS, L. I.: *Acoustic neuroma.* Elsevier, 1998

[MB98]　MORTENSEN, Eric N. ; BARRETT, William A.: Interactive Segmentation with Intelligent Scissors / Brigham Young University. 1998. – Forschungsbericht

[MB99]　MORTENSEN, Eric N. ; BARRETT, William A.: Toboggan-Based Intelligent Scissors with a Four Parameter Edge Model / Brigham Young University. 1999. – Forschungsbericht

[MB08]　METZ, Lionel N. ; BURCH, Shane: Computer-assisted surgical planning and image-guided surgical navigation in refractory adult scoliosis surgery: case report and review of the literature. In: *Spine* 33 (2008), Apr, Nr. 9, S. E287–E292

[MEM05]　MARMULLA, R. ; EGGERS, G. ; MÜHLING, J.: Laser Surface Registrierung for Lateral Skull Base Surgery. In: *Minimally Invasive Neurosurgery* 48 (2005), S. 181–185

[MFDR05]　MACHINIS, T. G. ; FOUNTAS, K. N. ; DIMOPOULOS, V. ; ROBINSON, J. S.: History of Acoustic Neurinoma Surgery. In: *Neurosurgical focus* 18(4) (2005)

[MHBF04]　MORGAN, P. S. ; HOLDBACK, J. ; BYRNE, P. ; FINLAY, P.: Improved Accuracy of the PathFinder Neurosurgical Robot. In: *International Symposium on Computer Aider Surgery around the Head,* 2004

[MLR⁺01]　MARESCAUX, J. ; LEROY, J. ; RUBINO, M. Gagnerand F. ; MUTTER, D. ; VIX, M. ; BUTNER, S. E. ; SMITH, M. K.: Transatlantic robot-assisted telesurgery. In: *Nature* 413 (2001), S. 379–380

[MN99]   MARMULLA, R. ; NIEDERDELLMANN, H.: Surgical planning of
              computer-assisted repositioning osteotomies. In: *Plast Reconstr
              Surg* 104 (1999), Sep, Nr. 4, S. 938–944

[Mor]   MORTENSON, M. E.: *Geometric Modeling*. Industrial Press

[MS96]   MORRISON, G. A. ; STERKERS, J. M.: Unusual presentations of
              acoustic tumours. In: *Clinical otolaryngology and allied sciences*
              21(1) (1996), S. 80–83

[MV98]   MAINTZ, J. ; VIERGEVER, M.: A survey of medical image registra-
              tion. In: *Medical Image Analysis* 2 (1998), Nr. 1, S. 1–36

[NAB⁺97]   NAKAJIMA, S. ; ATSUMI, H. ; BHALERAO, A. ; JOLESZ, F. ; KIKI-
              NIS, R. ; YOSHIMINE, T. ; MORIARTY, T. ; STIEG, P.: Computer-
              assisted surgical planning for cerebrovascular neurosurgery. In:
              Neurosurgery 41 (1997), 08, S. 403–409

[NDWL09]   NOBLE, J. H. ; DAWANT, B. M. ; WARREN, F. M. ; LABADIE,
              R. F.: Automatic Identification and 3D Rendering of Temporal
              Bone Anatomy. In: *Otology and Neurotology* (2009)

[Nga07]   NGAN, C.-C.: *Atraumatic and function-preserving high precision
              surgery of the human temporal bone*. Tönning, Universität Karls-
              ruhe (TH), Diss., 2007

[NKR⁺05]   NGAN, C.C. ; KLENZNER, T. ; RACZKOWSKY, J. ; KNOOP, H. ;
              WIESENDANGER, T. ; KÖRNER, K. ; ASCHENDORFF, A. ; OSTEN,
              W. ; SCHIPPER, J. ; WÖRN, H.: A Robotic Approach to Atraumatic
              Cochlear Implantation. In: *39th Annual Conference of the German
              Society for Biomedical Engineering, BMT*, 2005, S. 21–22

[NML⁺09]   NOBLE, J. H. ; MAJDANI, O. ; LABADIE, R. F. ; DAWANT, B. ;
              FITZPATRICK, J. M.: *Automatic Determination of Optimal Surgical
              Drilling Trajectories for Cochlear Implant Surgery*. 2009

[NWL⁺07]   NOBLE, J. H. ; WARREN, F. M. ; LABADIEC, R. F. ; DAWANT, B. ;
              FITZPATRICK, J. M.: Determination of drill paths for percutaneous
              cochlear access accounting for target positioning error. In: *SPIE*,
              2007

[NWLD08a]   NOBLE, J. H. ; WARREN, F. M. ; LABADIE, R. F. ; DAWANT, B. M.:
              Automatic segmentation of the facial nerve and chorda tympani in
              CT images using spatially dependent feature values. In: *Med Phys*
              35(12) (2008), S. 5375–5384

[NWLD08b]   NOBLE, J. H. ; WARREN, F. M. ; LABADIE, R. F. ; DAWANT, B. M.: Automatic segmentation of the facial nerve and chorda tympani using image registration and statistical priors. In: *Medical Imaging 2008: Image Processing*, 2008

[OHDS06]   ORTMAIER, T. ; HEISS, S. ; DÖBELE, S. ; SCHREIBER, U.: Experiments on robot-assisted navigated drilling and milling of bones for pedicle screw placement. In: *The international journal of medical robotics + computer assisted surgery: MRCAS* 2 (2006), S. 350–363

[OS01]   OLABARRIAGA, S.D. ; SMEULDERS, A.W.M.: Interaction in the segmentation of medical images: A survey. In: *Medical Image Analysis* 5 (2001), S. 127–142

[OWH+06]   ORTMAIER, T. ; WEISS, H. ; HAGN, U. ; GREBENSTEIN, M. ; NICKL, M. ; ALBU-SCHÄFFER, A. ; OTT, Ch. ; JÖRG, S. ; KONIETSCHKE, R. ; LE-TIEN, L. ; HIRZINGER, G.: A Hands-On-Robot for Accurate Placement of Pedicle Screws. In: *Proceedings of the IEEE International Conference on Robotics and Automation (ICRA)*, 2006

[Pea03]   PEARCE, J.: Cruveilhier and acoustic neuroma. In: *Neurol Neurosurg Psychiatry* 74 (2003), S. 1015

[PHK04]   PIEPER, S. ; HALLE, M. ; KIKINIS, R.: 3D SLICER. In: *IEEE International Symposium on Biomedical Imaging ISBI 2004* 1 (2004), S. 632–635

[Poh04]   POHLE, R.: *Computergestützte Bildanalyse zur Auswertung medizinischer Bilddaten.* http://diglib.uni-magdeburg.de/ Dissertationen/2004/regpohle.pdf. Version: 2004

[PPHS01]   PLINKERT, P. K. ; PLINKERT, B. ; HILLER, A. ; STALLKAMP, J.: Einsatz eines Roboters an der lateralen Schädelbasis Evaluation einer robotergesteuerten Mastoidektomie am anatomischen Präparat. In: *HNO* 49(7) (2001), S. 514–523

[pqp]   THE UNIVERSITY OF NORTH CAROLINA AT CHAPEL HILL: PQP - A Proximity Query Package. http://www.cs.unc.edu/ geom/SSV, . – Forschungsbericht. – Online-Ressource, Abruf: 12.07.2009

[PSS+01]   PREIM, Bernhard ; SONNET, Henry ; SPINDLER, Wolf ; OLDHAFER, Karl J. ; PEITGEN, Heinz-Otto: Interaktive und automatische Vermessung von 3d-Visualisierungen für die Planung chirurgischer Eingriffe / MeVis - Centrum für Medizinische Diagnosesysteme und

Visualisierung Otto-von-Guericke-Universität Magdeburg Universitätsklinikum Essen. 2001. – Forschungsbericht

[PSS05]   POTT, P. P. ; SCHARF, H.-P. ; SCHWARZ, M. L. R.: Today's state of the art in surgical robotics. In: *Computer Aided Surgery* 10(2) (2005), S. 101–132

[PUG02]   PENDL, G. ; UNGER, F. ; GUSS, H.: Die radiochirurgische Therapie des Akustikusneurinoms. In: *Die Chirurgie der lateralen Schädelbasis*. Springer Berlin Heidelberg, 2002

[RL01]   RUSINKIEWICZ, S. ; LEVOY, M.: Efficient Variants of the ICP Algorithm. In: *Third International Conference on 3D Digital Imaging and Modeling*, 2001

[RLR+07]   RIECHMANN, M. ; LOHNSTEIN, P.U. ; RACZKOWSKY, J. ; KLENZNER Th. ; SCHIPPER, J. ; WÖRN, H.: Ein probabilistisches dreidimensionales Computermodell des Felsenbeins. In: *Tagungsband der 6. Jahrestagung der Deutschen Gesellschaft für Computer- und Roboterassistierte Chirurgie*, 2007, S. 223–226

[RLR+08a]   RIECHMANN, M. ; LOHNSTEIN, P. U. ; RACZKOWSKY, J. ; KLENZNER, T. ; SCHIPPER, J. ; WÖRN, H.: Identifying access paths for endoscopic interventions at the lateral skull base. In: *International Journal of Computer Assisted Radiology and Surgery*, 2008

[RLR+08b]   RIECHMANN, M. ; LOHNSTEIN, P. U. ; RACZKOWSKY, J. ; KLENZNER, T. ; SCHIPPER, J. ; WÖRN, H.: Untersuchung der ortsaufgelösten Erreichbarkeit anatomischer Strukturen. In: *7. Jahrestagung der Deutschen Gesellschaft für Computer- und Roboterassistierte Chirurgie e. V*, 2008, S. 237–240

[RLR+09a]   RIECHMANN, M. ; LOHNSTEIN, P. U. ; RACZKOWSKY, J. ; KLENZNER, T. ; SCHIPPER, J. ; WÖRN, H.: Analysis of the available work space for keyhole surgery at the lateral skull base. In: LEMKE, H. (Hrsg.): *International Journal of Computer Assisted Radiology and Surgery*, 2009

[RLR+09b]   RIECHMANN, M. ; LOHNSTEIN, P. U. ; RACZKOWSKY, J. ; KLENZNER, T. ; SCHIPPER, J. ; WÖRN, H.: Modellbasierte Interindividuelle Registrierung der lateralen Schädelbasis. In: H.-P. MEINZER, H. Handels T. T. T.M. Deserno D. T.M. Deserno (Hrsg.): *Bildverarbeitung für die Medizin 2009*, 2009, S. 390–394

[Rob94]   ROBB, R. A.: *Three-Dimensional Biomedical Imaging: Principles and Practice*. Wiley & Sons, 1994

[RSK+06] RACZKOWSKY, J. ; SCHIPPER, J. ; KLENZNER, T. ; NGAN, C.C. ; KOERNER, K. ; H.WOERN: Micro scaling of robot treatment for skull base operations. In: *Proc. of the 20th Int. Congress and Exhibition, CARS2006*, 2006, S. 508–509

[RSR04] ROSSET, A. ; SPADOLA, L. ; RATIB, O.: OsiriX: an open-source software for navigating in multidimensional DICOM images. In: *Journal of Digital Imaging* 17(3) (2004), S. 105–216

[SA07] SCHWARTZ, Th. H. ; ANAND, V. K.: *Endoscopic skull base and pituitary approaches: a step-by-step guide for cadaveric dissection and surgical instruction*. Tuttlingen : Endo-Press, 2007

[San77] SANDIFORT, E.: *Observationes Anatomico-Pathologicae*. Apud P.v.d. Eyk et D. Vygh, 1777

[SBH+02] SCHORR, O. ; BRIEF, J. ; HAAG, C. ; RACZKOWSKY, J. ; HASSFELD, S. ; MÜHLING, J. ; WÖRN, H.: Surgery planning in head surgery. In: *Biomed Tech (Berl)* 47 Suppl 1 Pt 2 (2002), S. 939–941

[SBZ+03] SHOHAM, M. ; BURMAN, M. ; ZEHAVI, E. ; JOSKOWICZ, L. ; BATKILIN, E. ; KUNICHER, Y.: Bone Mounted Miniature Robot for Surgical Procedures: Concept and Clinical Applications. In: *IEEE Transactions on Robotics and Automation* 19(5) (2003), S. 893–901

[Sch04a] SCHORR, Oliver: *Operationsplanung und -steuerung in der Chirurgie*, Universität Karlsruhe, Fakultät für Informatik, Diss., 2004

[Sch04b] SCHRÄDER, P.: Roboterunterstützte Fräsverfahren am coxalen Femur bei Hüftgelenkstotalendoprothesenimplantation Methodenbewertung am Beispiel „Robodoc®" / Medizinischer Dienst der Spitzenverbände der Krankenkassen e.V. 2004. – Forschungsbericht

[SDPL+02] SØRENSEN, M. S. ; DOBRZENIECKI, A. B. ; P. LARSEN, T. F. ; SPORRING, J. ; DARVANN, T. A.: The Visible Ear: A Digital Image Library of the Temporal Bone. In: *Journal for Oto-Rhino-Laryngology and Its Related Specialties* 64 (2002), S. 378–381

[SH79] STERKERS, J. M. ; HAMANN, K. F.: Der retrosigmoidale Zugang — Versuch zur Erhaltung des Gehörs bei Operationen von Akustikusneurinomen. In: *European Archives of Oto-Rhino-Laryngology* 223, 2-4 (1979), S. 463–465

[Sha81] SHAFFER, K.: Computed tomography of the temporal bone. In: *RadioGraphics* 1(2) (1981), S. 62–72

[Sie09a] SIEMENS MEDICAL INC.: MAGNETOM Verio / Siemens Medical Inc. http://www.medical.siemens.com, 2009. – Forschungsbericht. – Online-Ressource, Abruf: 01.04.2009

[Sie09b] SIEMENS MEDICAL INC.: SOMATOM Emotion 16 / Siemens Medical Inc. http://www.medical.siemens.com, 2009. – Forschungsbericht. – Online-Ressource, Abruf: 01.04.2009

[Sim97] SIMSON, D.A.: What is Registration and why is it so Important in CAOS? In: *Proceedings of the First Joint CVRMed / MRCAS Conference*, 1997

[SLS+09] SCHIPPER, J. ; LOHNSTEIN, P. ; STUMMER, W. ; KNAPP, F. ; TUROWSKI, B. ; KLENZNER, T.: Modification of the Retrolabyrinthine Approach with Hearing Preservation in CPA Tumors. In: *Laryngorhinootologie* (2009)

[SML06] SCHROEDER, W. ; MARTIN, K. ; LORENSEN, B.: *The Visualization Toolkit An Object-Oriented Approach To 3D Graphics*. Kitware Inc. publishers, 2006

[Sob82] SOBOTTA, J. ; H. FERNER, J. S. (Hrsg.): *Sobotta - Atlas der Anatomie des Menschen*. 18. Urban & Schwarzenberg, 1982

[Soi98] SOILLE, Pierre: *Morphologische Bildverarbeitung*. Springer Berlin Heidelberg, 1998

[SZL92] SCHROEDER, William J. ; ZARGE, Jonathan A. ; LORENSEN, William E.: Decimation of Triangle Meshes. In: *Computer Graphics* 26 (1992), July, S. 65–70

[Tau95] TAUBIN, G.: Curve and surface smoothing without shrinkage. In: *Proceedings of the Fifth International Conference on Computer Vision*, 1995

[Tay92] TAYLOR, C. J.: *Active shape models - Smart Snakes*. Springer-Verlag, 1992. – 266–275 S.

[Tay06] TAYLOR, Russell H.: A Perspective on Medical Robotics. In: *Proceedings of the IEEE* Bd. 94, 2006, S. 1652–1664

[TJS75] TERENCE J. STEWART, FRCS; Jon Liland MD; Harold F. S. MB: Occult Schwannomas of the Vestibular Nerve. In: *Archives of Otolaryngology* 101 (1975), S. 91–95

[TPM⁺89]   TAYLOR, R. H. ; PAUL, H. A. ; MITTELSTADT, B. D. ; GLASSMAN, E. ; MUSITS, B. L. ; BARGAR, W. L.: Robotic total hip replacement surgery in dogs. In: *Proceeding of Engineering in Medicine and Biology Society*, 1989

[TT84]   TOS, M ; THOMSEN, J: Epidemiology of acoustic neuromas. In: *The Journal of laryngology and otology* 98 (1984), S. 685–692

[TT91]   TOS, M. ; THOMSEN, J.: *Translabyrinthine Acoustic Neuroma Surgery: A Surgical Manual.* George Thieme Verlag, 1991

[TTS⁺03]   TOS, M. ; THOMSEN, J. ; STANGERUP, S.-E. ; CAYE-THOMASEN, P. ; TOS, T.: Entwicklung in der Behandlung von Akustikusneurinomen. In: *Laryngo-Rhino-Otol* 82 (2003), S. 752–753

[TZG96]   TAUBIN, Gabriel ; ZHANG, Tong ; GOLUB, Gene H.: Optimal Surface Smoothing as Filter Design. In: *ECCV '96: Proceedings of the 4th European Conference on Computer Vision-Volume I*, 1996. – ISBN 3–540–61122–3, S. 283–292

[VMM99]   VOLLMER, J. ; MENCL, R. ; MÜLLER, H.: Improved Laplacian Smoothing of Noisy Surface Meshes. In: *EUROGRAPHICS* 18(3) (1999)

[vrm97]   ; VRML Consortium (Veranst.): *The Virtual Reality Modeling Language.* 1997

[vtk]   KITWARE, INC.: Visualisation Toolkit (VTK). http://www.vtk.org, . – Forschungsbericht. – Online-Ressource, Abruf: 12.07.2009

[web04]   ; The Web3D Consortium (Veranst.): *Extensible 3D (X3D) - Part 1: Architecture and base components.* 2004

[WEK02]   WEHMÖLLER, M. ; EUFINGER, H. ; KNOOP, H.: Virtuelle Operationsplanung am Beispiel der Schädelknochenresektion. In: *1. Jahrestagung der Deutschen Gesellschaft für Computer- und Roboterassistierte Chirurgie CURAC*, 2002

[WGK⁺04]   WAHRBURG, J. ; GROSS, I. ; KNAPPE, P. ; PIECK, S. ; KÜNZLER, S. ; KERSCHBAUMER, F.: An interactive mechatronic assistance system to support surgical interventions. In: *CARS 2004 - Computer Assisted Radiology and Surgery. Proceedings of the 18th International Congress and Exhibition* Bd. 1268, 2004. – ISSN 0531–5131, S. 431 – 436. – CARS 2004 - Computer Assisted Radiology and Surgery. Proceedings of the 18th International Congress and Exhibition

[WHER05]   WESTENDORFF, Carsten ; HOFFMANN, Juergen ; ERNEMANN, Ulrike ; REINERT, Siegmar: Virtuelle Planung und computergestuetzte Navigation der Nd: YAG Lasertherapie bei oropharyngealen vaskulaeren Malformationen. In: *Informatik aktuell* (2005), S. 247–251

[Wis22]   WISHARD, J. H.: Case of tumours in the skull, dura mater, and brain. In: *Edin Med Surg* 18 (1822), S. 393

[YAL⁺02]   YOO, T. ; ACKERMAN, M. ; LORENSEN, W. ; SCHROEDER, W. ; CHALANA, V. ; AYLWARD, S. ; METAXAS, D. ; WHITAKER, R.: Engineering and Algorithm Design for an Image Processing API: A Technical Report on ITK - the Insight Toolkit / National Library of Medicine, National Institutes of Health, Bethesda. Proc. of Medicine Meets Virtual Reality, J. Westwood, ed., IOS Press Amsterdam, 2002. – Forschungsbericht

[Zac05]   ZACHOW, S.: *Computergestützte 3D-Osteotomieplanung in der Mund-Kiefer-Gesichtschirurgie unter Berücksichtigung der räumlichen Weichgewebsanordnung*, Konrad-Zuse-Zentrum für Informationstechnik Berlin, Diss., 2005

[Zha94]   ZHANG, Z.: Iterative point matching for registration of free-form curves and surfaces. In: *International Journal of Computer Vision* 13 (1994), October, Nr. 2, S. 119–152